传世励志经典

U0607657

忽然惊起卧龙愁

王阳明励志文选

王阳明 著　魏朝利 编

中华工商联合出版社

图书在版编目（CIP）数据

忽然惊起卧龙愁：王阳明励志文选/魏朝利编著
. --北京：中华工商联合出版社，2015.9
ISBN 978-7-5158-1421-6

Ⅰ. ①忽… Ⅱ. ①魏… Ⅲ. ①王守仁（1472～1528）
—哲学思想—文集 Ⅳ. ①B248.25-53

中国版本图书馆 CIP 数据核字（2015）第 213373 号

忽然惊起卧龙愁
——王阳明励志文选

作　　者：	王阳明
编　　者：	魏朝利
出 品 人：	徐　潜
策划编辑：	魏鸿鸣
责任编辑：	林　立
封面设计：	周　源
营销总监：	曹　庆
营销推广：	王　静　万春生
责任审读：	郭敬梅
责任印制：	迈致红
出版发行：	中华工商联合出版社有限责任公司
印　　刷：	三河市燕春印务有限公司
版　　次：	2015 年 10 月第 1 版
印　　次：	2024 年 5 月第 5 次印刷
开　　本：	710mm×1020mm　1/16
字　　数：	260 千字
印　　张：	19
书　　号：	ISBN 978-7-5158-1421-6
定　　价：	89.00 元

服务热线：010－58301130
销售热线：010－58302813
地址邮编：北京市西城区西环广场 A 座
　　　　　19－20 层，100044
http://www.chgslcbs.cn
E-mail：cicap1202@sina.com（营销中心）
E-mail：gslzbs@sina.com（总编室）

工商联版图书

序

　　为了给《传世励志经典》写几句话，我翻阅了手边几种常见的古今中外圣贤大师关于人生的书，大致统计了一下，励志类的比例，确为首屈一指。其实古往今来，所有的成功者，他们的人生和他们所激赏的人生，不外是：有志者，事竟成。

　　励志是动宾结构的词，励是磨砺，志是志向，放在一起就是磨砺志向。所以说，励志不是简单的立志，是要像把刀放在石头上磨才能锋利一样，这个磨砺，也不是轻而易举地摩擦一下，而是要下力气的，对刀来说，不仅要把自身的锈磨掉，还要把多余的部分都要毫不留情地磨掉，这简直是一场磨难。所有绚丽的人生都是用艰难磨砺成的，砥砺生命放光华。可见，励志至少有三层意思：

　　一是立志。国人都崇拜的一本书叫《易经》，那里面有一句话说："天行健，君子以自强不息。"这是一种天人合一的理念，它揭示了自然界和人类发展演化的基本规律，所以一切圣贤伟人无不遵循此道。当然，这里还有一个立什么样的志的问题，孔子说："士不可以不弘毅，任重而道远。"古往今来，凡志士仁人立的都是天下家国之志。李白说：大丈夫必有四方之志，白居易有诗曰：丈夫贵兼济，岂独善一身，讲的都是这个道理。

二是励志。有了志向不一定就能成事，《礼记》里说："玉不琢，不成器。"因为从理想到现实还有很大的距离。志向须在现实的困境中反复历练，不断考验才能变得坚韧弘毅，才能一步一个脚印地逐步实现。所以拿破仑说：真正之才智乃刚毅之志向。孟子则把天将降大任于斯人描述得如此艰难困苦。我们看看历代圣贤，从世界三大宗教的创始人耶稣、穆罕默德、释迦牟尼到孔夫子、司马迁、孙中山，直至各行各业的精英，哪一个不是历经磨难终成大业，哪一个不是砥砺生命放射出人生的光芒。

三是守志。无论立志还是励志都不是一朝一夕、一蹴而就的，它贯穿了人的一生，无论生命之火是绚丽还是暗淡，都将到它熄灭的最后一刻。所以真正的有志者，一方面存矢志不渝之德，另一方面有不为穷变节、不为贱易志之气。像孟子说的那样："富贵不能淫，贫贱不能移，威武不能屈。"明代有位首辅大臣叫刘吉，他说过：有志者立长志，无志者常立志，这话是很有道理的。

话说回来，励志并非粘贴在生命上的标签，而是融汇于人生中一点一滴的气蕴，最后成长为人的格调和气质，成就人生的梦想。不管你做哪一行，有志不论年少，无志空活百年。

这套《传世励志经典》共收辑了100部图书，包括传记、文集、选辑。为励志者满足心灵的渴望，有的像心灵鸡汤，营养而鲜美；有的就是萝卜白菜或粗茶淡饭，却是生命之必需。无论直接或间接，先贤们的追求和感悟，一定会给我们带来生命的惊喜。

徐 潜

前　言

　　王阳明（1472－1529），名守仁，字伯安，别号阳明，世称阳明先生，浙江余姚人。王阳明是明代著名政治家、思想家、教育家。

　　王阳明弘治十二年（1499年）中进士，先后任刑部主事、贵州龙场驿丞、庐陵知县、右佥都御史、南赣巡抚、两广总督、南京兵部尚书、都察院左都御史等职。作为朝廷官员的王阳明有两件事情颇值称道。明武宗正德元年，宦官刘瑾迫害忠良，南京户科给事中戴铣上书言事，被拿解赴京、死于杖下，时任兵部主事的王阳明上疏《乞宥言官去权奸以章圣德疏》，仗义执言，论救戴铣，被廷杖后贬谪龙场，充分显示了王阳明的担当精神。正德十四年，宁王朱宸濠之叛乱，王阳明组织义兵平定叛乱，显示出王阳明卓绝的军事才能，封新建伯。此外，王阳明多有为政爱民护民的主张。

　　王阳明被贬贵州龙场期间，开创了中国心学。心学上承孟子性善说，提出了"致良知"、"知行合一"等命题。"致良知"将"良知"视为宇宙的本体和万事万物的起源。"知行合一"要求人类的一切行为要符合"良知"的标准。阳明心学以"心"度量世间纷繁的事物，纠正了程朱理学支离破碎之弊，但其空虚脱落之偏需要我们关注。

王阳明培养徐爱、钱德洪、邹守益、王道、陆原静、黄绾等弟子，邹守益、欧阳德、聂豹等人开创江右学派，影响深远。

生前既已受到世人的尊崇，身后更是被无数人赞颂。我们不妨列举思想家们对于王阳明的称赞，比如明末思想家刘宗周赞王阳明"先生恢复本心之功，岂在孟子道性善后欤"；清纪昀称赞"守仁勋业气节，卓然见诸施行，而为文博大昌达，诗亦秀逸有致，不独事功可称，其文章自足传世也"；清末民初思想家章炳麟言王阳明"欲人勇改过而促为善，犹自孔门大儒出也"；清末民初思想家梁启超称赞"阳明先生，百世之师"。此外，曾国藩与毛泽东推崇王阳明之事，大家早已熟知了。

王阳明做到了立德、立功、立言之三不朽，个人价值得以体现，可以称得上传统社会所能培养出的最为完美的人才之一。王阳明成功的原因当然是多方面的，但最主要的原因在于其抱有一颗坚定的"心"。我们以坚毅不拔之精神将此心磨炼于生活事业的方方面面，则生活与事业同样能成就一代伟业。

我们阅读王阳明不是简单地追求功名利禄的成功，而是学习阳明先生以"心"观照自身价值目标与行为。在个人价值追求方面，"心"具有道德属性，个人应当以社会正义为目标，主动承担社会责任；在个人行为方面，"心"具有认识论层面"知行合一"属性，个人应当坚决执行"心"之要求。此外，王阳明文章带有传统社会特有的印记，如华夷之别、君臣等级观念、父慈子孝观念等需要读者明辨。

目 录

知行合一论

【题解】

《传习录》是记载王阳明与其弟子的对话记录。本文是王阳明与弟子徐爱的对话，集中反映了王阳明"知行合一"的主旨。"知"与"行"的关系可以从三个角度来分析，一是"知"与"行"的顺序，二是"知"与"行"的难易程度，三是"知"与"行"能否合一。针对割裂"知"、"行"关系的观点，王阳明引用《大学》例证并给出了"知行合一"的观点。王阳明"知行合一"强调"知而不行，只是未知"、"知是行的主意，行是知的功夫；知是行之始，行是知之成"等，或许对于我们认识"知"、"行"的关系提供启发，知与行的顺序、知与行的难易等问题对于"知行合一"而言，或许是"伪问题"。"知行合一"论点的现代价值仍然需要我们反思总结、理性认识。

爱①因未会②先生"知行合一"③之训，与宗贤④、惟贤⑤往复辩论未能决，以问于先生。

先生曰："试举看。"

爱曰："如今人尽有知得父当孝、兄当弟者，却不能孝、不能弟⑥，便是知与行分明是两件。"

先生曰："此已被私欲⑦隔断，不是知行的本体⑧了。未有知而不行者。知而不行，只是未知。圣贤教人知行，正是要复那本体，不是着你只恁⑨的便罢。故《大学》⑩指个真知行与人看，说"如好好色，如恶恶臭"⑪。见好色属知，好好色属行。只见那好色时已自好了，不是见了后又立个心去好。闻恶臭属知，恶恶臭属行。只闻那恶臭时已自恶了，不是闻了后别立个心去恶。如鼻塞人虽见恶臭在前，鼻中不曾闻得，便亦不甚恶，亦只是不曾知臭。就如称某人知孝、某人知弟，必是其人已曾行孝行弟，方可称他知孝知弟，不成只是晓得说些孝弟的话，便可称为知孝弟？又如知痛，必已自痛了方知痛；知寒，必已自寒了；知饥，必已自饥了：知行如何分得开？此便是知行的本体，不曾有私意⑫隔断的。圣人教人，必要是如此，方可谓之知。不然，只是不曾知。此却是何等紧切着实的工夫！如今苦苦定要说知行做两个，是甚么⑬意？某要说做一个是甚么意？若不知立言宗旨⑭。只管说一个两个，亦有甚用？"

爱曰："古人说知行做两个，亦是要人见个分晓，一行⑮做知的功夫⑯，一行做行的功夫，即功夫始有下落⑰。"

先生曰："此却失了古人宗旨也。某尝⑱说知是行的主意，行是知的功夫；知是行之始，行是知之成。若会得时，只说一个知，已自有行在；只说一个行，已自有知在。古人所以既说一个知，又说一个行者，只为世间有一种人，懵懵懂懂⑲的任意去做，全不解思惟省察，也只是个冥行妄作⑳，所以必说个知，方才行得是。又有一种人，茫茫荡荡悬空去思索，全不肯着实躬行，也只是个揣摸影响，所以必说一个行，方才知得真。此是古人不得已补偏救弊㉑的说话，若见得这个意时，即一言而足㉒，今人却就将知行分作两件去做，以为必先知了然后能行。我如今且去讲习讨论做知的工夫，待知得真了方去做行的工夫，故遂终身不行，亦遂终身不知。此不是小病痛，其来已非一日矣。某今说个知行合一，正是对病的药。又不是某凿空杜撰，知行本体，原是如此。今若知得宗旨时，即说两个亦不妨，亦只是一个。若不会宗旨，便说一个，亦济得甚事？只是闲说话。"

【注释】

①爱，即徐爱（1487—1517），字曰仁，号横山，浙江余姚人。据黄宗羲《明儒学案》记载，徐爱为王阳明最早入室弟子。最初，徐爱对王阳明学说有所怀疑，后"闻之既熟，反身实践"，最后相信王阳明之学说是"孔门嫡传"学说。徐爱性格温和，对王阳明恭敬有加，王阳明评价其为"吾之颜渊也"，徐爱早逝后，王阳明"每在讲席，未尝不念之"。《传习录》最早是徐爱记录王阳明与其弟子的对话，徐爱去世后，由王阳明弟子钱德洪等人完成。②会，领悟、领会。③"知行合一"，王阳明学说中的核心观点。知，道德良知。④宗贤，黄宗贤，王阳明弟子。《王阳明全集》收录王阳明《答黄宗贤应原忠》、《与黄宗贤》等文章。⑤惟贤，顾应祥，字惟贤，号箬溪，王阳明弟子，曾作《传习录疑》。⑥弟，通"悌"，音 tì，敬爱兄长、善待兄弟的意思。⑦私欲，个人的欲望或自私的欲望，古人常视私欲为贬义，如《荀子·修身》载"君子之能，以公义胜私欲也"。⑧本体，哲学术语，指事物的本源。⑨恁，音 nèn，如此，这样。⑩《大学》，原是《礼记》中的第四十二篇，宋代程颢、程颐将其单独编为章句，后朱熹将其与《论语》、《孟子》、《中庸》合编注释，称为"四书"。⑪"如好好色，如恶恶臭"，语出自《大学》："所谓诚其意者：毋自欺也，如恶恶臭，如好好色，此之谓自谦，故君子必慎其独也！"前一个好音 hào，动词，喜爱喜好；后一个好音 hǎo，形容词，好色指漂亮的颜色，另一解指

美貌的容颜。前一个恶音 wù，动词，厌恶；后一个恶音 è，形容词；臭音 xiù，名词，气味；恶臭指难闻的气味。朱熹注解：使其恶恶则如恶恶臭，好善则如好好色。⑫私意，同上文私欲，指私心。⑬甚么，同"什么"。⑭宗旨，思想、意图。⑮行，音 xíng，动词，从事的意思。⑯功夫，做事情用到的精力与时间。⑰下落，名词，归属着落的意思。⑱某，代"我"，谦称。尝，音 cháng，曾经。⑲懵，音 měng。懵懵懂懂，指稀里糊涂，不知所然，不明事理。⑳冥，音 míng，昏暗。冥行，原意指晚间行路，引申为行事盲目。妄，音 wàng，本义胡乱。作，音 zuò。妄作，因无知而任意胡为。㉑补偏救弊，指补救以前的偏差漏洞，纠正以往的弊病错误。㉒足，足够、完满。

为学重本

【题解】

　　"本末之辨"是传统文化中的重要论题，历代思想家虽然对本末的具体指代各有所指，但重视"本"、以"本"带"末"的思想始终是一致的。本文王阳明以"本末之辨"为理论依据，讨论为学治学的方法，强调"为学须有本原，须从本原上用力"，"须于心体上用功"。王阳明谈论的是哲学问题，但恰当运用哲学智慧，我们或许可以在思想层次有所裨益。学问的增长一方面依赖于心志的明达，一方面依赖于知识的积累，舍此之外，别无法门；王阳明与弟子的对话，或可为学者治学提供些思想资源。

　　问："知识不长进如何？"

　　先生曰："为学须有本原①，须从本原上用力，渐渐'盈科而进'②。仙家③说婴儿，亦善譬④。婴儿在母腹时，只是纯气⑤，有何知识？出胎后方始能啼，既而后能笑，又既而后能识认其父母兄弟，又既而后能立、能行、能持、能负⑥，卒乃天下之事无不可能。皆是精气日足，则筋力日强，聪明日开，不是出胎日便讲求推寻得来。故须有个本原。圣人到位天地，育万物⑦，也只从喜怒哀乐未发之中⑧上养来。后儒不明格物之说，见圣人无不知、无不能，便欲于初下手时讲求得尽，岂有此理！"又曰："立志用功，如种树然。方其根芽，犹未有干；及其有干，尚未有枝；枝而后叶，叶而后花实。初种根时，只管栽培灌溉，勿作枝想，勿作叶想，勿作花想，勿作实想。悬想⑨何益！但不忘栽培之功，怕没有枝叶花实？"

问："看书不能明如何？"

先生曰："此只是在文义上穿求⑩，故不明。如此，又不如为旧时学问，他到⑪看得多，解得去。只是他为学虽极解得明晓，亦终身无得，须于心体⑫上用功。凡明不得，行不去，须反在自心上体当⑬即可通。盖《四书》、《五经》不过说这心体，这心体即所谓道，心体明即是道明，更无二。此是为学头脑⑭处。"

"虚灵不昧，众理具而万事出。心外无理，心外无事。"

【注释】

①本原，根本。②科，坎。盈科而进，作"盈科后进"，指水流遇到坑洼，待坑洼盈满之后再前行，喻为学应当踏实。③仙家，道教方士。④善譬，好的譬喻。⑤纯气，纯真的气。⑥持，拿。负，背。⑦位天地，育万物，语出自《礼记·中庸》："致中和，天地位焉，万物育焉。"位，正。⑧喜怒哀乐未发之中，出自《礼记·中庸》："喜怒哀乐之未发，谓之中；发而皆中节，谓之和。中也者，天下之大本也；和也者，天下之达道也。"⑨悬想，凭空想象。⑩穿求，搜寻、寻求。⑪到，通"倒"，却、反而。⑫心体，心的本体、良知。⑬反，通"返"，返归。体当，体会。⑭头脑，要旨。

循而行之

【题解】

　　"道"是中国传统文化中的核心概念之一，如何认识"道"是认识论中的核心问题。王阳明以"知行合一"为主要理论依据，提出"功夫"学说，强调践行的重要性。本文前半部分介绍"道"的客观存在属性，后半部分则介绍"功夫"的必要性。"着实用功，便见道无终穷，愈探愈深，必使精白无一毫不彻方可。"王阳明未必认可闲谈说话，而是主张踏实的、循而行之式的认知方法。当前中国社会风气颇为浮躁，我们为人为学当主踏实之风，以"循而行之"之行动引领社会风气回归敦厚淳朴。

　　问道之精粗。先生曰："道无精粗，人之所见有精粗。如这一间房，人初进来，只见一个大规模如此；处久，便柱壁①之类一一看得明白；再久，如柱上有些文藻②，细细都看出来。然只是一间房。"

　　先生曰："诸公近见时，少疑问，何也？人不用功，莫不自以为已知，为学只循而行之是矣。殊不知私欲日生，如地上尘，一日不扫，便又有一层。着实用功，便见道无终穷，愈探愈深，必使精白③无一毫不彻方可。"

问："知至然后可以言诚意。今天理人欲，知之未尽，如何用得克己④工夫？"

先生曰："人若真实切己⑤用功不已，则于此心天理之精微日见一日，私欲之细微亦日见一日。若不用克己工夫，终日只是说话而已，天理⑥终不自见，私欲⑦亦终不自见。如人走路一般，走得一段，方认得一段；走到歧路⑧处，有疑便问，问了又走，方渐能到得欲到之处。今人于已知之天理不肯存，已知之人欲不肯去，且只管愁不能尽知。只管闲讲，何益之有？且待克得自己无私可克，方愁不能尽知，亦未迟在。"

【注释】

①柱壁，木柱和墙壁。②文藻，文字。③精白，纯净。④克己，克制私欲。⑤切己，切身，对照自己。⑥天理，道义法则。⑦私欲，个人欲望。⑧歧路，岔路。

纯乎天理

【题解】

圣人之间、圣人与凡人之间有何区别，凡人能否成为圣人及如何修炼成为圣人，这两个问题是传统学者所面临的重要问题，历代思想家曾经做出不同的回答。本文前半部分，王阳明认为圣人与圣人之间的区别在于才力大小不同，而"其心纯乎天理，而无人欲之杂"则是相同的。凡人与圣人之别不在于知识多寡，而在于心是否纯乎天理，如果凡人"而肯为学，使此心纯乎天理，则亦可为圣人"。文章后半部分，王阳明主张去人欲以使凡人之心纯乎天理。中国传统思想家大都遵循内圣外王的思路，主张学者修炼个人道德品质，王阳明照例因循。当前社会中的个人，在遵循法治原则的前提下，仍然需要修炼道德品质，提升个人和公共生活质量。

希渊①问："圣人可学而至。然伯夷、伊尹②于孔子才力③终不同，其同谓之圣者安在？"

先生曰："圣人之所以为圣，只是其心纯乎天理，而无人欲之杂。犹精金④之所以为精，但以其成色足而无铜铅之杂也。人到纯乎天理方是圣，金到足色方是精。然圣人之才力亦有大小不同，犹金之分两有轻重。尧、舜犹万镒⑤，文王⑥、孔子九千镒，禹、汤、武王⑦犹七八千镒，伯夷、伊尹犹四五千镒。才力不同而纯乎天理则同，皆可谓之圣人。犹分两⑧虽不同，而足色则同，皆可谓之精金。以五千镒者而入于万镒之中，其足色同也；以夷、尹而厕⑨之尧、孔之间，其纯乎天理同也。盖所以为精金者，在足色而不在分两；所以为圣者，在纯乎天理而不在才力也。故虽凡人而肯为学，使此心纯乎天理，则亦可为圣人；犹一两之金比之万镒，分两虽悬绝⑩，而其到足色处可以无愧⑪，故曰：'人皆可以为尧、舜'⑫者以此。学者学圣人，不过是去人欲而存天理耳，犹炼金而求其足色。金之成色所争不多，则锻炼之工省而功易成，成色愈下则锻炼愈难。人之气质清浊粹驳⑬，有中人以上，中人⑭以下，其于道有生知安行，学知利行，其下者必须人一己百，人十己千，及其成功则一。后世不知作圣之本是纯乎天理，却专去知识才能上求圣人。以为圣人无所不知，无所不能，我须是将圣人许多知识才能逐一理会始得。故不务去天理上着工夫，徒弊精竭力⑮，从册子上钻研，名物上考索⑯，形迹上比拟⑰，知识愈广而人欲愈滋，才力愈多而天理愈蔽。正如见人有万镒精金，不务锻炼成色，求无愧于彼之精纯，而乃妄希分两，务同彼之万镒，锡、铅、铜、铁杂然而投，分两愈增而成色愈下，既其梢末⑱，无复有金矣。"

时曰仁在傍⑲，曰："先生此喻足以破世儒⑳支离之惑，大有功于后学㉑。"

先生又曰："吾辈用功只求日减，不求日增。减得一分人欲，便是复得一分天理。何等轻快脱洒！何等简易！"

【注释】

①希渊，蔡宗兖。蔡宗兖，字希渊，号我斋，浙江山阴人。②伯夷，商末孤竹国国君长子，《史记·伯夷列传》载，孤竹君死后，伯夷与其弟相互让贤，不受君位；周武王伐纣，伯夷叩马谏阻；武王灭商后，伯夷"义不食周粟，隐于首阳山，采薇而食之。"伊尹，商汤大臣，名伊，尹是官名、右相，有莘氏陪嫁商汤的奴隶，后辅佐商汤灭夏、整顿吏治，后又放逐并辅佐太甲成为圣王。③才力，才能。④精金，纯金。⑤尧、舜，传说中上古时期的贤君。镒，音 yì，古代重量单位。⑥文王，周文王。周文王（前 1152—前 1056），姬姓，名昌，又称西伯昌，季历之子，周王朝奠基者。⑦禹，夏禹。夏禹，姒姓，名文命，夏后氏首领，夏朝开国君主。汤，商汤。商汤，子姓，名履，商人部落首领，商朝的开国君主。武王，周武王。周武王，姬姓，名发，西伯昌与太姒的嫡次子，其妻为邑姜，西周王朝开国君主。⑧分两，轻重。⑨厕，置身于。⑩悬绝，相差极远。⑪无愧，不逊色。⑫"人皆可以为尧、舜"，语出自《孟子·告子下》，孟子认为常人按照尧、舜的品德行事，常人可以成为尧、舜一样的圣人。⑬驳，混杂。⑭中人，常人。《论语·雍也》载："中人以上，可以语上也；中人以下，不可以语上也。"上，高深的学问。⑮弊精竭力，犹"疲精竭力"。⑯名物，事物及名称。考索，考察探究。⑰形迹，形式。比拟，仿效、模仿。⑱梢末，最后。⑲曰仁，徐曰仁。傍，同"旁"，旁侧。⑳世儒，俗儒。㉑后学，后进学者。

为　学

【题解】

如何保持为学的健康心态是古往今来每个学者面临的现实问题，当前中国社会为学者治学提供了更为便利的技术手段，但浮躁的社会风气却对学者的治学心态产生了不良影响。王阳明在本文中详细回答了弟子们的种种疑问。首先，王阳明认为为学需要"头脑"，其次，为学需要正心立志，再次，为学需要主宰定时，此外，为学还需要务实之心。良好的客观条件对于治学有较大的帮助，如何创造和改善治学条件是学者个人，也是社会需要认真思索的问题。但是对治学而言，治学的主观条件是更为重要的，毕竟治学在相当程度上是个人的事情，作为学者个体，应当正心诚意，提升治学境界，方有可能成就一代学术大家。

先生谓学者①曰："为学须得个头脑②，工夫方有着落③。纵未能无间④，如舟之有舵，一提便醒。不然，虽从事于学，只做个义袭而取⑤，只是行不著，习不察⑥，非大本⑦达道⑧也。"又曰："见得时，横说竖说⑨皆是。若此处通，彼处不通，只是未见得。"

或问为学以亲⑩故，不免业举⑪之累。先生曰："以亲之故而业举，为累于学，则治田⑫以养其亲者亦有累于学乎？先正⑬云'惟患夺志'，但恐为学之志不真切耳。"

崇一⑭问："寻常意思⑮多忙，有事固忙。无事亦忙，何也？"先生曰："天地气机⑯，元无一息之停。然有个主宰⑰，故不先不后，不急不缓，虽千变万化，而主宰常定，人得此而生。若主宰定时，与天运一般不息，虽酬酢⑱万变，常是从容自在，所谓'天君泰然，百体⑲从令'。若无主宰，便只是这气奔放⑳，如何不忙？"

先生曰："为学大病在好名。"侃㉑曰："从前岁㉒自谓此病已轻，比来精察㉓，乃知全未㉔，岂必务外㉕为人？只闻誉而喜，闻毁而闷，即是此病发来。"曰："最是。名与实对㉖，务实之心重一分，则务名之心轻一分；全是务实之心，即全无务名之心；若务实之心如饥之求食，渴之求饮，安得更有工夫好名？"又曰："'疾没世而名不称'㉗，'称'字去声读，亦'声闻过情，君子耻之'㉘之意。实不称名，生犹可补，没㉙则无及矣。'四十五十而无闻'㉚，是不闻道㉛，非无声闻也。孔子云'是闻也，非达也。'㉜安肯以此望人？"

【注释】

①学者，求学之人。②头脑，要旨。③着落，依托、可靠的来源。④间，隔阂。⑤袭，突然。义袭而取，指没有取得真实道义，出自《孟子·公孙丑上》："集义所生者，非义袭而取之也。"⑥行不著，习不察，出自《孟子·尽心上》："孟子曰：'行之而不著焉，习矣而不察焉，终身由之而不知其道者，众也。'"著，知、明。察，理解、知道。⑦大本，根本。⑧达

道，悟道。⑨横说竖说，反复说明。⑩亲，父母。⑪业举，为科举考试而学习。⑫治田，种田。⑬先正，先贤。⑭崇一，欧阳德。欧阳德，字崇一，号南野，江西泰和人，王阳明门人。⑮意思，意图、用意。⑯气机，天地运行规律。⑰主宰，支配力量。⑱酬酢，应对。⑲百体，人体各部分。⑳奔放，不受拘束。㉑侃，薛侃。薛侃（1486—1546），字尚谦，号中离，世人称中离先生，广东揭阳人，王阳明门人。㉒前岁，前年。㉓比来，近来。精察，细察。㉔未。没有、不曾。㉕务外，研究学问做表面功夫，不求深入。㉖对，对立。㉗"疾没世而名不称"，语出自《论语·卫灵公》："子曰：'君子疾没世而名不称焉。'"疾，恨。㉘"声闻过情，君子耻之"，语出自《孟子·离娄下》："故声闻过情，君子耻之。"朱熹注："声闻，名誉也。情，实也。"㉙没，通"殁"，死。㉚"四十五十而无闻"，语出自《论语·子罕》："子曰：'后生可畏，焉知来者之不如今也？四十、五十而无闻焉，斯亦不足畏也已。'"闻，名望。㉛闻道，领悟得道。㉜"是闻也，非达也"，语出自《论语·颜渊》："子张问：'士何如斯可谓之达矣？'子曰：'何哉，尔所谓达者？'子张对曰：'在邦必闻，在家必闻。'子曰：'是闻也，非达也。夫达也者，质直而好义，察言而观色，虑以下人。在邦必达，在家必达。夫闻也者，色取仁而行违，居之不疑。在邦必闻，在家必闻。'"闻与达相似而不同，有诚伪之别。

答顾东桥①书（节选）

【题解】

　　本文是王阳明回答顾东桥心与理关系的书信节选。文章首先解释"知行合一"之义，然后解释"主观"之心与"客观"之理的关系。王阳明认为，"心之体，性也，性即理也"。心外无理，并发挥孟子学说，主张求仁于心、求义于心。王阳明"心"与"理"的主张，或可为我们的个人价值与个人主动精神提供些许帮助。

　　知之真切笃实②处，即是行；行之明觉精察③处，即是知：知行工夫本不可离。只为后世学者分作两截用功，失却知行本体④，故有合一并进之说。"真知即所以为行，不行不足谓之知"，即如来书所云"知食乃食"等说可见，前已略言之矣。此虽吃紧救弊而发，然知行之体本来如是，非以己意抑扬⑤其间，姑为是说⑥以苟一时之效者也。

　　"专求本心，遂遗物理"，此盖失其本心者也。夫物理不外于吾心，外吾心而求物理，无物理矣；遗物理而求吾心，吾心又何物邪？

心之体，性也，性即理也。故有孝亲之心，即有孝之理，无孝亲之心，即无孝之理矣。有忠君之心，即有忠之理，无忠君之心，即无忠之理矣。理岂外于吾心邪？晦庵⑦谓："人之所以为学者，心与理而已。心虽主乎一身，而实管乎天下之理，理虽散在万事，而实不外乎一人之心。"是其一分一合之间，而未免已启学者心理为二之弊。此后世所以有"专求本心，遂遗物理"之患，正由不知心即理耳。夫外心以求物理，是以有暗而不达⑧之处，此告子"义外"⑨之说，孟子所以谓之不知义⑩也。心一而已，以其全体恻怛⑪而言谓之仁，以其得宜而言谓之义，以其条理而言谓之理；不可外心⑫以求仁，不可外心以求义，独可外心以求理乎？外心以求理，此知行之所以二也。求理于吾心，此圣门⑬知行合一之教，吾子又何疑乎？

【注释】

①顾东桥，顾璘。顾璘（1476—1545），字华玉，号东桥居士，江苏长洲人。②笃实，踏实、坚实。③精察，精细观察。④本体，哲学术语，指事物的真实本源。⑤抑扬，褒贬。⑥是说，此说。⑦晦庵，朱熹。朱熹（1130—1200），字元晦，一字仲晦，号晦庵，晚称晦翁，谥文，亦称朱文公、朱子，南宋理学家、思想家、哲学家。⑧暗，愚昧。不达，不明白、不通达。⑨告子"义外"，《孟子·告子上》载："告子曰：'食色，性也。仁，内也，非外也；义，外也，非内也。'"⑩孟子所以谓之不知义，《孟子·公孙丑上》载："我（孟子）故曰，告子未尝知义，以其外之也。"⑪恻怛，恻隐。⑫外心，用心于外。⑬圣门，儒家之道。

答欧阳崇一（节选）

【题解】

　　欧阳德是江右王门子弟中的代表人物，服膺王阳明致良知学说。王阳明在本文中详细解释了良知与见闻的关系，并批评了专求见闻、割裂良知与见闻的观点。王阳明认为良知逻辑先于见闻而实际寓于见闻，"良知不滞于见闻，而亦不离于见闻"。王阳明以此为理论基础，批评"专求之见闻之末"为失却头脑、未得精一之旨。针对良知之学的误解，文章最后王阳明提醒欧阳德须精察良知之学。

　　良知不由见闻①而有，而见闻莫非良知之用，故良知不滞②于见闻，而亦不离于见闻。

　　孔子云："吾有知乎哉？无知也。"③良知之外，别无知矣。故"致良知"是学问大头脑④，是圣人教人第一义⑤。今云专求之见闻之末⑥，则是失却头脑，而已落在第二义矣。近时同志中盖已莫不知有致良知之说，然其功夫尚多鹘突⑦者，正是欠此一问。大抵学问功夫只要主意头脑是当，若主意头脑专以致良知为事，则凡多闻多见，莫非致良知之功。盖日用⑧之间，见闻酬酢，虽千头万绪，莫非良知之发用流行⑨，除却见闻酬酢，亦无良知可致矣。故只是一事。若曰致其良知而求之见闻，则语意之间未免为二，此与专求之见闻之末者虽稍不同，其为未得精一之旨，则一而已。"多闻，择其善者而从之，多见而识之"，既云"择"，又云"识"，其良知亦未尝不行于其间，但其用意乃专在多闻多见上去择识，则已失却头脑矣。

崇一⑩于此等处见得当已分晓，今日之问，正为发明此学，于同志中极有益。但语意未莹⑪，则毫厘千里，亦不容不精察之也。

【注释】

①见闻，耳闻目睹。②滞，局限。③"吾有知乎哉？无知也"，语出自《论语·子罕》："子曰：'吾有知乎哉？无知也。有鄙夫问于我，空空如也，我叩其两端而竭焉。'"朱熹注："孔子谦言己无知识，但其告人，虽于至愚，不敢不尽耳。"④头脑，主旨。⑤第一义，佛教用语，最高的义理。⑥末，次要的事。⑦鹘突，模糊、疑惑。⑧日用，日常应用。⑨发用，运用。流行，运行。⑩崇一，欧阳德。欧阳德，字崇一，号南野，江西泰和人，王阳明门人。⑪莹，明白、明洁。

答罗整庵少宰①书

【题解】

　　本文是王阳明给罗钦顺的答信。书信开篇客气地赞扬了罗钦顺的教导之意，接着对身心之学与口耳之学的区别进行阐述。文章的第二部分则回应了罗钦顺所提出的针对《大学》、格物致知正心诚意、朱子地位等问题，当然王阳明所言理无内外、性无内外、学无内外等理论依据依然值得探讨。读此文，我们可知王阳明与罗钦顺的学术观点不尽一致，但仍然可以感受到王阳明诚恳治学、尊重学人的态度，尤其"道固如是，不直则道不见也"的学术自信。

　　某顿首②启：昨承教及《大学》，发舟匆匆，未能奉答③。晓来江行稍暇，复取手教④而读之。恐至赣后人事复纷沓⑤，先具其略以请⑥。

　　来教⑦云："见道固难，而体道尤难。道诚未易明，而学诚不可不讲。恐未可安于所见而遂以为极则⑧也。"幸甚幸甚！何以得闻斯言乎？其敢自以为极则而安之乎？正思就天下之有道以讲明之耳。而数年以来，闻其说而非笑⑨之者有矣，诟訾⑩之者有矣，置不足较量辨议之者有矣，其肯遂以教我乎？其肯遂以教我，而反复晓谕，恻然惟恐不及救正之乎？然则天下之爱我者，固莫有如执事⑪之心深且至矣！感激当何如哉！

夫"德之不修，学之不讲"⑫，孔子以为忧。而世之学者稍能传习⑬训诂，即皆自以为知学，不复有所谓讲学之求，可悲矣！夫道必体⑭而后见，非已见道而后加体道之功也；道必学而后明，非外讲学而复有所谓明道之事也。然世之讲学者有二：有讲之以身心者；有讲之以口耳者。讲之以口耳，揣摸测度⑮，求之影响者也；讲之以身心，行著习察⑯，实有诸己者也，知此则知孔门之学矣。

来教谓某"《大学》古本之复，以人之为学但当求之于内，而程、朱格物之说不免求之于外，遂去朱子之分章而削其所补之传"。非敢然也。学岂有内外乎？《大学》古本乃孔门相传旧本耳。朱子疑其有所脱误，而改正补缉⑰之。在某则谓其本无脱误，悉⑱从其旧而已矣。失在于过信孔子则有之，非故去朱子之分章而削其传也。夫学贵得之心，求之于心而非也，虽其言之出于孔子，不敢以为是也，而况其未及孔子者乎？求之于心而是也，虽其言之出于庸常，不敢以为非也，而况其出于孔子者乎？且旧本之传数千载矣，今读及文词，既明白而可通；论其工夫，又易简而可入。亦何所按据⑲而断其此段之必在于彼，彼段之必在于此，与此之如何而缺，彼之如何而补？而遂改正补缉之，无乃重于背朱而轻于叛孔已乎？

来教谓："如必以学不资⑳于外求，但当反观内省以为务，则'正心诚意'四字亦何不尽之有？何必于入门之际，便困以格物一段工夫也？"诚然诚然。若语其要，则"修身"二字亦足矣，何必又言"正心"?"正心"二字亦足矣,何必又言"诚意"?"诚意"二字亦足矣,何必又言"致知",又言"格物"?惟其工夫之详密,而要之只是一事,此所以为精一^①之学,此正不可不思者也。夫理无内外,性无内外,故学无内外;讲习讨论,未尝非内也;反观内省,未尝遗外也。夫谓学必资于外求,是以己性为有外也,是义外也,用智者也;谓反观内省为求之于内,是以己性为有内也,是有我也,自私者也:是皆不知性之无内外也。故曰:"精义入神,以致用也;利用安身,以崇德也。"^②"性之德也,合内外之道也。"^③此可以知格物之学矣。格物者,《大学》之实下手处,彻首彻尾,自始学至圣人,只此工夫而已。非但入门之际有此一段也。夫正心、诚意、致知、格物,皆所以修身,而格物者,其所用力日可见之地。故格物者,格其心之物也,格其意之物也,格其知之物也;正心者,正其物之心也;诚意者,诚其物之意也;致知者,致其物之知也:此岂有内外彼此之分哉?理一而已。以其理之凝聚而言,则谓之性;以其凝聚之主宰而言,则谓之心;以其主宰之发动而言,则谓之意;以其发动之明觉^④而言,则谓之知;以其明觉之感应而言,则谓之物。故就物而言谓之格,就知而言谓之致,就意而言谓之诚,就心而言谓之正。正者,正此也;诚者,诚此也;致者,致此也;格者,格此也。皆所谓穷理以尽性也。天下无性外之理,无性外之物。学之不明,皆由世之儒者认理为外,认物为外,而不知义外之说,孟子盖尝辟^⑤之,乃至袭陷^⑥其内而不觉,岂非亦有似是而难明者欤?不可以不察也。

凡执事所以致疑于格物之说者,必谓其是内而非外也;必谓其专事于反观内省之为,而遗弃其讲习讨论之功也;必谓其一意于纲领本原^⑦之约,而脱略于支条节目^⑧之详也;必谓其沉溺于枯槁虚寂㉗之偏，而不尽于物理人事之变也。审㉘如是，岂但获罪于圣门，获罪于朱子，是邪说诬民，叛道乱正，人得而诛之也，而况于执事之正直哉？审如是，世之稍明训诂，闻先哲之绪论㉙者，皆知其非也，而况执事之高明哉？凡某之所谓格物，其于朱子"九条"之说，皆包罗统括于其中；但为之有要，作用不同，正所谓毫厘之差耳。然毫厘之差而千里之谬实起于此，不可不辨。

孟子辟杨、墨，至于"无父，无君"。二子亦当时之贤者，使与孟子并世而生，未必不以之为贤。墨子"兼爱"，行仁而过耳；杨子"为我"，行义而过耳。此其为说，亦岂灭理乱常之甚而足以眩天下哉？而其流之弊，孟子至比于禽兽夷狄，所谓"以学术杀天下后世"㉚也。今世学术之弊，其谓之学仁而过者乎？谓之学义而过者乎？抑谓之学不仁不义而过者乎？吾不知其于洪水猛兽何如也！孟子云："予岂好辨哉？予不得已也！"㉛杨、墨之道塞天下，孟子之时，天下之尊信杨、墨，当不下于今日之崇尚朱说，而孟子独以一人呶呶㉜于其间，噫，可哀矣！韩氏云："佛、老之害甚于杨、墨。"韩愈之贤不及孟子，孟子不能救之于未坏之先，而韩愈乃欲全之于已坏之后，其亦不量其力，且见其身之危，莫之救以死也矣！呜呼！若某者其尤不量其力，果见其身之危，莫之救以死也矣。夫众方嘻嘻之中，而独出涕嗟㉝，若举世恬然以趋，而独疾首蹙额以为忧，此其非病狂丧心，殆必诚有大苦者隐于其中，而非天下之至仁，其孰能察之？某为《朱子晚年定论》，盖亦不得已而然。中间年岁早晚，诚有所未考，虽不必尽出于晚年，固多出于晚年者矣。然大意在委曲调停㉞以明此学为重，平生于朱子之说如神明蓍㉟龟，一旦与之背驰，心诚有所未忍，故不得已而为此。"知我者，谓我心忧；不知我者，谓我何求"㊱，盖不忍牴牾朱子者，其本心也；不得已而与之牴牾者，道固如是，不直则道不见也。执事所谓决与朱子异者，仆敢自欺其心哉？夫道，天下之公道也；学，天下之公学也，非朱子可得而私也，非孔子可得而私也。天下之公也，公言之而已矣。故言之而是，虽异于己，乃益于己也；言之而非，虽同于己，适损于己也。益于己者，己必喜之；损于己者，己必恶之。然则某今日之论，虽或于朱子异，未必非其所喜也。君子之过，如日月之食，其更也，人皆仰之，而小人之过也必文㊱，某虽不肖，固不敢以小人之心事朱子也。

执事所以教，反复数百言，皆以未悉鄙人格物之说。若鄙说一明，则此数百言皆可以不待辨说而释然㊲无滞。故今不敢缕缕以滋㊳琐屑之渎。然鄙说非面陈口析㊴，断亦未能了了㊵于纸笔间也。嗟呼！执事所以开导启迪于我者，可谓恳到详切矣！人之爱我，宁有如执事者乎？仆虽甚愚下，宁不知所感刻㊶佩服？然而不敢遽㊷舍其中心之诚然而姑以听受云者，正不敢有负于深爱，亦思有以报之耳。秋尽东还，必求一面，以卒所请，千万㊸终教！

【注释】

①罗整庵，罗钦顺。罗钦顺（1465—1547），字允升，号整庵，江西泰和人，明代理学家，著有《困知记》。少宰，官职名，明代指吏部侍郎。②某，代自己。顿首，叩头下拜，书信用语，表致敬意。③奉答，敬辞，答复。④手教，敬辞，手书。⑤纷沓，纷繁冗杂。⑥请，敬辞，请求指教。⑦来教，敬辞，来信。⑧极则，最高准则。⑨非笑，讥笑。⑩訾，音zǐ，毁谤。诟訾，亦作"诟**讪**"，责骂。⑪执事，书信敬辞，对对方的敬称。⑫"德之不修，学之不讲"，语出自《论语·述而》："子曰：'德之不修，学之不讲，闻义不能徙，不善不能改，是吾忧也。'"⑬传习，传授、学习。⑭体，体察。⑮揣摸，推测。测度，猜测。⑯著、察，明显。⑰补缉，整理、编辑。⑱悉，全部。⑲按据，根据。⑳资，凭借、依托。㉑精

一，精纯、专一，出自《尚书·大禹谟》："人心惟危，道心惟微，惟精惟一，允执厥中"。㉒"精义入神，以致用也；利用安身，以崇德也。"，语出自《周易·系辞》，韩康伯注："精义，物理之微者也。神寂然不动，感而遂通，故能乘天下之微，会而通其用也。利用之道，由安其身而后动也。精义由于入神以致其用，利用由于安身以崇其德。"㉓"性之德也，合内外之道也"，语出自《礼记·中庸》："诚者非自成己而已也，所以成物也。成己，仁也；成物，知也。性之德也，合外内之道也。"㉔明觉，明白、察觉。㉕辟，音 pì，驳斥。㉖袭，因袭。陷，陷落。㉗本原，根本。㉘支条，次要部分。节目，枝节。㉙虚寂，虚无空寂。㉚审，果然。㉛绪论，言说要旨。㉜"以学术杀天下后世"，语出自《宾退录》：（刘卞功云）"常人以嗜欲杀身，以货财杀子孙，以政事杀民，以学术杀天下后世，吾无是四者，岂不快哉！"㉝"予岂好辩哉？予不得已也"，语出自《孟子·滕文公下》："公都子曰：'外人皆称夫子好辩，敢问何也？'孟子曰：'予岂好辩哉？予不得已也。'"㉞呶呶，音 náo，多言。㉟涕，哭泣。嗟，叹息。㊱委曲，详细论述。调停，调整、协调。㊲耋，音 dié，年长。㊳"知我者，谓我心忧；不知我者，谓我何求"，语出自《诗经·王风·黍离》。㊴"君子之过"几句，语出自《论语·子张》："子贡曰：'君子之过也，如日月之食焉：过也，人皆见之；更也，人皆仰之。'"㊵释然，疑虑消除，领悟义理。㊶滋，增益。㊷面陈口析，当面陈述。㊸了了，清楚表达。㊹感刻，感激铭刻于心。㊺遽，急。㊻千万，无论如何。

答聂文蔚①

【题解】

　　本文是王阳明写给聂文蔚的答信。书信第一部分答谢聂文蔚并解释写作缘由。第二部分介绍良知之学，感慨学术不明并借以明志，"得豪杰同志之士扶持匡翼，共明良知之学于天下"。中国传统学者大都有强烈的救世情怀与人文关怀，本文笔端自然流露的是王阳明关心民生、心系天下的价值关怀，文章同时对明代学术不明的状况提出了激烈的批评。阅读此文，当前读书人应当保守学术独立性和基本人文关怀，依据个人理性和良知，踏实为学，坚守社会正义，为社会和国家建设提供有益的智慧和思想资源。

　　春间远劳迁途，枉顾问证，惓惓②此情，何可当也！已其二三同志，更处静地，扳留旬日③，少效其鄙见④，以求切劘⑤之益；而公期⑥俗绊，势有不能，别去极怏怏⑦，如有所失。忽承笺惠，反复千余言，读之无甚浣慰⑧。中间推许⑨太过，盖亦奖掖⑩之盛心，而规砭真切，思欲纳之于贤圣之域；又托诸崇一⑪以致其勤勤恳恳之怀，此非深交笃爱，何以及是！知感知愧，且惧其无以堪⑫之也。虽然，仆亦何敢不自鞭勉⑬，而徒以感愧辞让为乎哉？其谓"思、孟、周、程无意相遭于千载之下，与其尽信于天下，不若真信于一人。道固自在，学亦自在，天下信之不为多，一人信之不为少"者，斯固君子"不见是而无闷⑭"之心，岂世之谆谆屑屑⑮者知足以及之乎？乃仆之情则有大不得已者存乎其间，而非以计人之信与不信也。

夫人者，天地之心，天地万物，本吾一体者也，生民之困苦荼毒⑯，孰非疾痛之切于吾身者乎？不知吾身之疾痛，无是非之心者也。是非之心⑰，不虑而知，不学而能，所谓良知也。良知之在人心，无间⑱于圣愚，天下古今之所同也。世之君子惟务致其良知，则自能公是非，同好恶，视人犹己，视国犹家，而以天地万物为一体，求天下无治，不可得矣。古之人所以能见善不啻⑲若己出，见恶不啻若己入，视民之饥溺⑳犹己之饥溺，而一夫不获，若己推而纳诸沟中者，非故为是而以蕲㉑天下之信己也，务致其良知，求自慊㉒而已矣。尧、舜、三王之圣，言而民莫不信者，致其良知而言之也；行而民莫不说者，致其良知而行之也。是以其民熙熙皞皞㉓，杀之不怨，利之不庸㉔，施及蛮貊㉕，而凡有血气者莫不尊亲，为其良知之同也。呜呼！圣人之治天下，何其简且易哉！

后世良知之学不明，天下之人用其私智以相比轧㉖，是以人各有心，而偏琐僻陋㉗之见，狡伪阴邪之术，至于不可胜说；外假仁义之名，而内以行其自私自利之实，诡辞以阿俗㉘，矫行以干誉㉙，掩人之善而袭㉚以为己长，讦人之私而窃以为己直，忿以相胜而犹谓之徇义，险以相倾而犹谓之疾恶，妒贤忌能而犹自以为公是非，恣情纵欲而犹自以为同好恶，相陵相贼，自其一家骨肉之亲，已不能无尔我胜负之意，彼此藩篱之形，而况于天下之大，民物之众，又何能一体而视之？则无怪于纷纷籍籍^⑤，而祸乱相寻^⑥于无穷矣！

仆诚赖天之灵，偶有见于良知之学，以为必由此而后天下可得而治。是以每念斯民之陷溺^⑦，则为戚然痛心，忘其身之不肖，而思以此救之，亦不自知其量者。天下之人见其若是，遂相与非笑^⑧而诋斥之，以为是病狂丧心之人耳。呜呼！是奚足恤^⑨哉？吾方疾痛之切体，而暇计人之非笑乎！人固有见其父子兄弟之坠溺于深渊者，呼号匍匐，裸跣^⑩颠顿，扳悬崖壁而下拯之。士之见者方相与揖让谈笑于其傍，以为是弃其礼貌衣冠而呼号颠顿若此，是病狂丧心者也。故夫揖让谈笑于溺人之傍而不知救，此惟行路之人，无亲戚骨肉之情者能之，然已谓之无恻隐之心，非人矣。若夫在父子兄弟之爱者，则固未有不痛心疾首，狂奔尽气，匍匐而拯之。彼将陷溺之祸有不顾，而况于病狂丧心之讥乎？而又况于蕲人之信与不信乎？

呜呼！今之人虽谓仆为病狂丧心之人，亦无不可矣。天下之人心皆吾之心也，天下之人犹有病狂者矣，吾安得而非病狂乎？犹有丧心者矣，吾安得而非丧心乎？

昔者孔子之在当时，有议其为谄者，有讥其为佞者，有毁其未贤，诋其为不知礼，而侮之以为东家丘^⑪者，有嫉而沮之者，有恶而欲杀之者；晨门荷蒉^⑫之徒，皆当时之贤士，且曰"是知其不可而为之者欤？""鄙哉！硁硁乎！莫己知也，斯已而已矣。"虽子路在升堂之列^⑬，尚不能无疑于其所见，不悦于其所欲往，而且以之为迂，则当时之不信夫子者，岂特十之二三而已乎？然而夫子汲汲遑遑^⑭，若求亡子于道路，而不暇于煖席^⑮者，宁以蕲人之知我信我而已哉？盖其天地万物一体之仁，疾痛追切，虽欲已之而自有所不容已，故其言曰："吾非斯人之徒与而谁与！""欲洁其身而乱大伦。""果哉，末之难矣！"①呜呼！此非诚以天地万物为一体者，孰能以知夫子之心乎？若其"遁世无闷"，"乐天知命"者，则固"无入而不自得"，"道并行而不相悖"④也。

仆之不肖，何敢以夫子之道为己任？顾其心亦已稍知疾痛之在身，是以傍徨四顾，将求其有助于我者，相与讲去其病耳。今诚得豪杰同志之士扶持匡翼④，共明良知之学于天下，使天下之人皆知自致其良知，以相安相养⑤，去其自私自利之蔽，一洗谗妒胜忿之习，以济于大同，则仆之狂病，固将脱然以愈，而终免于丧心之患矣，岂不快哉！

嗟乎！今诚欲求豪杰同志之士于天下，非如吾文蔚者而谁望之乎？如吾文蔚才与志，诚足以援天下之溺者。今又既知其具⑥之在我而无假于外求矣，循是而充⑦，若决河注海，孰得而御⑧哉？文蔚所谓"一人信之不为少"，其又能逊以委之何人乎？

会稽⑨素号山水之区，深林长谷，信步⑩皆是，寒暑晦明，无时不宜，安居饱食，尘嚣无扰，良朋四集，道义日新，优哉游哉，天地之间宁复有乐于是者！孔子云："不怨天，不尤人，下学而上达。"⑪仆与二三同志，方将请事斯语，奚暇外慕？独其切肤之痛，乃有未能恝然⑫者，辄复云云⑬两。

咳疾暑毒⑭，书札绝懒。盛使远来，迟留经月⑮，临歧⑯执笔，又不觉累纸⑰。盖于相知之深，虽已缕缕⑱至此，殊觉有所未能尽也。

【注释】

①聂文蔚，聂豹（1486—1563），字文蔚，号双江，江西永丰人，王阳明门人，著有《困辨录》。②迂途，亦作"迂涂"，绕道。枉顾，敬辞，

称对方屈尊看望自己。惓惓,音 quán,感情真切。③扳留,挽留。旬日,原指十天,引申义较短的时日。④鄙见,谦称,自己的见解。⑤劘,音 mó,切削。切劘,切磨、切磋。⑥公期,公务。⑦怏怏,不高兴。⑧浣慰,宽慰。⑨推许,推重、赞许。⑩奖掖,奖励提拔。⑪崇一,欧阳德。欧阳德,字崇一,号南野,江西泰和人,王阳明门人。⑫堪,能够承受。⑬鞭勉,鞭策勉励。⑭无闷,没有烦忧,多指隐居者。⑮谫,音 jiǎn,浅薄。谫谫屑屑,浅薄猥琐。⑯困苦,艰难穷苦。荼,音 tú,苦菜。毒,蜇人之虫。荼毒,毒害、残害。⑰是非之心,分辨是非得失的能力,出自《孟子·告子上》:"恻隐之心,人皆有之;羞恶之心,人皆有之;恭敬之心,人皆有之;是非之心,人皆有之。恻隐之心,仁也;羞恶之心,义也;恭敬之心,礼也;是非之心,智也。仁义礼智,非由外铄我也,我固有之也,弗思而矣。"⑱间,差别。⑲不啻,如同。⑳饥溺,生活困苦。㉑蕲,音 qí,通"祈",祈求。㉒慊,音 qiè,满足,满意。自慊,自足。㉓熙、皞,和乐、怡然自得。㉔利,取利。庸,劳苦。㉕貊,音 mò,古代指东北方向少数民族。蛮貊,亦作"蛮貉"、"蛮貊",古代称南方和北方少数民族,亦指四方落后部族。㉖轧,音 yà,排挤。㉗偏琐,偏颇猥琐。僻陋,性情偏执、见识浅陋。㉘诡辞,假话。阿俗,迎合世俗。㉙矫行,矫情行事。干誉,求取声誉。㉚袭,因循。㉛纷纷,众多。籍籍,杂乱。纷纷籍籍,形容众多且杂乱的样子。㉜相寻,接连不断。㉝陷溺,比喻深陷错误的泥淖而无法自拔。㉞非笑,讥笑。㉟恤,同情、怜悯。㊱跣,音 xiǎn,光脚,不穿鞋袜。㊲东家丘,传说孔子西邻不知孔子才学出众,轻蔑地称孔子为"东家丘"。㊳晨门,掌管城门开闭的人,出自《论语·宪问》:"子路宿于石门。晨门曰:'奚自?'子路曰:'自孔氏。'曰:'是知其不可而为之者与?'"蒉,音 kuì,草编的筐子。荷蒉,背着筐子,出自《论语·宪问》:"子击磬于卫。有荷蒉而过孔氏之门者,曰:'有心哉!击磬乎!'既而曰:'鄙哉,硁硁乎!莫己知也,斯己而已矣。深则厉,浅则揭。'子曰:'果哉!末之难矣。'"晨门、荷蒉代指有才能的隐士。㊴子路在升堂之列,出自《论语·先进》:"子曰:'由之瑟奚为于丘之门？'门人不敬子路。子曰：'由也升堂矣，未入于室也。'"入门、升堂、入室指学习的三个阶段。⑩汲汲遑遑，亦作"汲汲皇皇"，匆忙急促。⑪煖席，人久坐而留有体温的座席，指安坐闲居。⑫"吾非斯人之徒与而谁与"，我们不同这样的人打交道而又和谁打交道呢，语出自《论语·微子》："鸟兽不可与同群，吾非斯人之徒与而谁与？天下有道，丘不与易也。""欲洁其身而乱大伦"，语出自《论语·微子》："子路曰：'不仕无义。长幼之节，不可废也；君臣之义，如之何其废之？欲洁其身，而乱大伦。君子之仕也，行其义也。道之不行，已知之矣。'""果哉，末之难矣"，指没有办法说服对方，详见第⑧条注解。⑬"道并行而不相悖"，语出自《礼记·中庸》："万物并育而不相害，道并行而不相悖。"⑭匡翼，框正、辅佐。⑮相安相养，相处平安、相互休养。⑯具，工具，指才与志。⑰充，扩充。⑱御，抵挡。⑲会稽，音 kuài jī，古地名，因浙江绍兴会稽山得名。⑳信步，漫步、随意行走。㉑"不怨天，不尤人，下学而上达"，不怨恨上天，不责备人，学习平常的知识，却悟出很高的道理，语出自《论语·宪问》："子曰：'不怨天，不尤人，下学而上达。知我者其天乎！'"㉒恝，音 jiá，淡然。恝然，冷淡貌。㉓云云，这样、如此。㉔暑毒，中医中的疾病名，因夏天湿热引起的不适。㉕经月，整月。㉖临歧，亦作"临岐"，赠别。㉗累纸，接连使用许多张纸。㉘缕缕，连续不断。

训蒙大意

【题解】

　　儿童启蒙教育对于个人成长的作用不可谓不大，但儿童启蒙教育也需要遵循儿童成长规律，以恰当的内容和适当的教育方式教育，是儿童启蒙教育的必要前提。中国古人积累了丰富的儿童启蒙教育经验，其中的优良部分仍然是当前儿童教育界需要借鉴的资源。本文是集中反映王阳明儿童教育思想的文章，文章前半部分详细列举儿童教育的内容和所应遵循的教育规律，后半部分对比古今儿童教育的内容和方式。文章语言流畅，结构清晰。此外，阅读此文，我们可以推论，教育的每一阶段都需要恰当的内容与方式，不只是儿童阶段，或可我们以此为鉴，反思适合我们当前阶段的学习内容和方法。

　　古之教者，教以人伦①。后世记诵词章之习起，而先王之教亡。

　　今教童子②，惟当以孝、弟、忠、信、礼、义、廉、耻为专务③。其栽培涵养④之方，则宜诱之歌诗以发其志意⑤，导之习礼以肃其威仪⑥，讽之读书以开其知觉⑦。今人往往以歌诗习礼为不切时务，此皆末俗庸鄙之见，乌足以知古人立教之意哉！大抵童子之情，乐嬉游而惮拘检⑧，如草木之始萌芽，舒畅之则条达⑨，摧挠⑩之则衰瘘。今教童子，必使其趋向鼓舞，中心喜悦，则其进自不能已。譬之时雨春风，霑被⑪卉木，莫不萌动发越⑫，自然日长月化；若冰霜剥落，则生意萧索⑬，日就枯槁⑭矣。故凡诱之歌诗者，非但发其志意而已，亦以泄其跳号⑮呼啸于泳歌，宣其幽抑结滞⑯于音节也；导之习礼者，非但肃其威仪而已，亦所以周旋揖让⑰而动荡其血脉，拜起屈伸而固束其筋骸⑱也；讽之读书者，非但开其知觉而已，亦所以沈潜反复而存其心，抑扬讽诵以宣其志也。凡此皆所以顺导其志意，调理其性情，潜消⑲其鄙吝⑳，默化㉑其粗顽，日使之渐于礼义而不苦其难，入于中和㉒而不知其故。是盖先王立教之微意也。

若近世之训蒙稚者，日惟督以句读课仿㉓，责其检束㉔，而不知导之以礼；求其聪明，而不知养之以善；鞭挞绳缚㉕，若持拘囚。彼视学舍如囹狱㉖而不肯入，视师长如寇仇㉗而不欲见，窥避掩覆以遂其嬉游，设诈饰诡以肆其顽鄙，偷薄庸劣，日趋下流。是盖驱之于恶而求其为善也，何可得乎？

凡吾所以教，其意实在于此。恐时俗不察，视以为迂，且吾亦将去，故特叮咛以告。尔诸教读，其务体吾意，永以为训；毋辄㉘因时俗之言，改废其绳墨㉙，庶成"蒙以养正"㉚之功矣。念之念之！

【注释】

①人伦，传统社会规定的人与人之间关系的规则。②童子，儿童。③专务，专心致力之事。④栽培，栽种培养。涵养，养育、培养。⑤志

意，精神意志。⑥威仪，仪容举止。⑦知觉，会意。⑧惮，畏惧。拘检，拘束。⑨条达，通达。⑩摧挠，摧残、阻挠。⑪霑被，滋润荫庇。⑫发越，散发。⑬萧索，衰败凋落。⑭枯槁，干枯、枯萎。⑮跳号，大跳大叫。⑯幽抑，抑郁。结滞，凝聚。⑰周旋，古代揖让时的动作。揖让，宾主相见礼仪。⑱筋骸，筋骨。⑲潜消，暗中清除。⑳鄙吝，心胸狭隘。㉑默化，默默改变。㉒中和，中庸、和谐。㉓句读，诵读。课仿，课业。㉔检束，检点约束。㉕鞭挞，鞭打。绳缚，捆绑。㉖圄狱，监狱。㉗寇仇，仇敌。㉘辄，于是。㉙绳墨，规则法度。㉚"蒙以养正"，对儿童施以正确的教育。

教 约

【题解】

本文是王阳明为学堂弟子制定的学则规范。文章第一部分介绍每天早晨所应当考德反思之事；第二部分介绍诗歌学习、习礼与授书所须注意事项；第三部分介绍学习内容次序的安排。不同于当前学校教育重知识，内容统一，缺乏美感，古典教育重德育，内容精致，富有诗意，文章体现了传统儒家教育的内容与方式，或可为我们反思当今中国学校教育的内容和方式提供不同的视角。作为学者个体而言，更应该思考如何结合现代教育的科学内容与古典教育中的德育和诗意，承续儒家传统，延续中华文脉。

　　每日清晨，诸生参揖①毕，教读以次②。遍询诸生：在家所以爱亲敬长之心，得无懈忽，未能真切否？温凊定省③之仪，得无亏缺④，未能实践否？往来街衢⑤，步趋⑥礼节，得无放荡，未能谨饰否？一应⑦言行心术，得无欺妄非僻⑧，未能忠信笃敬⑨否？诸童子务要名以实对，有则改之，无则加勉⑩。教读复随时就事，曲加诲谕开发⑪。然后各退就席肄业⑫。

凡歌诗⑬，须要整容定气⑭，清朗其声音，均审⑮其节调；毋躁而急，毋荡而嚣，毋馁而慑⑯。久则精神宣畅⑰，心气和平矣。每学量童生多寡，分为四班，每日轮一班歌诗；其余皆就席，敛容肃听⑱。每五日则总四班递歌于本学。每朔望⑲，集各学会歌于书院。

凡习礼⑳，须要澄心肃虑㉑，审其仪节，度其容止；毋忽而惰，毋沮而怍，毋径而野；从容而不失之迂缓，修谨不失之拘局㉒。久则体貌习熟㉓，德性坚定矣。童生班次，皆如歌诗。每间一日，则轮一班习礼。其余皆就席，敛容肃观。习礼之日，免其课仿㉔。每十日则总四班递习于本学。每朔望，则集各学会习于书院。

凡授书不在徒多，但贵精熟。量其资禀，能二百字者，止可授以一百字。常使精神力量有余，则无厌苦之患，而有自得之美。讽诵㉕之际，务令专心一志，口诵心惟㉖，字字句句，**绅绎**㉗反覆，抑扬其音节，宽虚其心意。久则义礼浃洽㉘，聪明日开矣。

每日工夫，先考德，次背书诵书，次习礼，或作课仿，次复诵书讲书，次歌诗。凡习礼歌诗之数，皆所以常存童子之心，使其乐习不倦，而无暇及于邪僻。教者知此，则知所施矣。虽然，此其大略也；神而明之，则存乎其人㉙。

【注释】

①参揖，参拜作揖。②以次，按次序。③温清定省，冬温夏清、昏定晨省，谓对父母冬天温被，夏天扇席，晚上侍候睡定，早晨前往请安，侍奉周到、无微不至。④亏缺，欠缺不周。⑤街衢，大道、四通八达的道路。⑥步趋，行走。⑦一应，一切。⑧得无，是不是。非僻，亦作"非

辟"，邪恶。⑨笃敬，笃厚诚敬。⑩有则改之，无则加勉，有缺点则改正，没有缺点则劝勉。朱熹注《论语·学而》："曾子曰：'吾日三省吾身：为人谋而不忠乎？朋友交而不信乎？传不习乎？'"为"曾子以此三者，日省其身，有则改之，无则加勉，其自治诚切如此，可谓得为学之本矣。"⑪诲谕，亦作"诲喻"，教诲晓喻。开发，启发开导。⑫肄业，修习课业。⑬歌诗，咏唱诗歌。⑭整容，整理仪容。定气，犹专心。⑮审，慎重。⑯荡，放纵。嚣，喧哗。馁，气馁丧气。慑，恐惧。⑰宣畅，舒散。⑱敛容，正色。肃听，恭敬地静听。⑲朔望，朔日和望日，农历每月初一和十五。⑳习礼，学习礼节。㉑澄心，精心。肃虑，清除思虑。㉒忽，轻视。沮，丧气。怍，忏悔。径，小道。野，不合礼制。迂缓，行动迟缓。修谨，处世行事谨慎，恪守礼法。拘局，拘禁。㉓体，通"礼"，礼仪。体貌，礼貌规矩。习熟，惯常熟知。㉔课仿，课业。㉕讽诵，诵读。㉖口诵心惟，亦作"口诵心维"，口中念诵，心中思考。㉗绅绎，音chōu yì，亦作"抽绎"，理出头绪。㉘浃，音jiā，融洽。浃洽，贯通。㉙神而明之，指玄妙的事理。存乎其人，在于个人。"神而明之，则存乎其人"，领悟事理，在于个人领会，语出自《周易·系辞上》："极天下之赜者存乎卦，鼓天下之动者存乎辞，化而裁之存乎变，推而行之存乎通，神而明之存乎其人。默而成之，不言而信，存乎德行。"赜，音zé，深奥。

道一而已

【题解】

　　本文是王阳明回答弟子知行、理心关系的对话。文中王阳明反对各种割裂"知""行"、理心的观点，以"知行合一"学说解释了儒家典籍《尚书》、《中庸》、《易》、《论语》以及二程文章中的字句。儒家典籍有多种解释方法，但未必是符合古人原意的解释，王阳明的解释与弟子解释之后的逻辑是不可调和的，如何准确恰当地理解古典文献，而不是以"具有一定解释力"的方式、掺杂解读者个人主观意愿式地解读儒家典籍，是当前治学者需要反思的问题，毕竟准确理解古人原意是学术发展的前提。同时，我们需要注意在遣词造句和表达个人观点时，最好能用精恰的语言清晰完整叙述，避免逻辑混乱、主题不明。

　　或疑知行不合一，以"知之匪艰"①二句为问。

　　先生曰："良知自知，原是容易的。只是不能致那良知，便是'知之匪艰，行之惟艰'。"

　　门人②问曰："知行如何得合一？且如《中庸》，言'博学之'，又说个'笃行之'③，分明知行是两件。"

先生曰："博学只是事事学存此天理，笃行只是学之不已之意。"

又问："《易》'学以聚之'，又言'仁以行之'④，此是如何？"

先生曰："也是如此。事事去学存此天理，则此心更无放失⑤时，故曰'学以聚之'，然常常学存此天理，更无私欲间断，此即是此心不息处，故曰'仁以行之'。"

又问："孔子言'知及之，仁不能守之'⑥，知行却是两个了。"

先生曰："说'及之'已是行了，但不能常常行，已为私欲间断，便是'仁不能守'。"

又问："心即理之说，程子云'在物为理'⑦，如何谓心即理？"

先生曰："在物为理，在字上当添一心字，此心在物则为理。如此心在事父则为孝，在事君则为忠之类。"先生因谓之曰："诸君要识得我立言宗旨。我如今说个心即理是如何，只为世人分心与理为二，故便有许多病痛。如五伯攘夷狄⑧，尊周室，都是一个私心，便不当理⑨。人却说他做得当理，只心有未纯，往往悦慕⑩其所为，要来外面做得好看，却与心全不相干。分心与理为二，其流至于伯道⑪之伪而不自知。故我说个心即理，要使知心理是一个，便来心上做工夫，不去袭义⑫于外，便是王道⑬之真。此我立言宗旨。"

又问："圣贤言语许多，如何却要打做一个？"

曰："我不是要打做一个，如曰'夫道，一而已矣。'⑭又曰'其为物不二，则其生物不测。'⑮天地圣人皆是一个，如何二得？"

【注释】

①"知之匪艰"，出自《尚书·说命中》："知之非艰，行之惟艰。"②门人，门生、弟子。③"笃行之"，《礼记·中庸》载："博学之，审问之，慎思之，明辨之，笃行之。"笃，音 dǔ，忠实，一心一意。④"仁以行之"，《周易·乾·文言》载："君子学以聚之，问以辩之，宽以居之，仁以行之。"⑤失，通"佚"，放逸。放失，放纵、散失。⑥"知及之，仁不能守之"，语出自《论语·卫灵公》："子曰：'知及之，仁不能守之；虽得之，必失之。知及之，仁能守之。不庄以莅之，则民不敬。知及之，仁能守之，庄以莅之，动之不以礼，未善也。'"⑦程子，程颐。程颐（1033—1107），字正叔，北宋洛阳伊川人，世称伊川先生，北宋理学家，教育家，与其胞兄程颢共创"洛学"，人称"二程"，宋代理学开创者。"在物为理"，出自《河南程氏粹言·论道篇》："子曰：在物为理，处物为义。"⑧五伯，指春秋五霸：齐桓公、宋襄公、晋文公、秦穆公和楚庄王。攘，排斥。夷狄，古称东方部族为夷，北方部族为狄，夷狄代指华夏族以外的其他部族。⑨当理，合理。⑩悦慕，爱慕。⑪伯道，霸道。⑫袭，突然。袭义，不真实的道义，出自《孟子·公孙丑上》："集义所生者，非义袭而取之也。"⑬王道，儒家所主张的以仁义治天下的道义原则。⑭"夫道，一而已矣"，语出自《孟子·滕文公上》，"孟子曰：'世子疑吾言乎？夫道一而已矣。'"⑮"其为物不二，则其生物不测"，语出自《礼记·中庸》："天地之道，可一言而尽也：其为物不贰，则其生物不测。"朱熹注："天地之道，可一言而尽，不过曰诚而已。不贰，所以诚也。诚故不息，而生物之多，有莫知其所以然者。"

朱子晚年定论序

【题解】

　　王阳明心学与佛道学说、孔孟学说、程朱理学之间的关系众说纷纭，在此篇文章中，王阳明解释了几种学说之间的关系。文章开篇述说作者探求孔孟学说千年兴息的过程；第二部分介绍作者龙场悟道，开创心学的过程，同时作者解释了心学与孔孟、老释的关系；第三部分，作者介绍了心学与朱熹理学的关系，作者认为朱熹晚年主张已先得心学之意，反对世儒以朱熹中年未定之说割裂心学与理学关系；文章最后解释文本写作缘由。王阳明作为"剧中人"的解释或可以帮助我们理解理学与心学之间的关系。同时，我们需要学习王阳明对待分歧与疑问的态度，正视分歧，反复研讨，而不是回避疑问，方有可能消解分歧，达成一致。

　　洙、泗①之传，至孟子而息；千五百余年，濂溪、明道②始复追寻其绪；自后辩析③日详，然亦日就支离决裂，旋复湮晦④。吾尝深求其故，大抵皆世儒⑤之多言有以乱之。

　　守仁蚤岁业举⑥，溺志⑦辞章之习。既乃稍知从事正学⑧，而苦于众说之纷挠⑨疲苶，茫无可入，因求诸老、释⑩，欣然有会于心⑪，以为圣人之学在此矣！然于孔子之教间相出入⑫，而措之日用⑬，往往阙漏无归，依违往返，且信且疑。其后谪官龙场，居夷处困，动心忍性⑭之余，恍若有悟，体验探求，再更寒暑，登诸《五经》、《四子》⑮，沛然若决江河而放诸海也。然后叹圣人之道坦如大路，而世之儒者妄开窦径⑯，蹈荆棘，堕坑堑，究其为说，反出二氏之下。宜⑰乎世之高明之士厌此而趋彼也！此岂二氏之罪哉！间尝以此语同志，而闻者竞相非议，自以为立异好奇。虽每痛反深抑，务自搜剔⑱斑瑕⑲，而愈益精明的确⑳，洞然㉑无复可疑。

独于朱子㉒之说有相抵牾㉓，恒疚㉔于心，切疑㉕朱子之贤，而岂其于此尚有未察？及官留都㉖，复取朱子之书而检求之，然后知其晚岁固已大悟旧说之非，痛悔极艾㉗，至以为自诳诳人之罪，不可胜赎㉘。世之所传《集注》、《或问》㉙之类，乃其中年未定之说，自咎以为旧本之误，思改正而未及。而其诸《语类》之属，又其门人挟胜心㉚以附己见，固于朱子平日之说犹有大相谬戾㉛者，而世之学者局于见闻，不过持循㉜讲习于此。其于悟后之论，概乎其未有闻，则亦何怪乎予言之不信、而朱子之心无以自暴于后世也乎？

予既自幸其说之不谬于朱子，又喜朱子之先得我心㉝之同然，且慨夫世之学者徒守朱子中年未定之说，而不复知求其晚岁既悟之论，竞相呶呶㉞，以乱正学，不自知其已入于异端。辄采录而裒集㉟之，私以示夫同志，庶几无疑于吾说，而圣学之明可冀㊱矣。

正德乙亥冬十一月朔㊲，后学余姚王守仁序。

【注释】

①洙泗，洙水和泗水，河流名，孔子曾在附近讲学，后洙泗代指孔子及儒家。②濂溪，周敦颐。周敦颐（1017—1073），字茂叔，号濂溪，湖

南道县人，北宋理学家、哲学家，传世《太极图说》、《通书》等著作。明道，程颢。程颢（1032—1085），字伯淳，号明道，世称明道先生，河南伊川人，北宋哲学家、理学家，传世《定性书》、《识仁篇》等著作。③辩析，辩解分说。④旋复，回转。湮晦，音 yān huì，埋没。⑤世儒，俗儒、浅陋迂腐的儒士。⑥蚤岁，早年。业举，为科举考试而学习。⑦溺志，心志沉湎其中。⑧正学，合乎正道的学说。传统社会中，正学指儒家学说。⑨纷挠，纷扰、纷乱。⑩老、释，老子与释迦牟尼，指道家与佛家。⑪会于心，领悟、领会于心。⑫出入，不相符。⑬措，施行。日用，日常应用。⑭动心忍性，指坚持，出自《孟子·告子下》："故天将降大任于斯人也，必先苦其心志，劳其筋骨，饿其体肤，空乏其身，行拂乱其所为，所以动心忍性，曾益其所不能。"赵岐注："所以惊动其心，坚忍其性，使不违仁。"⑮《五经》指儒家的五部经典著作，即《周易》、《尚书》、《诗经》、《礼记》、《春秋》。《四子》，又称《四子书》，即指《论语》、《大学》、《中庸》、《孟子》儒家的四部经典著作，分别记录孔子、曾子、子思、孟子言行。⑯窦，孔、洞。径，小路。窦径，比喻歪门邪道。⑰宜，应当。⑱搜剔，搜寻。⑲斑瑕，斑点、瑕疵。⑳的确，真实、实在。㉑洞然，清晰明了的样子。㉒朱子，朱熹。朱熹（1130—1200），字元晦，一字仲晦，号晦庵，晚称晦翁，谥文，亦称朱文公、朱子，南宋理学家、思想家、哲学家。子，古人对道德高尚、学问高深之人的尊称。㉓抵牾，矛盾。㉔疚，愧疚不安。㉕切疑，亦作"窃疑"，私下怀疑。㉖留都，古代王朝迁都以后，旧都仍保留行政机构，称留都。明代迁都北京以后，南京为留都。㉗艾，尽、彻底。㉘赎，抵消、弥补。㉙《集注》，即《四书章句集注》，朱熹对于《四书》的注解。《或问》，即《四书或问》。㉚《语类》，朱熹与其弟子问答语录的汇编。㉛挟，怀。胜心，好胜之心。㉜谬戾，亦作"谬盭"，悖谬、乖戾。㉝持循，遵循。㉞先得我心，契合我意。㉟呶呶，音náo，喧闹。㊱裒，音 póu，聚集。裒集，辑集。㊲冀，期望。㊳正德，明代皇帝朱厚照（1491—1521）1506—1521 年间的年号。乙亥，古代干支纪年的第十二年。朔，农历初一。

与辰中诸生（己巳）

【题解】

正德五年，王阳明赴任江西庐陵知县，途经湖南沅陵，讲学虎溪山，期间静坐于龙兴寺。本文是王阳明写给沅陵虎溪山诸生的告别信。文章第一部分感慨得友殊难而分别极易。第二部分交代诸友为学宜相砥砺、刊落声华、切己用功。第三部分解释自己"静坐"一事，非欲坐禅入定，补小学收放心工夫耳。最后鼓励诸友用心向学，同时辨明举业与功业之间的关系，"举业不患妨功，惟患夺志"。书信读来亲切，可知王阳明谆谆教导之意。阅读此文，我们应知为学一方面应正心，以求道之心探求绝学，另一方面当于着力处下功夫，循循为之。诚心正意，切实笃行，方有可能成就学问；摇夺志气，隳堕世俗，则难入精义。

谪居①两年，无可与语者。归途乃得诸友，何幸何幸！方以为喜，又遽尔②别去，极怏怏③也。

绝学④之余，求道者少；一齐众楚⑤，最易摇夺。自非豪杰，鲜有卓然⑥不变者。诸友宜相砥砺夹持⑦，务期有成。近世士夫亦有稍知求道者，皆因实德未成而先揭标榜⑧，以来世俗之谤，是以往往隳堕⑨无立，反为斯道之梗⑩。诸友宜以是为鉴，刊落声华⑪，务于切己处着实用力。

前在寺中所云静坐⑫事，非欲坐禅入定⑬。盖因吾辈平日为事物纷拏⑭，未知为己，欲以此补小学收放心⑮一段工夫耳。

明道云："才⑯学便须知有着力处，既学便须知有着力处。"诸友宜于此处着力，方有进步，异时始有得力处也。"学要鞭辟近里着己"⑰、"君子之道暗然而日章"⑱、"为名与为利，虽清浊不同，然其利心则一"⑲、"谦受益"⑳、"不求异于人，而求同于理"，此数语宜书之壁间，常目在之。举业㉑不患妨功，惟患夺志。只如前日所约，循循为之，亦自两无相碍。所谓知得洒扫应对㉒，便是精义入神也。

【注释】

①谪居，贬谪。②遽尔，突然。③怏怏，闷闷不乐。④绝学，失传的学问。⑤一齐众楚，指一人施教而众人喧嚷。⑥卓然，卓越。⑦夹持，辅佐、帮助。⑧先揭标榜，揭下榜单，以示迎战等。⑨隳堕，失败。⑩梗，音 gěng，阻碍。⑪刊落，删除。声华，声誉荣耀。⑫静坐，闭目端坐，摒弃杂念，佛道修养的方法。⑬坐禅，端坐静修。入定，闭目静坐，摒除杂念。⑭纷拏，亦作"纷挐"、"纷拿"，纷乱错杂。⑮收放心，收回放失的心。⑯才，才能。⑰"学要鞭辟近里着己"，语出自《二程遗书·师训》："学只要鞭辟。近里，著己而已，故'切问而近思'，则'仁在其中矣'。"⑱"君子之道暗然而日章"，语出自《礼记·中庸》："君子之道，暗然而日章；君子之道，暗然而日章；小人之道，的然而日亡。"郑玄注："言君子深远难知，小人浅近易知，"孔颖达疏："章，明也。言君子以其道德深远谦退，初视未见，故曰'暗然'其后明著，故曰日章明也。"⑲"为名与为利，虽清浊不同，然其利心则一"，朱熹《四书章句集注》引用程颐语

"程子曰:'学者须是务实,不要近名。有意近名,大本已失。更学何事?为名而学,则是伪也。今之学者,大抵为名。为名与为利虽清浊不同,然其利心则一也。'"⑳"谦受益",语出自《尚书·大禹谟》:"满招损,谦受益,时乃天道。"㉑举业,为科举考试而准备的诗文学业。㉒洒扫应对,洒水扫地、应酬宾客,儒家修身礼节。

与黄宗贤书

【题解】

　　王道，字纯甫，初学王阳明，后学湛若水。本文是王阳明对王纯甫批评阳明心学的回应。文章第一部分夸赞黄宗贤对王纯甫的钟爱之情。第二部分则叙述作者与王纯甫的师友之谊、王纯甫学术观点转变的过程以及作者的态度。这一部分是本文的重点，作者的论述分为三个层次，第一层次，作者回忆与王纯甫的师友之谊，以纯甫转官北上为转折；第二层次，回应社会浮薄流言；第三层次，总结反思师友之情，以"惟宜自反自责而已"的胸怀坦荡应对纯甫。文章最后述说近来状况，询问应原忠近况等。文章体现了王阳明对待朋友的钟爱态度、自我反思的内省精神。阅读此文，我们或可返照自身，提升自我修养境界。

　　书来，及纯甫事，恳恳①不一而足，足知朋友忠爱之至。世衰俗降，友朋中虽平日最所爱敬者，亦多改头换面，持两端之说，以希俗取容②，意思殊为衰飒③可悯。若吾兄真可谓信道之笃而执德之弘④矣，何幸何幸！

仆在留都，与纯甫住密迩⑤，或一月一见，或间月不一见，辄有所规切⑥，皆发于诚爱恳恻，中心未尝怀纤毫较计⑦。纯甫或有所疏外，此心直可质诸鬼神。其后纯甫转官北上，始觉其有怼然⑧者。寻亦痛自悔责，以为吾人相与，岂宜有如此芥蒂⑨，却有堕入世间较计坑陷中，亦成何等胸次！当下冰消雾释⑩矣。其后人言屡屡而至，至有为我愤辞厉色⑪者。仆皆惟以前意处之，实是未忍一日而忘纯甫。盖平日相爱之极，情之所钟，自如此也。

旬日间复有相知自北京来，备传纯甫所论。仆窃疑有浮薄之徒，幸⑫吾党间隙，鼓弄交构⑬，增饰其间，未必尽出于纯甫之口。仆非矫为此说，实是故人情厚，不忍以此相疑耳。仆平日之厚纯甫，本非私厚；纵纯甫今日薄我，当亦非私薄。然则仆未尝厚纯甫，纯甫未尝薄仆也，亦何所容心于其间哉！

往往见世俗朋友易生嫌隙，以为彼盖苟合于外，而非有性分之契，是以如此，私窃叹悯。自谓吾党数人，纵使散处敌国仇家，当亦断不至是。不谓今日亦有此等议论，此亦惟宜自反自责而已。孟子云："爱人不亲反其仁，行有不得者，皆反求诸己。"⑭自非履涉亲切，应未识斯言味永而意恳也。

仆近时与朋友论学，惟说"立诚"二字。杀人须就咽喉上着刀，吾人为学，当从心髓⑮入微处用力，自然笃实光辉。虽私欲之萌，真是洪炉点雪⑯，天下之大本立矣。若就标末妆缀比拟，凡平日所谓学问思辩者，适足以为长傲遂非之资，自以为进于高明光大，而不知陷于狠戾⑰险嫉，亦诚可哀也已！以近事观之，曾见得吾侪往时所论，自是向里。此盖圣学的传，惜乎沦落湮埋⑱已久，往时见得，犹自恍惚。仆近来无所进，只于此处看较分晓，直是痛快，无复可疑。

但与吾兄别久，无告语处耳。原忠数聚论否？近尝得渠^⑲一书，所见迥然与旧不同，殊慰殊慰！今亦寄一简^⑳，不能详细，见时望并出此。归计^㉑尚未遂，旬月后且图再举。会其未定，临楮耿耿^㉒。

【注释】

①恳恳，诚挚。②希俗，迎合世俗。容，悦。取容，取悦。③衰飒，颓废、失落。④弘，大。⑤密迩，靠近。⑥规切，劝诫规谏。⑦较计，计较。⑧恝，音 jiá，淡然。恝然，冷淡貌。⑨芥蒂，梗塞、怨恨。⑩冰消雾释，消失、去除。⑪厉色，怒容。⑫幸，庆幸。⑬交构，离间。⑭"爱人不亲反其仁，行有不得者，皆反求诸己"，语出自《孟子·离娄上》："孟子曰：'爱人不亲反其仁，治人不治反其智，礼人不答反其敬。行有不得者，皆反求诸己，其身正而天下归之。'"朱熹注："我爱人而人不亲我，则反求诸己，恐我之仁未至也。智敬放此。"⑮心髓，心之深处。⑯洪炉点雪，雪入火炉，立即融化，形容私欲消失殆尽。⑰狠戾，凶残暴烈。⑱湮埋，掩埋。⑲渠，第三人称代词，他。⑳简，书简、书信。㉑归计，归乡计划。㉒临楮，临纸。耿耿，挂念。

与王纯甫书（壬申）

【题解】

人生而有磨难，如何面对磨难是值得我们思考的问题。本文是王阳明与弟子王纯甫探讨人生磨难的书信。文章第一部分简述王纯甫遭遇不如意事，作为老师的王阳明所经历的"始闻惋然，已而大喜"心态变化。第二部分作者解释了始闻惋然，已而大喜的原因，同时以冶金之例和谪居贵州之例表明作者"生于忧患而死于安乐"、"君子素其位而行，不愿乎其外"的人生态度。第三部分向王纯甫介绍师友的近况。中国传统社会似乎是一个多灾多难的社会，灾难频仍的环境迫使中国思想家艰难而又无奈地视忧患为磨刀石，视锤煅为登山梯，外在的不幸反而成为人生进步和社会发展的动力。阅读此文，我们或可从古人看待忧患的视角借取思想资源。

别后，有人自武城①来，云纯甫②始到家，尊翁③颇不喜，归计尚多抵牾④。始闻而惋然⑤，已而复大喜。久之，又有人自南都来者，云"纯甫已莅任⑥，上下多不相能⑦"。始闻而惋然，已而复大喜。

吾之惋然者，世俗之私情；所为大喜者，纯甫当自知之。吾安能小不忍于纯甫，不使动心忍性⑧，以大其所就乎？譬之金之在冶，经烈焰，受钳锤，当此之时，为金者甚苦；然自他人视之，方喜金之益精炼⑨，而惟恐火力锤煅之不至。既其出冶，金亦自喜其挫折煅炼之有成矣。某平日亦每有傲视行辈、轻忽世故之心，后虽稍知惩创⑩，亦惟支持抵塞⑪于外而已。及谪贵州三年⑫，百难备尝⑬，然后能有所见，始信孟氏"生于忧患"⑭之言非欺我也。尝以为"君子素其位而行，不愿乎其外。素富贵，行乎富贵；素贫贱，行乎贫贱；素患难，行乎患难；故无入而不自得。"⑮后之君子，亦当素其位而学，不愿乎其外。素富贵，学处乎富贵；素贫贱患难，学处乎贫贱患难；则亦可以无入而不自得。向尝为纯甫言之，纯甫深以为然，不审⑯迩来用力却如何耳。

近日相与讲学者，宗贤⑰之外，亦复数人，每相聚辄叹纯甫之高明。今复遭时磨励若此，其进益⑱不可量，纯甫勉之！

汪景颜近亦出宰大名⑲，临行请益，某告以变化气质。居常无所见，惟当利害，经变故，遭屈辱，平时愤怒者到此能不愤怒，忧惶失措者到此能不忧惶失措，始是能有得力处，亦便是用力处。天下事虽万变，吾所以应之，不出乎喜怒哀乐四者。此为学之要，而为政亦在其中矣。景颜闻之，跃然⑳如有所得也。甘泉㉑近有书来，已卜居㉒萧山之湘湖㉓，去㉔阳明洞方数十里耳。书屋亦将落成，闻之喜极。诚得良友相聚会，共进此道，人间更复有何乐！区区在外之荣辱得丧，又足挂之齿牙间哉？

【注释】

①武城，地名，位于今山东德州。②王纯甫，王道。王道（1490—1550），字纯甫，号顺渠，山东武城人。③尊翁，尊公，对对方父亲的敬

称。④抵牾，矛盾。⑤惋然，叹息的样子。⑥莅任，上任、出任官职。⑦相能，和睦相处。⑧动心忍性，语出自《孟子·告子下》："故天将降大任于斯人也，必先苦其心志，劳其筋骨，饿其体肤，空乏其身，行拂乱其所为，所以动心忍性，曾益其所不能。"赵岐注："所以惊动其心，坚忍其性，使不违仁。"⑨精炼，去其杂质、提取精华。⑩惩创，惩罚、惩治。⑪抵塞，堵塞。⑫谪贵州三年，指正德元年冬，刘瑾专权，诬陷南京户科给事中御史戴铣等二十余人，王阳明上书《乞宥言官去权奸以章圣德疏》为戴铣等人直言，遭廷杖并贬谪贵州龙场。⑬备尝，尝尽。⑭"生于忧患"，出自《孟子·告子下》："知生于忧患而死于安乐"。⑮"君子素其位而行，不愿乎其外。素富贵，行乎富贵；素贫贱，行乎贫贱；素患难，行乎患难；故无入而不自得"，语出自《礼记·中庸》；朱熹注："素，犹见在也。言君子但因见在所居之位而为其所当为，无慕乎其外之心也。"⑯审，知道。⑰宗贤，黄宗贤，王阳明门人。⑱进益，在学识与修养方面进入。⑲出宰，由京官外出任县官。大名，地名，位于今河北邯郸。⑳跃然，欣然。㉑甘泉，湛若水。湛若水（1466—1560），字元明，号甘泉，世称"甘泉先生"，明代哲学家、教育家、书法家，主张"随处体认天理"，著有《湛甘泉集》。㉒卜居，择地居住。㉓萧山，地名，位于今浙江杭州。湘湖，湖名，位于今浙江杭州。㉔去，距离。

与陆原静书（丙子）

【题解】

本文是王阳明写给门人陆澄的答信。文章开篇夸赞陆澄为学勤奋，并表达对陆澄寄予厚望之意。第二部分则回复陆澄《大学》、《中庸》注已毁，同时要求陆澄对《大学》、《中庸》意旨大略体认研究，而非汲汲求注。第三部分则回复陆澄"博学"之意，但王阳明并未详解，只是指明陆澄需努力的方向要旨。文章最后嘱托陆澄"循本末始天然之序"，踏实治学。文章简短，要旨明确，我们可以体会王阳明作为老师的谆谆教诲之意。如王阳明所言，作为学者一方面当一洗俗见、去功利之心，另一方面当致力于"平日用功"，"物有本末，事有终始，知所先后，则近道矣"。理或有未明，当仍值得我们反思借鉴。

书来，知贵恙^①已平复，甚喜！书中勤勤问学，惟恐失坠^②，足知进修之志不怠^③，又甚喜！异时^④发挥斯道，使来者有所兴起，非吾子谁望乎？

所问《大学》、《中庸》注，向尝略具草稿，自以所养未纯，未免务外欲速之病，寻已焚毁。近虽觉稍进，意⑤亦未敢便以为至⑥，姑俟⑦异日山中与诸贤商量共成之，故皆未有书。其意旨大略，则固平日已为清伯⑧言之矣。因是益加体认研究，当自有见；汲汲求此，恐犹未免旧日之病也。

"博学"之说，向已详论。今犹牵制⑨若此，何邪？此亦恐是志不坚定，为世习所挠⑩之故。使在我果无功利之心，虽钱谷兵甲，搬柴运水，何往而非实学？何事而非天理？况子、史、诗、文之类乎？使在我尚存功利之心，则虽日谈道德仁义，亦只是功利之事，况子、史、诗、文之类乎？"一切屏绝"之说，是犹泥⑪于旧习，平日用功未有得力处，故云尔。

请一洗⑫俗见，还复初志，更思平日饮食养身之喻⑬，种树栽培灌溉之喻，自当释然融解矣。"物有本末，事有终始，知所先后，则近道矣。"吾子之言，是犹未是终始本末之一致也，是不循本末终始天然之序，而欲以私意速成之也。

【注释】

①贵恙，敬辞，对方病情。②失坠，堕落。③怠，松懈。④异时，未来。⑤意，料想。⑥至，到达极致。⑦姑俟，暂且等待。⑧清伯，陆澄。陆澄，字原静，又字清伯，归安人，王阳明门人。⑨牵制，约束。⑩挠，阻挠。⑪泥，拘泥。⑫洗，清洗、洗除。⑬喻，比方。

寄诸弟（戊寅）

【题解】

　　本文是王阳明写给家族诸弟的书信。文章开头简单解释书信写作缘由。第二部分作者详细列举《论语》、《尚书》、《礼记》等典籍中蘧伯玉、成汤、孔子、尧舜等言语的例证，详述古人如何面对"己过"，勉励家族诸弟"时时自见己过而改之"。第三部分简单介绍自己的近况，"血气既衰，戒之在得"，借以劝勉家族诸弟惜时、立志于学。阅读此文，我们一方面或可反省自己面对己过的态度，反思自己是否有勇气正视，是否以坚定的意志力和"精一"之功改正，另一方面或可听从王阳明建议，年少宜"及时勉力，毋使过时而徒悔"。本文的主题是劝勉诸弟克治己过，但或许惜时对年轻学者而言更为重要。

　　屡得弟辈书，皆有悔悟①奋发之意，喜慰②无尽！但不知弟辈果出于诚心乎？亦谩③为之说云尔。

　　本心④之明，皎⑤如白日，无有有过而不自知者，但患不能改耳。一念改过，当时即得本心。人孰无过？改之为贵。蘧伯玉⑥，大贤也，惟曰"欲寡其过而未能"⑦。成汤、孔子，大圣也，亦惟曰"改过不吝⑧，可以无大过"而已。人皆曰人非尧舜，安能无过？此亦相沿之说，未足以知尧舜之心。若尧舜之心而自以为无过，即非所以为圣人矣。其相授受之言曰："人心惟危，道心惟微，惟精惟一，允执厥中。"⑨彼其自以为人心之惟危也，则其心亦与人同耳。危即过也，惟其兢兢业业，尝加"精一"之功，是以能"允执厥中"而免于过。古之圣贤时时自见己过而改之，是以能无过，非其心与果与人异也。"戒慎不睹，恐惧不闻"⑩者，时时自见己过之功。吾近来实见此学有用力处，但为平日习染深痼⑪，克治⑫欠勇，故切切⑬预为弟辈言之。毋使亦如吾之习染既深，而后克治之难也。

人方少时，精神意气既足鼓舞，而身家之累尚未切心⑭，故用力颇易。迨⑮其渐长，世累日深，而精神意气亦日渐以减，然能汲汲⑯奋志于学，则犹尚可有为。至于四十五十，即如下山之日，渐以微灭，不复可挽矣。故孔子云："四十五十而无闻焉，斯亦不足畏也已。"⑰又曰："及其老也，血气既衰，戒之在得。"⑱吾亦近来实见此病，故亦切切预为弟辈言之。宜及时勉力，毋使过时而徒悔也。

【注释】

①悔悟，后悔、醒悟。②喜慰，欣慰。③谩，通"漫"，散漫。④本心，天良、善良之心。⑤皎，明、亮。⑥蘧伯玉，蘧瑗。蘧瑗，字伯玉，谥成子，卫国大夫，贤士、孔子好友。⑦"欲寡其过而未能"，语出自《论语·宪问》："蘧伯玉使人于孔子。孔子与之坐而问焉，曰：'夫子何为？'对曰：'夫子欲寡其过而未能也。'"⑧吝，可惜。改过不吝，语出自《尚书·仲虺之诰》："用人惟己，改过不吝。"⑨"人心惟危，道心惟微，

惟精惟一，允执厥中”，“心”有人心与道心两种，人心容易沾染私欲，故危，道心发于义理，故微，人只有精研专一，才能保持执中，出自《尚书·大禹谟》。⑩“戒慎不睹，恐惧不闻”，语出自《礼记·中庸》：“是故君子戒慎乎其所不睹，恐惧乎其所不闻。”郑玄注：“小人闲居为不善，无所不至也。君子则不然，虽视之无人，听之无声，犹戒慎恐惧自修正，是其不须臾离道。”⑪习染，沾染不良习惯。深痼，病根深重、积重难返。⑫克治，克制私欲。⑬切切，恳切。⑭切心，真心。⑮迨，音 dài，等到。⑯汲汲，急切。⑰“四十五十而无闻焉，斯亦不足畏也已”，语出自《论语·子罕》：“子曰：‘后生可畏，焉知来者之不如今也？四十、五十而无闻焉，斯亦不足畏也已。’”闻，名望。⑱“及其老也，血气既衰，戒之在得”，语出自《论语·季氏》：“孔子曰：‘君子有三戒：少之时，血气未定，戒之在色；及其壮也，血气方刚，戒之在斗；及其老也，血气既衰，戒之在得。’”得，贪得。

与陆原静书（辛巳）

【题解】

　　本文是王阳明劝谏弟子陆原静如何养生和养德的书信。文章开头客套用语，第二部分以作者自身经历，解释养德与养生的合一关系，并辨别儒道两家养生目的、途径与结果的不同，进而劝谏陆原静慎信异道之说，专心圣人真我之说。文章最后介绍作者省亲的奏折的状况。长生护身似乎是人类的天然诉求，自古以来各种讲究养生的方法层出不穷。不同于医药学的方法，中国儒道两家多注重个人内在修养。但儒道两家养生之法也有差异，各具特色。儒家视个人道德修养为养生的途径，主张儒士修炼、践行仁民爱物之心，从而将个人养生、道德修养与社会改造结合起来。当前学者固然可以恰当的认识三者的逻辑关系，将三者适当地区别，但理解古人的思考逻辑与人文价值也是需要现代学者注意的问题。

　　赍①奏人回，得佳稿及手札②，殊慰。

　　闻以多病之故，将从事于养生③，区区④往年盖尝弊力于此矣，后乃知其不必如是，始复一意于圣贤之学。大抵养德养身，只是一事，原静所云"真我"者，果能戒谨不睹，恐惧不闻，而专志于是，则神住气住精住，而仙家所谓长生久视⑤之说，亦在其中矣。神仙之学与圣人异，然其造端托始⑥，亦惟欲引人于道，《悟真篇⑦后序》中所谓："黄老悲其贪着，乃以神仙之术渐次导之"者。原静试取而观之，其微旨亦自可识。自尧、舜、禹、汤、文、武，至于周公、孔子，其仁民爱物之心，盖无所不至，苟有可以长生不死者，亦何惜以示人？如老子、彭铿⑧之徒，乃其禀赋有若此者，非可以学而至。后世如白玉蟾、丘长春⑨之属，皆是彼学中所称述以为祖师者，其得寿皆不过五六十，则所谓长生之说，当必有所指矣。原静气弱多病，但遗弃声名，清心寡欲，一意圣贤，如前所谓"真我"之说。不宜轻信异道⑩，徒自惑乱聪明，弊精劳神，废靡⑪岁月。久而不返，将遂为病狂丧心之人不难矣。昔人谓"三折肱为良医"，区区非良医，盖尝"三折肱"者。原静其慎听毋忽！

区区省亲本⑫，闻部中⑬已准覆，但得旨即当长遁⑭山泽。不久朝廷且大赉⑮，则原静推封亦有日。果能访我于阳明之麓，当能为原静决此大疑也。

【注释】

①赍，送。②手札，亦作"手扎"，手书、信札。③养生，保养生命。④区区，谦辞，我。⑤长生久视，长寿。⑥造端托始，亦作"造端倡始"，倡导。⑦《悟真篇》，北宋张伯端所著，阐释内丹理论。⑧彭铿，彭祖。彭祖，彭姓，名铿，传说长寿。⑨白玉蟾，本姓葛，名长庚，字如晦、紫清、白叟，号海琼子、海南翁、武夷散人，道教内丹理论家，创立内丹派南宗，道教全真教南五祖之一。丘长春，丘处机。丘处机，字通密，号长春子，山东栖霞人，王重阳弟子，全真教北七真之一。⑩异道，不同的思想理论。⑪废靡，荒废。⑫本，奏章。⑬部中，官府。⑭长遁，长期隐居。⑮大赉，重赏。

答舒国用书（癸未）

【题解】

本文是王阳明答弟子舒国用的书信。文章第一部分论述为学的条件，"知要"与"笃志"，继而分析舒国用为学的现状，并解释文章的写作缘由，"国用所疑一二节者，近时同志中往往皆有之"。文章第二部分详解"敬畏"、"洒落"的含义，"敬畏"乃"戒慎不睹，恐惧不闻"，"洒落"乃"心体不累于欲，无入而不自得"，并以心学的角度分析"洒落为吾心之体，敬畏为洒落之功"的合一关系。第三部分评价舒国用所寄之书。阅读本文，我们可体会对概念内涵准确把握的必要性，对于"敬畏"、"洒落"的不同理解可能引申出不同的结论。因此，治学过程中，训练我们准确把握概念的内涵和清晰自我表达的能力是必要的。

来书足见为学笃切之志。学患不知要①，知要矣，患无笃切之志。国用既知其要，又能立志笃切如此，其进也孰御②！中间所疑一二节，皆工夫③未熟，而欲速助长之为病耳。以国用之所志向而去其欲速助长之心，循循日进，自当有至。前所疑一二节，自将涣然冰释矣，何俟④于予言？譬之饮食，其味之美恶，食者自当知之，非人之能以其美恶告之也。虽然，国用所疑一二节者，近时同志中往往皆有之，然吾未尝以告也，今且姑为国用一言之。

夫谓"敬畏⑤之增，不能不为洒落之累"，又谓"敬畏为有心，如何可以无心？而出于自然，不疑其所行。"凡此皆吾所谓欲速助长之为病也。夫君子之所谓敬畏者，非有所恐惧忧患之谓也，乃戒慎不睹，恐惧不闻⑥之谓耳。君子之所谓洒落者，非旷荡放逸，纵情肆意之谓也，乃其心体不累于欲⑦，无入而不自得之谓耳。

夫心之本体，即天理也。天理之昭明灵觉，所谓良知也。君子之戒慎恐惧，惟恐其昭明灵觉者或有所昏昧放逸⑧，流于非僻邪妄⑨而失其本体之正耳。戒慎恐惧之功无时或间⑩，则天理常存，而其昭明灵觉之本体，无所亏蔽，无所牵扰，无所恐惧忧患，无所好乐忿懥⑪，无所意必固我⑫，无所歉馁愧诈⑬。和融莹彻，充塞流行，动容周旋而中礼，从心所欲而不踰，斯乃所谓真洒落矣。是洒落生于天理之常存，天理常存生于戒慎恐惧之无间。孰谓"敬畏之增，乃反为洒落之累"耶？惟夫不知洒落为吾心之体，敬畏为洒落之功，歧为二物而分用其心，是以互相牴牾⑭，动多拂戾⑮而流于欲速助长。是国用之所谓"敬畏"者，乃《大学》⑯之"恐惧忧患"，非《中庸》⑰"戒慎恐惧"之谓矣。程子⑱常言："人言无心，只可言无私心，不可言无心。"戒慎不睹，恐惧不闻，是心不可无也。有所恐惧，有所忧患，是私心不可有也。尧舜之兢兢业业⑲，文王之小心翼翼，皆敬畏之谓也，皆出乎其心体⑳之自然也。出乎心体，非有所为而为之者，自然之谓也。敬畏之功无间于动静，是所谓"敬以直内，义以方外"㉑也。

敬义立而天道达²²，则不疑其所行矣。

所寄《诈说》，大意亦好。以此自励可矣，不必以责人也。君子不蕲²³人之信也，自信而已；不蕲人之知也，自知而已。因先茔未毕功²⁴，人事纷沓²⁵，来使立候²⁶，冻笔²⁷潦草无次。

【注释】

①要，要诀、要点。②御，抵挡。③工夫，所耗费时间与精力。④俟，等待。⑤敬畏，敬重、畏怕。⑥戒慎不睹，恐惧不闻，语出自《礼记·中庸》："是故君子戒慎乎其所不睹，恐惧乎其所不闻。"郑玄注："小人闲居为不善，无所不至也。君子则不然，虽视之无人，听之无声，犹戒慎恐惧自修正，是其不须臾离道。"⑦欲，欲望、私欲。⑧昏昧，原意黄线昏暗，引申为义理模糊。放逸，原意放纵逸乐，引申义不受拘束。⑨非僻，亦作"非辟"，邪恶。邪妄，乖谬、不合义理。⑩无时，随时。或间，偶尔。⑪懥，音zhì，愤恨、愤怒。忿懥，亦作"忿疐"，发怒。⑫意必固我，分别指臆断、绝对肯定、固执、自我中心。出自《论语·子罕》："子绝四——毋意，毋必，毋固，毋我。"⑬歉，歉疚。馁，气馁。愧，羞愧。诈，欺骗。⑭牴牾，音dǐ wǔ，抵触、矛盾。⑮拂戾，违逆。⑯《大学》，原为《礼记》一篇，北宋程颢、程颐兄弟从《礼记》中抽出，编次章句。朱熹将《大学》、《中庸》、《论语》、《孟子》合编注释，称为"四书"。⑰《中庸》，原为《礼记》一篇。⑱程子，程颐。⑲兢兢业业，形容谨慎、勤奋、刻苦，出自《尚书·皋陶谟》："无教逸欲有邦，兢兢业业，一日二日万几。"⑳心体，思想。㉑"敬以直内，义以方外"，语出自《周易·坤·文言》："'直'其正也，'方'其义也。君子敬以直内，义以方外。"敬，恭敬；直，无私心；方，循事理。㉒达，通畅。㉓蕲，音qí，通"祈"，祈求。㉔先茔，先人的坟墓。功，丧服名。㉕人事，人情事理。纷沓，纷冗繁杂。㉖立候，站立等候。㉗冻笔，因寒冷而结冰的毛笔。

与刘元道书（癸未）

【题解】

本文是王阳明写给刘元道的书信。文章第一部分夸赞刘元道"任道之刚毅，立志之不凡"。文章第二部分介绍作者治病养心的观点，并针对刘元道"坐穷山，绝世故，屏思虑"，提出不同意见。文章主要表达作者担忧刘元道耽于空寂，劝勉其以"去病为主"。文章既赞扬了刘元道的刚毅，又不无担忧地提出了个人意见，笔端寄托着师友之间的关怀与深情。

来喻①："欲入坐穷山，绝世故，屏思虑，养吾灵明。必自验至于通昼夜而不息，然后以无情应世故。"且云："于静求之，似为径直，但勿流于空寂而已。"观此足见任道之刚毅②，立志之不凡。且前后所论，皆不为无见者矣。可喜可喜！

夫良医之治病，随其疾之虚实、强弱、寒热、内外，而斟酌加减。调理补泄之要，在去病而已。初无一定之方，不问证候③之如何，而必使人人服之也。君子养心之学，亦何以异于是！

元道自量其受病之深浅，气血④之强弱，自可如其所云者而斟酌为之，亦自无伤。且专欲绝世故，屏思虑，偏于虚静，则恐既已养成空寂之性，虽欲勿流于空寂，不可得矣。大抵治病虽无一定之方，而以去病为主，则是一定之法。若但只随病用药，而不知因药发病，其失一而已矣。间中⑤且将明道《定性书》熟味⑥，意况当又不同。忧病⑦不能一一⑧，信笔草草无次。

【注释】

①来喻，亦作"来谕"，对别人来信的敬称。②刚毅，刚强坚毅。③证候，征象。④气血，中医用语，指人体内的气和血。⑤间中，期间。⑥《定性书》，程颢回复张载的一封信件，又称《答横渠张子厚先生书》。熟味，仔细体会。⑦忧病，忧愁、疾病。⑧一一，详细论述。

答刘内重书（乙酉）

【题解】

　　本文是王阳明写给门人刘内重的答信，文章重点交代刘内重为学的建议。第一点，为学需立圣人之志，循序渐进，是非毁誉不可稍动其心。第二点，为学"眼前路径须放开阔"，"谦虚其心，宏大其量……自将卓尔有见"。第三点，为学不以奇特斩绝为贵。为学是个艰苦的工作，圣人之志、艰苦卓绝的行动、适宜的治学方法是治学的必要条件，王阳明深谙其理，并把其中的哲理传授于学生。阅读此文，我们一方面可知王阳明的治学态度，另一方面可知王阳明的教育思想。

　　书来警发①良多，知感知感！腹疾，不欲作答，但内重为学工夫尚有可商量者，不可以虚②来意之辱，辄复书此耳。

　　程子云："所见所期，不可不远且大。然而为之亦须量力有渐，志大心劳，力小任重，恐终败事。"夫学者既立有必为圣人之志，只消③就自己良知明觉处朴实头致了去，自然循循日有所至，原无许多门面折数④也。外面是非毁誉，亦好资之以为警切砥砺之地，却不得以此稍动其心，便将流于心劳日拙而不自知矣。内重强刚笃实，自是任道之器，然于此等处尚须与谦之从容一商量，又当有见也。

眼前路径须放开阔，才好容人来往，若太拘窄，恐自己亦无展足之地矣。圣人之行，初不远于人情。鲁人猎较，孔子亦猎较⑤。乡人傩，朝服而立于阼阶。难言之互乡，亦与进其童子。在当时固不能无惑之者矣。子见南子⑥，子路且有不悦。夫子到此如何更与子路说得是非？只好矢之而已。何也？若要说见南子是，得多少气力来说？且若依着子路认个不是，则子路终身不识圣人之心，此学终将不明矣。此等苦心处，惟颜子便能识得，故曰"于吾言无所不悦"。此正是大头脑处，区区⑦举似内重，亦欲内重谦虚其心，宏大其量，去人我之见，绝意必之私，则此大头脑处，自将卓尔有见，当有"虽欲从之，末由也已"之叹矣！

大抵奇特斩绝⑧之行，多后世希高慕大者之所喜，圣贤不以是为贵也。故索隐行怪，则后世有述焉，依乎中庸，固有遁世不见知者矣。学绝道丧之余，苟有以讲学来者，所谓空谷之足音⑨，得似人者可矣。必如内重所云，则今之可讲学者，止可如内重辈二三人而止矣。然如内重者，亦不能时时来讲也，则法堂⑩前草深一丈矣。内重有进道之资，而微失之于隘。吾固不敢避饰非自是之嫌，而叨叨至此。内重宜悉此意，弗徒求之言语之间可也。

【注释】

①警发，惊醒、启发。②虚，耗费。③只消，只需、只要。④折数，折冲，抵数。⑤鲁人猎较，孔子亦猎较，语出自《孟子·万章下》："孔子之仕于鲁也，鲁人猎较，孔子亦猎较。"猎较，争夺猎物，鲁国时俗，用于祭祀，为吉祥意。⑥子见南子，语出自《论语·雍也》："子见南子，子

路不说。夫子矢之曰：'予所否者，天厌之！天厌之！'"朱熹注："圣人道大德全，无可不可。其见恶人，固谓在我有可见之礼，则彼之不善，我何与焉。然此岂子路所能测哉？故重言以誓之，欲其姑信此而深思以得之也。"⑦区区，凡庸。⑧斩绝，陡峭。⑨空谷之足音，极为可贵。⑩法堂，公堂。

与王公弼书（乙酉）

【题解】

　　本文是王阳明写给王公弼的书信，文章较为简短，只有稍许点睛之笔，但仍体现了王阳明为人治学的基本理念。文章第一段解释答信推迟的原因，文章第二段以良知之学赞扬王公弼自谦精神，"自知之明，便是良知"。文章以师友近况，"朋友聚此，颇觉有益"，作为结语。笔端之间流露的是师友之间的自然感情，现在读来不免令后学唏嘘。师生关系由依附关系转变成为人格独立的关系的同时，师生之间的感情却淡化了。维持健康而又紧密的师生关系是当前学界值得思考的理论问题，同时也是学者们所应践行的实践问题。此外，学界风气如何不被社会习气沾染并且能够发挥移风易俗、引领社会良善风气的作用也是值得关注的问题。

　　前王汝止家人去，因在妻丧中，草草未能作书。

　　人来，远承问惠，得闻动履①，殊慰殊慰！书中所云"斯道广大，无处欠缺，动静穷达，无往非学。自到任以来，钱谷狱讼，事上接下，皆不敢放过。但反观于独，犹未是夭寿②不二根基，毁誉得丧之间未能脱然③。"足知用功之密。只此自知之明，便是良知。致此良知以求自慊，便是致知矣。殊慰殊慰！

师伊、师颜兄弟，久居于此。黄正之来此亦已两月余。何廷仁到亦数日。朋友聚此，颇觉有益。惟齐不得力而归。此友性气殊别，变化甚难，殊为可忧尔。间及之。

【注释】

①动履，起居作息。②夭寿，短命与长寿。③脱然，超脱。

寄邹谦之（丙戌）

【题解】

本文是王阳明写给邹谦之的书信。文章第一部分主要是评论邹谦之为学近况，勉励其继续戒慎恐惧、致良知。文章第二部分主要评价湛甘泉著作《尊经阁记》，王阳明认为湛甘泉"似急于立言，而未暇细察鄙人之意"，并论述今人为学"大抵多由胜心为患，不能取善相下"，以致自相求胜，"其说愈多而惑人愈甚"。第三部分论述今人为学的方法，主张心学应当各去胜心、循循善诱，以成其学。学问有经世致用之说，但是学者做学问万不可存急功近利之心，平和、稳健、健康的心态是学问增长的条件，也是学问经世致用的前提。学者为学心态不正，其知识的增长反而可能给社会带来更多的负面影响。

张、陈二生来，适①归余姚祭扫，遂不及相见，殊②负深情也。

随事体认天理，即戒慎恐惧功夫，以为尚隔一尘③，为世之所谓事事物物皆有定理而求之于外者言之耳。若致良知之功明，则此语亦自无害，不然即犹未免于毫厘千里也。来喻以为恐主于事者，盖已深烛④其弊矣。

寄示甘泉《尊经阁记》，甚善甚善！其间大意亦与区区⑤《稽山书院》之作相同。《稽山》之作，向尝以寄甘泉，自谓于此学颇有分毫发明。今甘泉乃谓"今之谓聪明知觉，不必外求诸经者，不必呼而能觉"之类，则似急于立言，而未暇⑥细察鄙人之意矣。

后世学术之不明，非为后人聪明识见之不及古人，大抵多由胜心为患，不能取善相下⑦。明明其说之已是矣，而又务为一说以高之，是以其说愈多而惑人愈甚。凡今学术之不明，使后学无所适从，徒以致人之多言者，皆吾党自相求胜之罪也。

今良知之说，已将学问头脑说得十分下落⑧，只是各去胜心，务在共明此学，随人分限⑨，以此循循善诱之，自当各有所至。若只要自立门户，外假卫道⑩之名，而内行求胜之实，不顾正学之因此而益荒，人心之因此而愈惑，党同伐异⑪，覆短争长⑫，而惟以成其自私自利之谋，仁者之心有所不忍也！

甘泉之意，未必由此，因事感触，辄漫⑬及之。盖今时讲学者，大抵多犯此症，在鄙人亦或有所未免，然不敢不痛自克治⑭也。如何如何？

【注释】

①适，恰好。②殊，非常。③一尘，较大差距。④来喻，亦作"来谕"，对别人来信的敬称。烛，洞察。⑤区区，谦称，我。⑥未暇，没有时间顾及。⑦相下，互相谦让。⑧下落，明白。⑨分限，天分。⑩卫道，卫护儒家道统。⑪党同伐异，袒护与己相同的观点或人，攻击与己不同的观点或人。⑫覆短争长，掩盖错误、缺点，争论是非。⑬漫，散漫。⑭克治，克制私欲。

答南元善书（丙戌）

【题解】

本文是王阳明写给弟子南大吉的书信。文章第一部分主要评论南大吉来信并赞扬南大吉勤恳为学的精神，"诸生递观传诵，相与叹仰歆服"。文章第二部分采用对比、排比等修辞手法，主要论述致良知之学与高抗通脱之学的区别，王阳明认为后者的结果可能是忧愁悲苦，而良知之学廓然其无碍。文章第三部分希望南大吉归乡能够重振关学，振发关中之士，"进其文艺于道德之归，变其气节为圣贤之学"。南大吉遵王阳明嘱托，致仕后在关中地区兴学育才，传播心学学说。南大吉晚年书院题云："昔我在英龄，驾车词赋场。朝夕工步骤，追踪班与杨。中岁遇达人，授我大道方。归来三秦地，坠绪何茫茫。前访周公迹，后窃横渠芳。愿言偕数子，教学此相将。"

别去忽踰^①三月，居尝思念，辄与诸生私相慨叹。计归程之所及，此时当到家久矣。太夫人^②康强，贵眷无恙，渭南风景，当与柴桑^③无异，而元善^④之识见兴趣，则又有出于元亮^⑤之上者矣。近得中途寄来书，读之恍然如接颜色⑥。勤勤恳恳，惟以得闻道为喜，急问学为事，恐卒不得为圣人为忧，亹亹⑦千数百言，略无一字及于得丧荣辱之间，此非真有朝闻夕死⑧之志者，未易以涉斯境也。浣慰⑨何如！诸生递观传诵，相与叹仰歆服⑩，因而兴起者多矣。

世之高抗通脱⑪之士，捐富贵，轻利害，弃爵录，决然长往而不顾者，亦皆有之。彼其或从好于外道⑫诡异之说，投情于诗酒山水技艺之乐，又或奋发于意气，感激于愤悱⑬，牵溺⑭于嗜好，有待于物以相胜，是以去彼取此而后能。及其所之既倦，意衡⑮心郁，情随事移，则忧愁悲苦随之而作。果能捐富贵，轻利害，弃爵录，快然终身，无人而不自得已乎？

夫惟有道之士，真有以见其良知之昭明灵觉⑯，圆融洞澈，廓然与太虚⑰而同体。太虚之中，何物不有？而无一物能为太虚之障碍。盖吾良知之体，本自聪明睿知，本自宽裕温柔，本自发强刚毅，本自齐庄中正⑱、文理密察，本自溥博⑲渊泉而时出之，本无富贵之可慕，本无贫贱之可忧，本无得丧之可欣戚、爱憎之可取舍。盖吾之耳而非良知，则不能以听矣，又何有于聪？目而非良知，则不能以视矣，又何有于明？心而非良知，则不能以思与觉矣，又何有于睿知？然则，又何有于宽裕温柔乎？又何有于发强刚毅乎？又何有于齐庄中正、文理密察乎？又何有于溥博渊泉而时出之乎？故凡慕富贵，忧贫贱，欣戚⑳得丧，爱憎取舍之类，皆足以蔽吾聪明睿知㉑之体，而窒吾渊泉时出之用。若此者，如明目之中而翳㉒之以尘沙，聪耳之中而塞之以木楔也。其疾痛郁逆，将必速去之为快，而何能忍于时刻乎？故凡有道之士，其于慕富贵，忧贫贱，欣戚得丧而取舍爱憎也，若洗目中之尘而拔耳中之楔。其于富贵、贫贱、得丧、爱憎之相，值若飘风浮霭之往来变化于太虚，而太虚之体，固常廓然其无碍也。元善今日之所造㉒，其殆庶几于是矣乎！是岂有待于物以相胜而去彼取此？激昂于一时之意气者所能强？而声音笑貌以为之乎？元善自爱！元善自爱！

关中自古多豪杰，其忠信沉毅㉓之质，明达英伟之器，四方之士，吾见亦多矣，未有如关中之盛者也。然自横渠㉕之后，此学不讲，或亦与四方无异矣。自此关中之士有所振发兴起，进其文艺于道德之归，变其气节㉖为圣贤之学，将必自吾元善昆季㉗始也。今日之归，谓天为无意乎？谓天为无意乎？

元贞以病，不及别简，盖心同道同而学同，吾所以告之亦不能有他说也。亮之亮之！

【注释】

①踰，音 yú，同"逾"，超过。②太夫人，汉代列侯之母称太夫人，后世官吏之母，不论存殁，均称太夫人。③柴桑，古县名，治所在今江西省九江市。④元善，南大吉。南大吉，字元善，号瑞泉，陕西渭南人，王阳明门生。⑤元亮，陶渊明。陶渊明，字元亮，晚年又名潜，号"五柳先生"，柴桑人，陶渊明晚年隐居于柴桑。⑥颜色，神色、表情。⑦亹亹，音 wěi，诗文或谈论有趣。⑧朝闻夕死，早晨闻道，晚上可以死去，形容对真理追求的迫切，出自《论语·里仁》："子曰：'朝闻道，夕死可矣。'"⑨浣慰，宽慰。⑩叹仰，赞叹仰慕。歆服，羡慕叹服。⑪高抗，刚正不屈。通脱，放达、不拘小节。⑫外道，佛教徒称本教以外的思想为外道，此处指佛家和道家思想。⑬愤悱，愤慨，怨恨。⑭牵溺，沉溺。⑮意衡，意志违逆。⑯昭明，显明。灵觉，人对事物领悟和理解，此处指领悟良知之学。⑰廓然，去除阻碍。太虚，中国古代哲学术语，指宇宙原始的实体。⑱齐庄，严肃庄重。中正，得当。⑲溥，音 pǔ，普遍。溥博，普遍而光远。⑳欣戚，亦作"欣慼"，欣喜和忧戚。㉑睿知，亦作"睿智"，聪

慧、明智。㉒翳，音 yì，遮蔽眼睛。㉓造，做、行。㉔沉毅，沉着刚毅。
㉕横渠，张载。张载（1020—1077），字子厚，陕西眉县横渠镇人，世称
"横渠先生"，哲学家，北宋关学的开创者，理学的奠基者之一。㉖文艺，
文学与艺术。气节，志气与节操。㉗昆季，古代称长为昆，幼为季，昆季
指兄弟。

答季明德（丙戌）

【题解】

本文是王阳明答季明德治学的回信。文章第一部分介绍作者病情，进而引入学问之功。文章第二部分夸赞季明德居有司而能勤学静思。第三部分则对季明德来信中的节节分疏之处提出修正意见，王阳明认为节节分疏"使柔怯者畏缩而不敢当，高明者希高而外逐"，"以此论圣人之亦必由学而至，则虽有所发明，然其阶级悬难，反觉高远深奥，而未见其为人皆可学"。王阳明因而放弃节节分疏，主张去人欲、成圣体、学圣人。第四部分进一步阐释读书之要在于致良知，修正季明德"人之为学，求尽乎天而已"之说为"人之为学，求尽乎心而已"。文章最后针对唯贤以"效"训"学"之说，提出修正意见，王阳明认为"本自明白，不必训释"。

书惠远及，以咳羌未平，忧念备至，感愧良深！食姜太多，非东南所宜，诚然。此亦不过暂时劫剂①耳。近有一友为易"贝母丸"②服之，颇亦有效，乃终不若来谕③"用养生④之法拔去病根"者，为得本源之论。然此又不但治病为然，学问之功亦当如是矣。

承示："立志益坚，谓圣人必可以学而至。兢兢焉，常磨炼⑤于事为朋友之间，而厌烦之心比前差少⑥。"喜幸殊极！又谓："圣人之学，不能无积累之渐。"意亦切实⑦。中间以尧、舜、文王、孔、老诸说，发明"志学"⑧一章之意，足知近来进修不懈。居有司⑨之烦而能精思力究若此，非朋辈所及。

然此在吾明德自以此意奋起其精神，砥切其志意，则可矣；必欲如此节节分疏⑩引证，以为圣人进道一定之阶级⑪，又连掇⑫数圣人纸上之陈迹⑬，而入之以此一款条例之中，如以尧之试鲧为未能⑭不惑，子夏之"启予"为未能耳顺⑮之类，则是尚有比拟牵滞⑯之累。以此论圣人之亦必由学而至，则虽有所发明，然其阶级悬难⑰，反觉高远深奥，而未见其为人皆可学。乃不如末后一节，谓"至其极而矩之不踰⑱，亦不过自此志之不已所积。而'不踰'之上，亦必有学可进，圣人岂绝然与人异哉！"又云："善者，圣之体也。害此善者，人欲而已。人欲，吾之所本无。去其本无之人欲，则善在我而圣体全。圣无有余，我无不足，此以知圣人之必可学也。然非有求为圣人之志，则亦不能以有成。"只如此论，自是亲切简易。以此开喻来学⑲，足以兴起之矣。若如前说，未免使柔怯者畏缩而不敢当，高明者希高而外逐⑳，不能无弊也。

圣贤垂训㉑，固有书不尽言、言不尽意㉒者。凡看经书㉓，要在致吾之良知，取其有益于学而已。则千经万典，颠倒纵横，皆为我之所用。一涉拘执㉔比拟，则反为所缚。虽或特见妙诣㉕，开发之益一时不无，而意必㉖之见流注潜伏㉗，盖有反为良知之障蔽而不自知觉者矣。其云"善者圣之体"，意固已好，善即良知，言良知则使人尤为易晓。故区区近有"心之良知是谓圣"之说。其间又云:"人之为学,求尽乎天而已。"此明德之意,本欲合天人而为一,而未免反离而二之也。人者,天地万物之心也;心者,天地万物之主也。心即天,言心则天地万物皆举之矣,而又亲切简易。故不若言"人之为学,求尽乎心而已。"知行之答,大段切实明白,词气亦平和,有足启发人者。

惟贤一书,识见甚进,间有语疵,则前所谓"意必之见流注潜伏"者之为病。今既照破,久当自融释㉘矣。以"效"训㉙"学"之说,凡字义之难通者,则以一字之相类而易晓者释之。若今学字之义,本自明白,不必训释。今遂以效训学,以学训效,皆无不可,不必有所拘执。但效字终不若学字之混成耳。率性而行则性,谓之道;修道而学则道,谓之教㉚。谓修道之为教,可也;谓修道之为学,亦可也。自其道之示人无隐者而言,则道谓之教;自其功夫之修习无违者而言,则道谓之学。教也,学也,皆道也,非人之所能为也。知此,则又何训释之有!所须《学记》㉛,因病未能著笔,俟后㉜便为之。

【注释】

①劫剂,中药中猛烈的药剂。②"贝母丸",中药名,用于宣肺止咳,化痰平喘。③来谕,亦作"来喻",对别人来信的敬称。④养生,保养生命。⑤磨炼,亦作"磨练",锻炼。⑥差少,略少。⑦切实,切合实际。⑧"志学",专心求学,《论语·为政》载:"吾十有五而志于学。"⑨有司,官吏。⑩分疏,一样一样讲清楚。⑪阶级,台阶。⑫掇,收拾、得到。⑬陈迹,旧迹。⑭以尧之试鲧为未能,《史记·五帝本纪》载:"尧又曰:'嗟!四岳:汤汤洪水滔天,浩浩怀山襄陵,下民其忧,有能使治者?'皆曰鲧可。尧曰:'鲧负命毁族,不可。'岳曰:'异哉,试不可用而

已。'尧于是听岳用鲧。九岁，功用不成。"⑮子夏之"启予"，语出自
《论语·八佾》："子夏问曰：'"巧笑倩兮，美目盼兮，素以为绚兮。"何谓
也？'子曰：'绘事后素。'曰：'礼后乎？'子曰：'起予者商也！始可与言
诗已矣。'"耳顺，语出自《论语·为政》："六十而耳顺"，朱熹注："知之
之至，不思而得也。"⑯比拟，仿效、模拟。牵滞，拘泥。⑰悬难，差距
悬殊。⑱踰，亦作"逾"。逾矩，超越法度。矩之不踰，语出自《论语·
为政》："子曰：'吾十有五而志于学，三十而立，四十而不惑，五十而知
天命，六十而耳顺，七十而从心所欲，不逾矩。'"⑲开喻，亦作"开谕"，
开导。来学，后学、以后的学者。⑳希高，希冀高远。外逐，向外追逐名
利。㉑垂训，垂示教训。㉒书不尽言、言不尽意，语出自《周易·系辞》：
"子曰：'书不尽言，言不尽意。'"意，思想。㉓经书，一般指《易经》、
《尚书》、《诗经》、《周礼》、《仪礼》、《礼记》、《春秋》、《论语》、《孝经》
等儒家经典。㉔一涉，一旦涉及。拘执，拘泥而固执。㉕特见，独特见
解。妙诣，精妙的造诣。㉖意必，臆断、固执。㉗流注，贯注。潜伏，隐
藏、隐匿。㉘照破，说透、提及。融释，融会。㉙"效"，模仿。训，解释
古字的意思。㉚率性而行则性，谓之道；修道而学则道，谓之教，语出自
《礼记·中庸》："天命之谓性，率性之谓道，修道之谓教。"朱熹注："命，
犹令也。性，即理也。天以阴阳五行化生万物，气以成形，而理亦赋焉，
犹命令也。于是人物之生，因各得其所赋之理，以为健顺五常之德，所谓
性也。率，循也。道，犹路也。人物各循其性之自然，则其日用事物之
间，莫不各有当行之路，是则所谓道也。"㉛《学记》，《礼记》中的一篇，
世界上最早的一篇专门论述教育和教学问题的著作。㉜俟后，等待稍后。

与黄宗贤书（丁亥）

【题解】

　　本文是王阳明劝谏黄宗贤致良知、为人臣的书信。文章第一部分述说仕途治学的不易，勉励黄宗贤与黄宗明互相规切。第二部分，借规切话题引入致良知话题，强调致良知本源对修养的重要作用。第三部分，阐释古之大臣，并勉励黄宗贤"克去己私，真能以天地万物为一体，实康济得天下，挽回三代之治"。文章最后介绍近况，结束回信。中国古代社会重道德伦理，并以道德为标准衡量一切社会政治角色；黄仁宇认为"中国二千年来，以道德代替法制，至明代而极，这就是一切问题的症结"。显然，王阳明在此文中对古之大臣的定义符合传统道德观念，但我们现在反思此种观点，总结道德政治之得失，或可对中国政治的现代转型有莫大的裨益。

　　人在仕途①，比之退处山林时，其工夫之难十倍，非得良友时时警发②砥砺，则其平日之所志向，鲜有不潜移默夺③，驰然日就于颓靡④者。

近与诚甫⑤言，在京师相与⑥者少，二君必须预先相约定，彼此但见微有动气处，即须提起致良知话头，互相规切⑦。凡人言语正到快意时，便截然能忍默得；意气正到发扬时，便翕然⑧能收敛得；愤怒嗜欲正到腾沸⑨时，便廓然能消化得；此非天下之大勇者不能也。然见得良知亲切时，其工夫又自不难。缘此数病，良知之所本无，只因良知昏昧蔽塞⑩而后有。若良知一提醒时，即如白日一出，而魍魉⑪自消矣。

《中庸》谓"知耻近乎勇"⑫，所谓知耻，只是耻其不能致得自己良知耳。今人多以言语不能屈服得人为耻，意气不能陵轧⑬得人为耻，愤怒嗜欲不能直意任情⑭得为耻，殊不知此数病者，皆是蔽塞自己良知之事，正君子之所宜深耻者。今乃反以不能蔽塞自己良知为耻，正是耻非其所当耻，而不知耻其所当耻也。可不大哀乎！

诸君皆平日所知厚⑮者，区区之心⑯，爱莫为助，只愿诸君都做个古之大臣。古之所谓大臣者，更不称他有甚知谋⑰才略，只是一个断断无他技，休休如有容⑱而已。诸君知谋才略，自是超然出于众人之上，所未能自信者，只是未能致得自己良知，未全得断断休休体段耳。今天下事势，如沉疴积痿⑲，所望以起死回生者，实有在于诸君子。若自己病痛未能除得，何以能疗得天下之病！此区区一念之诚，所以不能不为诸君一竭尽者也。诸君每相见时，幸默以此意相规切之，须是克去己私，真能以天地万物为一体，实康济⑳得天下，挽回三代㉑之治，方是不负如此圣明之君，方能报得如此知遇，不枉了因此一大事来出世一遭也。

病卧山林，只好修药饵㉒苟延喘息。但于诸君出处，亦有痛痒相关者，不觉缕缕至此。幸亮㉓此情也！

【注释】

①仕途，指官场。②警发，警醒启发。③潜移默夺，悄悄改变或夺得。④颓靡，萎靡衰败、精神不振。⑤诚甫，黄宗明。黄宗明，字诚甫，号致斋，浙江宁波鄞县（现鄞州区）人，王阳明门人。⑥与，处、交往。⑦规切，劝诫规谏。⑧翕然，忽然。⑨腾沸，兴盛。⑩蔽塞，堵塞、闭塞。⑪魍魉，传说中的鬼怪。⑫"知耻近乎勇"，语出自《礼记·中庸》："好学近乎知，力行近乎仁，知耻近乎勇。"⑬陵轧，欺压、欺凌。⑭直意，如意。任情，任意、恣意。⑮知厚，智慧、忠厚。⑯区区，小、少，方寸。区区之心，微不足道的看法、观点。⑰知谋，智慧和谋略。⑱断断无他技，休休如有容，语出自《尚书·秦誓》："昧昧我思之，如有一介臣，断断猗无他技，其心休休焉，其如有容。"⑲沉痼，亦作"沉疴"，久治不愈的疾病。积瘘，积累的衰微。⑳康济，安抚救助、安民济世。㉑三代，指古代夏、商、周三个朝代。㉒药饵，药物。㉓亮，通"谅"，谅解。

别三子序（丁卯）

【题解】

　　本文是王阳明送别三位师友的书信，信中表达了对三位师友的不舍之情。文章第一部分历数师友之道的衰亡过程，并强调师友的作用。文章第二部分主要述说求得师友之难，并夸赞蔡希颜、朱守忠与徐曰仁品质，此外介绍了师友之间归隐的打算。第四部分简介有司袭取三友和自己的难舍之情，并引荐湛原明。王阳明心学之所以会产生如此大的社会影响力，一方面因为心学的争议性，另一方面不得不说，他的门人为其学说传播献力较多。自古以来，师友是任何人治学为人不可或缺的力量。但是师友往往得之不易，王阳明感慨何"予得之之难，而有司者袭取之之易也"！或许我们观古人感慨后，更加珍惜身边的友人。

　　自程、朱诸大儒没①而师友之道遂亡。《六经》分裂于训诂②，支离芜蔓于辞章业举③之习，圣学几于息矣。有志之士思起而兴之，然卒徘徊咨嗟④，逡巡⑤而不振；因弛然自废者，亦志之弗⑥立，弗讲于师友之道也。

　　夫一人为之，二人从而翼⑦之，已而翼之者益众焉，虽有难为之事，其弗成者鲜矣。一人为之，二人从而危之，已而危之者益众焉，虽有易成之功，其克济⑧者亦鲜矣。故凡有志之士，必求助于师友。无师友之助者，志之弗立弗求者也。

　　自予⑨始知学，即求师于天下，而莫予诲⑩也；求友于天下，而与予者寡矣；又求同志之士，二三子之外，邈乎其寥寥⑪也。殆予之志有未立邪？盖自近年而又得蔡希颜、朱守忠于山阴⑫之白洋，得徐曰仁⑬于余姚之马堰。曰仁，予妹婿⑭也。希颜之深潜⑮，守忠之明敏⑯，曰仁之温恭⑰，皆予所不逮⑱。三子者，徒以一日之长⑲视予以先辈，予亦居之而弗辞。非能有加⑳也，姑欲假三子者而为之证，遂忘其非有也。而三子者，亦姑欲假予而存师友之饩羊㉑，不谓其不可也。当是之时，其相与㉒也，亦渺乎难哉！予有归隐之图，方将与三子就云霞，依泉石㉓，追濂、洛㉔之遗风，求孔、颜之真趣，洒然㉕而乐，超然而游，忽焉而忘吾之老也。

　　今年三子者为有司㉖所选，一举而尽之。何予得之之难，而有司者袭取㉗之之易也！予未暇以得举㉘为三子喜，而先以失助为予憾；三子亦无喜于其得举，而方且㉙憾于其去予也。漆雕开有言："吾斯之未能信"㉚，斯三子之心欤？曾点志于咏歌浴沂，而夫子喟然与之㉛，斯予与三子之冥然而契㉜，不言而得之者欤？三子行矣，遂使举进士，任职就列，吾知其能也，然而非所欲也。使遂不进而归㉝，咏歌优游有日，吾知其乐也，然而未可必也。天将降大任于是人，必先违其所乐而投之于其所不欲，所以衡心拂㉞虑而增其所不能。是玉之成也，其在兹行欤！三子则焉往而非学矣，而予终寡于同志之助也！三子行矣。"深潜刚克，高明柔克"㉟，非箕子㊱之言乎？温恭亦沉潜也，三子识之，焉往而非学矣。苟三子之学成，虽不吾迩㊲，其为同志之助也，不多乎哉！

　　增城湛原明宦⑨于京师，吾之同道友也，三子往见焉，犹吾见也已。

【注释】

　　①没，通"殁"，死亡。②《六经》，古代儒家称孔子整理的《诗》、《书》、《礼》、《易》、《乐》、《春秋》为"六经"，《乐经》已失传。训诂，解释古文字句的意思。③芜蔓，冗杂、散乱。辞章，文章的写作修辞。业举，为科举学习。④咨嗟，叹息。⑤逡巡，因有所顾虑而徘徊不前。⑥弛然，放松。弗，不。⑦翼，帮助、辅佐。⑧克济，成就。⑨予，同"余"，我。⑩予诲，诲予，宾语前置。⑪邈，远。寥寥，数量少。⑫山阴，古地名，位于会稽山之北，今浙江绍兴。⑬徐曰仁，号横山，浙江余姚人。⑭妹婿，妹夫。⑮深潜，学问深。⑯明敏，聪明机敏。⑰温恭，温和恭敬。⑱逮，到、及。⑲一日之长，原指比他人年龄长，后指能力比他人强。⑳加，夸大其词。㉑姑，暂且。㉒饩羊，远指古代用作祭品的羊，引申为礼仪。㉓相与，相处、交往。㉔就，凑近、靠近。依，依靠。㉕濂，周敦颐，周敦颐（1017—1073），字茂叔，号濂溪，世称濂溪先生，北宋哲学家，宋明理学的开创者。洛，程颢、程颐二兄弟。㉖洒然，洒脱、潇洒。㉗有司，官吏。㉘袭取，袭夺、夺取。㉙举，举用、任用。㉚方且，尚且、还要。㉛漆雕开，字子若，孔子门人。"吾斯之未能信"，语出自《论语·公冶长》："子使漆雕开仕。对曰：'吾斯之未能信。'子说。"信，朱熹注："信，谓真知其如此。"说，通"悦"，欢喜。㉜曾点志于咏歌浴沂，而夫子喟然与之，语出自《论语·先进》："（曾点）曰：'莫春者，春服既成，冠者五六人，童子六七人，浴乎沂，风乎舞雩，咏而归。'夫子喟然叹曰：'吾与点也!'"㉝冥然，不可捉摸的样子。契，相合。㉞使，假使。遂，实现。进，出仕做官。归，辞官。㉟衡，违逆。拂，违背。㊱"深潜刚克，高明柔克"，语出自《尚书·洪范》："沉潜刚克，高明柔克。"㊲箕子，名胥余，商朝文丁儿子，商纣王叔父，封地箕，爵为子，故称箕子。㊳迩，音 ěr，近。㊴宦，做官。

送宗伯乔白岩序（辛未）

【题解】

    本文是记载王阳明与大宗伯乔白岩论学对话的文本，王阳明
表达了为学的四种方法：贵专、贵精、贵正和惜时，并论述了
专、精、正的关系。文章前半部分主要记载乔白岩学贵专、学贵
正的主张，中间部分主要记载王阳明学贵正、唯精唯一求道的论
述，文章最后以卫武公九十不弃之例，论述王阳明主张为学惜时
的主张。学贵正的主张本质在于说明学习内容与方向的重要，学
问之专精与否和个人所耗时间精力有较大的相关性，但学问内容
的正误则是个人治学方向的选择问题，更能反映治学者的道德水
平高下、境界的高低。当前学界观点嘈杂，坚持治学的独立性，
慎重选择我们治学的方向和内容是必要的。

    大宗伯白岩乔先生将之南都①，过阳明子而论学。

    阳明子曰："学贵专。"先生曰："然。予少而好弈，食忘味，
寝忘寐②，目无改观，耳无改听。盖一年而诎③乡之人，三年而

国中④莫有予当⑤者。学贵专哉！"

阳明子曰："学贵精。"先生曰："然。予长而好文词，字字而求焉，句句而鸠⑥焉，研众史，核百氏。盖始而希迹⑦于宋、唐，终焉浸入于汉、魏。学贵精哉！"

阳明子曰："学贵正。"先生曰："然。予中年而好圣贤之道。弈吾悔焉，文词吾愧焉，吾无所容心矣。子以为奚若？"

阳明子曰："可哉！学弈则谓之学，学文词则谓之学，学道则谓之学，然而其归⑧远也。道，大路也。外是，荆棘之蹊⑨，鲜克达⑩矣。是故专于道，斯谓之专；精于道，斯谓之精。专于弈而不专于道，其专溺⑪也；精于文词而不精于道，其精僻⑫也。夫道广矣大矣，文词技能于是乎出，而以文词技能为者，去道远矣。是故非专则不能以精，非精则不能以明，非明则不能以诚。故曰'惟精惟一'⑬。精，精也；专，一也。精则明矣，明则诚矣。是故明精之为也，诚一之基也。一，天下之大本也；精，天下之大用也。知天地之化育，而况于文词技能之末乎？"

先生曰："然哉！予将终身焉，而悔其晚也。"阳明子曰："岂易哉？公卿之不讲学也，久矣。昔者卫武公年九十而犹诏于国人曰：'毋以老耄⑭而弃予。'先生之年半于武公，而功可倍之也。先生其不愧于武公哉？某也敢忘国士⑮之交警⑯！"

【注释】

①大宗伯，职官名，春官之长，掌礼制。乔白岩时任礼部尚书。之，到。南都，南方的都城，明代指南京。②寐，睡。③诎，折服。④国中，王城之内。⑤当，抵挡。⑥鸠，究。⑦希，希望。迹，追寻踪迹。⑧归，归宿。⑨蹊，小路。⑩克达，完成、成功。⑪溺，沉迷不悟。⑫僻，邪僻。⑬"惟精惟一"，语出自《尚书·大禹谟》："人心惟危，道心惟微，惟

精惟一，允执厥中。""心"有人心与道心两种，人心容易沾染私欲，故危，道心发于义理，故微，人只有精研专一，才能保持执中。⑭卫武公，姬姓，卫氏，名和，卫国国君。耄 mào，年老。⑮国士，国中贤良。⑯交警。互相警诫勉励。

别湛甘泉序（壬申）

【题解】

　　本文是王阳明惜别湛甘泉的书信。与一般的送别书信不同，王阳明开篇论述圣人之学不传的原因，解释作者求友虽陷于杨、墨、老、释之偏，但"有学仁义，求性命，外记诵辞章而不为者"为友。阐释完求友的条件后，王阳明进而阐论湛甘泉的道德文章，"与甘泉友，意之所在，不言而会；论之所及，不约而同；期于斯道，毙而后已者"。文章最后表达了作者的惜别之情，勉励湛甘泉续圣人之学。湛甘泉与王阳明同为明代心学大家，时称二人学问为"王湛之学"。两人学问虽有不同，但相互切磋学问，私交甚笃。阅读此文，我们可知王阳明交友的标准，进而可推论湛甘泉在道德和学问方面的卓越表现。

　　颜子没而圣人之学亡。曾子唯一贯①之旨传之孟轲②，终又二千余年而周、程③续。自是而后，言益详，道益晦④；析理益精，学益支离无本，而事于外者益繁以难。盖⑤孟氏患杨、墨⑥；周、程之际，释、老⑦大行。今世学者，皆知宗孔、孟，贱杨、墨，摈释、老，圣人之道，若大明于世。

然吾从而求之，圣人不得而见之矣。其能有若墨氏之兼爱者乎？其能有若杨氏之为我者乎？其能有若老氏之清净自守、释氏之究心性命者乎？吾何以杨、墨、老、释之思哉？彼于圣人之道异，然犹有自得也。而世之学者，章绘句琢⑧以夸俗，诡心色取⑨，相饰以伪，谓圣人之道劳苦无功，非复⑩人之所可为，而徒取辩于言词之间。古之人有终身不能究者，今吾皆能言其略，自以为若是亦足矣，而圣人之学遂废。则今之所大患者，岂非记诵词章之习！而弊之所从来，无亦言之太详、析之太精者之过欤！夫杨、墨、老、释，学仁义，求性命，不得其道而偏焉，固非若今之学者以仁义为不可学，性命之为无益也。居今之时而有学仁义，求性命，外记诵辞章而不为者，虽其陷于杨、墨、老、释之偏，吾独且以为贤，彼其心犹求以自得也。夫求以自得，而后可与之言学圣人之道。某⑪幼不问学，陷溺于邪僻者二十年，而始究心于老、释。赖天之灵，因有所觉，始乃沿周、程之说求之，而若有得焉。顾一二同志之外，莫予翼也，岌岌乎仆⑫而后兴。

晚得友于甘泉湛子⑬，而后吾之志益坚，毅然若不可遏⑭，则予之资⑮于甘泉多矣。甘泉之学，务求自得者也。世未之能知其知者，且疑其为禅⑯。诚禅也，吾犹未得而见，而况其所志卓尔⑰若此。则如甘泉者，非圣人之徒欤！多言又乌足病⑱也！夫多言不足以病甘泉，与甘泉之不为多言病⑲也，吾信之。吾与甘泉友，意之所在，不言而会；论之所及，不约而同；期于斯道，毙而后已者。

今日之别，吾容无言。夫惟圣人之学难明而易惑，习俗之降愈下而益不可回，任重道远，虽已无俟于言，顾复于吾心，若有不容已也。则甘泉亦岂以予言为缀乎？

【注释】

①一贯，未有改变，出自《论语·里仁》："子曰：'参乎！吾道一以贯之。'曾子曰：'唯。'子出，门人问曰：'何谓也?'曾子曰：'夫子之道，忠恕而已矣!'"②孟轲，孟子。孟子，名轲，字子舆，战国时期鲁国邹人，古代哲学家、思想家，儒家学派的代表人物，继承并发扬孔子仁政思想，被后人尊为"亚圣"。③周，周敦颐。程，程颢、程颐二兄弟。④晦，昏暗。⑤盖，连接上一句，原来。⑥杨，杨朱。杨朱，字子居，哲学家，主张"为我"。墨，墨子。墨子，名翟，哲学家，墨家学派的创立者，主张"兼爱"。⑦释、老，释迦牟尼与老子，指佛道两家学说。⑧章绘句琢，修饰文章、雕琢句子。⑨诡心，狡诈。色取，取色，指追求文饰修辞。⑩非复，不像是。⑪某，自称"我"。⑫仆，仆倒。⑬甘泉湛子，湛若水。湛若水（1466—1560），字元明，号甘泉，世称"甘泉先生"，明代哲学家、教育家、书法家，陈献章门人，主张"随处体认天理"，其学问被称为"甘泉之学"，著有《湛甘泉集》。⑭毅然，刚强坚韧而果断。遏，阻止，遏止。⑮资，受帮助。⑯禅，佛教禅宗，汉传佛教宗派之一，指菩提达摩东来开创的佛教宗派，又称"佛心宗"。⑰卓尔，超群出众。⑱病，指责。⑲病，诟病。

别方叔贤序（辛未）

【题解】

本文是王阳明送别黄绾的书信。文章第一部分简介黄绾的三阶段治学历程以及此过程中二人的关系，始若冰炭至沛然同趣。文章第二段介绍黄绾远去的原因，夸赞黄绾成圣人之学之志、无我之勇的追求。文章一方面描绘了黄绾作为善变之人的不变品质，即成无我之圣人之学。古有朝闻道夕死可矣之变，近代有梁启超善变之名，可见向善向公之"变"是可以谅解的。另一方面以张载勇撤皋比之例，夸赞了黄绾向善向公之变的无我勇气。王阳明已见到黄绾向"圣人之道"的转变，却未见识黄绾晚年转而对王阳明心学的批评。黄绾《明道编》总结："予始未之信，既而信之，又久而验之，方知空虚之弊，误人非细。信乎差之毫厘，谬以千里，可不慎哉！"

予与叔贤①处二年，见叔贤之学凡三变：始而尚辞，再变而讲说②，又再变而慨然有志圣人之道。方其辞章之尚，于予若冰炭焉；讲说矣，则违合者半；及其有志圣人之道，而沛然于予同趣。

将遂去之③西樵山中，以成其志，叔贤亦可谓善变矣。圣人之学，以无我为本，而勇以成之。予始与叔贤为僚④，叔贤以郎中⑤故，事位吾上。及其学之每变，而礼予日恭，卒乃自称门生而待予以先觉⑥。此非脱去世俗之见，超然于无我者，不能也。虽横渠子之勇撤皋比⑦，亦何以加于此！独愧予之非其人，而何以当之！夫以叔贤之善变，而进之以无我之勇，其于圣人之道也何有。斯道也，绝响于世余三百年矣。叔贤之美有若是，是以乐为吾党道之。

【注释】

①叔贤，黄绾。黄绾，字叔贤，号久菴，浙江黄岩人，王阳明门人，著有《明道编》。②讲说，讲求解说。③之，到。④僚，官。⑤郎中，官职名，掌司事物。⑥先觉，语出自《孟子·万章上》："天之生此民也，使先知觉后知，使先觉觉后觉也。"先觉，早于常人悟道的人。⑦皋比，虎皮。横渠子之勇撤皋比，出自《二程集·河南程氏外书》："横渠昔在京师，坐虎皮，说《周易》，听从甚众。一夕，二程先生至，论《易》。次日横渠撤去虎皮，曰：'吾平日为诸公说者，皆乱道。有二程近到，深明《易》道，吾所弗及，汝辈可师之'。横渠乃归陕西。"

赠周莹归省序（乙亥）

【题解】

古人因交通条件限制，外出求学多有不便，但也正是因为求学条件艰苦，反而映衬古人求学之心诚恳。本文记载周莹为了求学于王阳明，历经遥途、暑毒、穷困等艰险后与王阳明的对话，王阳明以此启发周莹将克服劳苦艰难之心，无假于人，"志于圣贤之学"、"至于圣贤者"。安于现状的人生是容易的，但也是无价值无意义的，所以更多的人选择了另一条艰难的、挑战自我的道路。人生不易，但如果我们有明确的目标、秉持坚定的心去追求，纵然有客观条件的限制没有完全达成目标，但最后我们也可以无悔地说我们尽了最大的力去接近理想。周莹奋发求学的事迹发生在明代，但依凭个人努力的精神却永不过时。

永康①周莹②德纯尝学于应子元忠③，既乃④复见阳明子而请益⑤。阳明子曰："子从应子之所来乎？"曰："然。""应子则何以教子？"曰："无他言也，惟日诲之以希圣希贤⑥之学，毋溺于流俗。且曰：'斯吾所尝就正⑦于阳明子者也。子而不吾信，则盍亲往焉?'莹是以不远千里而来谒⑧。"

曰:"子之来也,犹有所未信乎?"曰:"信之。"曰:"信之而又来,何也?"曰:"未得其方⑨也。"阳明子曰:"子既得其方矣。无所事于吾。"周生悚然有间⑩,曰:"先生以应子之故,望卒⑪赐之教。"阳明子曰:"子既得之矣。无所事于吾。"周生悚然而起,茫然有间,曰:"莹愚,不得其方。先生毋乃⑫以莹为戏,幸卒赐之教!"阳明子曰:"子之自永康而来也,程几何?"曰:"千里而遥。"曰:"远矣。从舟乎?"曰:"从舟,而又登陆也。"曰:"劳矣。当兹六月,亦暑乎?"曰:"途之暑特甚也。"曰:"难矣。具资粮、从童仆乎?"曰:"中途而仆病,乃舍贷⑬而行。"曰:"兹益难矣。"曰:"子之来既远且劳,其难若此也,何不遂返而必来乎?将亦无有强⑭子者乎?"曰:"莹至于夫子之门,劳苦艰难,诚乐之。宁以是而遂返,又俟乎人之强之也乎?"曰:"斯吾之所谓子之既得其方也。子之志,欲至于吾门也,则遂至于吾门,无假⑮于人。子而志于圣贤之学,有不至于圣贤者乎?而假于人乎?子之舍舟从陆,捐仆贷粮,冒毒暑而来也,则又安所⑯从受之方也?"生跃然起拜曰:"兹乃命之方也已!抑莹由于其方而迷于其说,必俟夫子之言而后跃如⑰也,则何居⑱?"阳明子曰:"子未睹乎爇石⑲以求灰者乎?火力具足矣,乃得水而遂化。子归,就应子而足其火力焉,吾将储担石⑳之水以俟子之再见。"

【注释】

①永康,地名,位于浙江金华。②周莹,字德纯,号宝峰,永康人。③应子元忠,应元忠。④既乃,于是。⑤请益,请教问学。⑥希圣希贤,效法圣人。⑦就正,谦辞,请求指导框正。⑧谒,音 yè,拜见。⑨方,方

策。⑩悚然，肃然恭敬。间，音 jiàn，顷刻，瞬间。有间，片刻、一会。⑪卒，最终。⑫毋乃，莫非、岂非。⑬舍，安置、置办。贷，借。⑭强，音 qiǎng，迫使。⑮假，假借、凭借。⑯安所，何处。⑰跃如，形容充分显露。⑱何居，何故。⑲爇，音 ruò，烧。⑳担石，音 dān dàn，原义称量粮食单位，指数量少。

赠林典卿归省序（乙亥）

【题解】

  本文是王阳明与林典卿论"立诚"的对话记录。王阳明主要阐释了"夫诚，实理也"、"夫诚，一而已矣，故不可复有所益"的观点，也即阐说了"诚"的重要。古人对概念的内涵和外延一般缺乏严格的界定，故而理论说理缺乏严格的逻辑推论。王阳明文中显然摆明了论点而没有逻辑论证，我们继承和弘扬传统文化，不是简单将古人的观点重新摆放出来，而是需要将古人的论证过程补充完整、清晰论述。没有自己独立的思考，简单地重复古人观点可能是思维偷懒。总结反思古人的思维过程，启示当代学者定义新的概念或者建构新的理论时更需要严格的逻辑论证，毕竟合乎逻辑的说理才是学术进步的基础。

  林典卿与其弟游①于大学②，且归，辞于阳明子曰："元叙尝闻立诚于夫子矣。今兹③归，敢请益④。"阳明子曰："立诚。"典卿曰："学固此乎？天地之大也，而星辰丽焉，日月明焉，四时行焉，引类⑤而言之，不可穷也。人物之富也，而草木蕃⑥焉，禽兽群焉，中国夷狄⑦分焉，引类而言之，不可尽也。夫古之学者，殚智虑，弊精力⑧，而莫究其绪⑨焉；靡昼夜，极年岁⑩，而莫竟⑪其说焉；析蚕丝，擢牛尾⑫，而莫既⑬其奥焉。而曰立诚，立诚尽之矣乎？"

阳明子曰："立诚尽之矣。夫诚，实理也。其在天地，则其丽焉者，则其明焉者，则其行焉者，则其引类而言之不可穷焉者，皆诚也；其在人物，则其蕃焉者，则其群焉者，则其分焉者，则其引类而言之不可尽焉者，皆诚也。是故殚智虑，弊精力，而莫究其绪也；靡昼夜，极年岁，而莫竟其说也；析蚕丝，擢牛尾，而莫既其奥也。夫诚，一而已矣，故不可复有所益。益之是为二也，二则伪，故诚不可益。不可益，故至诚无息。"典卿起拜曰："吾今乃知夫子之教若是其要也！请终身事⑭之，不敢复有所疑。"阳明子曰："子归，有黄宗贤氏者，应元忠氏者方与讲学于天台、雁荡⑮之间，倘遇焉，其遂以吾言谂⑯之。"

【注释】

①游，外出求学。②大学，太学，古代设于都城的最高学府机构。③兹，这。④请益，请教。⑤引类，援引引证。⑥蕃，音 fán，草木茂盛。⑦中国，上古时期泛指中原一带，后指居住在中原地区的人，此处是我国专称。夷狄，古称东方部族为夷，北方部族为狄，夷狄代指华夏族以外的其他部族。⑧殚，音 dān，竭尽。智虑，智慧。弊，困乏。精力，精神气力。⑨绪，前人传留的事业。⑩靡，浪费。极，穷尽。年岁，年月。⑪竟，穷究、深究。⑫擢，音 zhuó，拔、抽。⑬既，尽、完。⑭事，从事。⑮天台，天台山，位于今浙江台州。雁荡，雁荡山，位于今浙江温州、台州。⑯谂，音 shěn，规劝、劝谏。

赠陆清伯归省序（乙亥）

【题解】

　　本文是王阳明写给陆清伯的送别信，论述了治学进退的辩证状态。文章第一部分简介了友人对陆清伯治学进步的描述，"伯于夫子之道日加亲附焉"，第二部分则描述陆清伯治学的自我感受，"上滩之舟，屡失屡下，力挽而不能前，以为日退也"。师友与陆清伯的评价似乎矛盾，进而王阳明在文章部分给予解释，陆清伯所谓日退，其实是其进修之励，善日进矣；但其意阻焉，是谓日退；师友谓其日进，其实是师友为善日进，但师友气歉，是谓日退。王阳明辩证阐释治学和为善的进退关系，各取所长，各补其短，辩证地评价了陆清伯与师友双方，又辩证地指出双方的改进方向；辩证思想或可对大家反思生活与学习状态有所帮助。

　　陆清伯澄归归安①，与其友二三子论绎②所学赠处③焉。
　　二三子或曰："清伯之学日进矣。始吾见清伯，其气扬扬④然若浮云，其言滔滔然若流波⑤。今而日默默尔，日慊慊⑥尔，日雍雍⑦尔，日休休⑧尔，有大径庭⑨焉。以是知其进也。"或曰：

"清伯始见夫子，一月一至；既而旬一至；又既而五六日三四日而一至；又既而迁居于夫子之傍⑩；后乃请于夫子扫庾⑪下之室而旦暮侍焉。夫德莫淑⑫于尊贤，学莫遄⑬于亲师。故趋权门者日进于势⑭，游市肆⑮者日进于利。清伯于夫子之道日加亲附⑯焉。吾未遑⑰其他，即是可以知其学之进也矣。"

清伯曰："有是哉？澄则以为日退也。澄闻夫子之教而茫然，已而歆然，忽耿然⑱而疑，已而大疑焉，又闪然大骇，乃忽闯然⑲若有睹也。当是时，则亦几有所益焉。自是且数月，盖悠焉游焉，业不加修焉，反⑳而求焉，伥伥㉑然，颓颓㉒然，昏蔽扩而愈进，私累㉓息而愈兴，众妄㉔攻而愈固，如上滩之舟，屡失屡下，力挽而不能前，以为日退也。"

明日，又辞于阳明子，二三子偕焉，各言其所以。阳明子曰："其然乎！其然乎！谓己为日退者，进修之励，善日进矣。谓人为日进者，与人为善者，其善亦日进矣。虽然，谓己为日退也，而意阻焉，能无日退乎？谓人为日进也，而气歉焉，亦能无日退乎？斯又进退之机，吉凶之所由分也，可无慎乎！"

【注释】

①陆清伯，陆澄。陆澄，字原静，又字清伯，归安人，王阳明门人。归安，古地名，位于今浙江湖州。②论绎，议论阐释。③赠处，朋友间分别时的赠言，多是劝勉鼓励的言辞。《礼记·檀弓下》载："子路去鲁，谓颜渊曰：'何以赠我？'曰：'吾闻之也，去国则哭于墓而后行，反其国不哭，展墓而入。'谓子路曰：'何以处我？'子路曰：'吾闻之也，过墓则式，过祀则下。'"赠，送。展，省视。处，安。④扬扬，得意。⑤流波，流水。⑥慊慊，不自满、诚恳。⑦雍雍，和乐、和洽。⑧休休，宽容大度。⑨径庭，亦作"径廷"，相距悬殊。⑩傍，同"旁"，旁侧。⑪庾，露

天仓库。⑫淑，美、善。⑬遄，音 chuán，快、迅速。⑭势，权势。⑮市肆，市场。⑯亲附，亲近、依附。⑰遑，音 huáng，闲暇、空闲。⑱耿然，烦躁。⑲闿然，生动。⑳反，通"返"，返归。㉑伥伥，无所适从。㉒颓，消沉。㉓私累，私欲牵累。㉔妄，虚妄、荒诞。

赠周以善归省序（乙亥）

【题解】

本文王阳明借送别周以善阐释了致良知的途径。文章第一部分简介周以善在"省"与"疑"之间的反复。第二部分王阳明以"弈秋诲弈"为例，解释了周以善反复的原因在于不能专心致之，同时以立诚之工夫帮助周以善治学，最终达到正心术的目的。立诚工夫对致良知是极为重要的，心学的主要内容是正心，而心的修养与其诉诸于外在的监督，不如依赖于内在的真诚；暂不说心学，立诚对个人治学为人而言是极端重要的事情，为人诚恳、治学踏实是个人的基本品质，为人虚伪、为学虚浮则难成栋梁之器。此外，本文中的"加密"立诚之说值得与《赠林典卿归省序》一文中的"诚不可益"之说相比较。

江山①周以善究心②格物致知之学有年矣，苦其难而不能有所进也。

闻阳明子之说而异之，意③其或有见也，就④而问之。闻其说，戚然⑤若有所省。归，求其故而不合⑥，则迟疑旬日。又往闻其说，则又戚然若有所省。归，求其故而不合，则又迟疑者旬日，如是往复数月，求之既无所获，去之又弗能也，乃往告之以其故。

阳明子曰："子未闻昔人之论弈乎？'弈之为数，小数也，不专心致志，则亦不可以得也。'⑦今子入而闻吾之说，出而有鸿鹄之思焉，亦何怪乎勤而弗获矣？"于是退而斋洁⑧，而以弟子之礼请⑨。阳明子与之坐。盖默然良久，乃告之以立诚之说，耸然若仆而兴⑩也。明日，又言之加密⑪焉，证之以《大学》；明日，又言之加密焉，证之以《论》、《孟》；明日，又言之加密焉，证之以《中庸》。乃跃然喜，避席⑫而言曰："积今而后无疑于夫子之言，而后知圣贤之教若是其深切简易也，而后知所以格物致知以诚吾之身。吾喜焉，吾悔焉，十年之攻，徒以毙精神而乱吾之心术也，悲夫！积将以夫子之言告同志，俾⑬及时从事于此，无若积之底于悔也。庶以报夫子之德，而无负于夫子之教！"居月余，告归。阳明子叙其言以遣⑭之，使无忘于得之之难也。

【注释】

①江山，地名，位于今浙江江山市。②究心，专心致志从事研究。③意，估计。④就，到。⑤戚然，亲近貌。⑥合，一致。⑦"弈之为数，小数也，不专心致志，则亦不可以得也"，语出自《孟子·告子上》："今夫弈之为数，小数也；不专心致志，则不得也。弈秋，通国之善弈者也。使弈秋诲二人弈，其一人专心致志，惟弈秋之为听。一人虽听之，一心以为有鸿鹄将至，思援弓缴而射之，虽与之俱学，弗若之矣。为是其智弗若与？曰：非然也。"⑧斋洁，斋戒。⑨请，请学。⑩兴，兴起、奋起。⑪加密，内容丰富、逻辑严谨。⑫避席，让席起立，示敬意。⑬俾，音bǐ，使。⑭遣，送走。

别梁日孚序（戊寅）

【题解】

　　本文借送别梁日孚阐释了治圣人之学的三个阶段，夸赞了梁日孚治学志诚的精神。文章第一部分论述圣人与凡人之别，阐述虽圣人之道浅易，但凡人不为，致使圣人之道显得甚远甚难。文章第二部分介绍梁日孚治学的三阶段：第一阶段结识王阳明，治致良知治学；第二阶段梁日孚出于流俗，致豪杰之士；第三阶段梁终成圣人之道，不滞于事、不拘泥于物、不拘以时、不限以地。治学三阶段依次递进，个人通过修炼逐成圣人之学。治学固然有外在的限制，但王阳明以梁日孚为例，记录了一个凡人通过个人努力与师友帮助，逐渐接近于圣人之学的过程，阅读此文，我们对未来治学的方向与方式或许会有所思考。

　　圣人之道若大路，虽有跛鳖①，行而不已②，未有不至。而世之君子顾以为圣人之异于人，若彼其甚远也，其为功亦必若彼其甚难也，而浅易若此，岂其可及乎！则从而求之艰深恍惚③，溺于支离，骛④于虚高，率以为圣人之道必不可至，而甘于其质之所便，日以沦于污下。有从而求之者，竞相嗤讪⑤，曰狂诞不自量者也。呜呼！其弊也亦岂一朝一夕之故哉！孟子云："徐行后长者谓之弟，疾行先长者谓之不弟。"⑥夫徐行者，岂人所不能哉？所不为也。世之人不知咎⑦其不为，而归咎其不能，其亦不思而已矣。

进士梁日孚⑧携家谒⑨选于京，过赣，停舟见予。始与之语，移时而别。明日又来，与之语，日昃⑩而别。又明日又来，日入⑪而未忍去。又明日则假馆⑫而请受业焉。同舟之人强之北者开譬百端⑬，日孚皆笑而不应。莫不嚣且异。其最亲爱者曰："子有万里之行，戒僮仆，聚资斧，具舟楫，又挈⑭其家室，经营阅岁⑮而始就道。行未数百里而中止，此不有大苦，必有大乐者乎？子亦可以语我乎？"日孚笑曰："吾今则有大苦，亦诚有大乐者，然未易以语子也。子见病狂丧心者乎？方其昏逸瞑乱⑯，赴汤火，蹈荆棘，莫不恬然自信，以为是也。比遇良医，沃⑰之以清泠之浆，而投之以神明之剂，始苏然以醒。告之以其向之所为，又始骇然发苦；示之以其所从归之途，又始欣然以喜，且恨遇斯人之晚也。彼病狂不复者反从而哂訾⑱之，以为是变其常。今吾与子之事，亦何以异于此矣！"

居无何⑲，予以军旅之役出，而远日孚者且两月，谓日孚既去矣。及旋，而日孚居然以待！既以委其资斧于逆旅⑳，归其家室于故乡，泊然而乐，若将终身焉。扣㉑其学，日有所明而月有所异矣。然后益叹圣人之学，非夫自暴自弃，未有不可由之而至。而日孚出于㉒流俗，殆孟子所谓"豪杰之士"者矣。

复留余三月，其母使人来谓曰："姑北行，以毕吾愿，然后从尔所好。"知日孚者亦交以是劝。日孚请曰："焯焉能㉓一日而去夫子！将复赴汤火，蹈荆棘矣！"予曰："其然哉？子以圣人之道为有方体乎？为可拘之以时，限之以地乎？世未有即醒之人而复赴汤火，蹈荆棘者。子务醒其心，毋徒汤火荆棘之为惧！"日孚良久曰："焯近之矣。圣人之道，求之于心，故不滞于事；出之以理，故不泥于物；根之以性，故不拘以时；动之以神，故不限以地。苟知此矣，焉往而非学也！奚必恒于夫子之门乎？焯请暂辞而北，疑而复求正。"予莞尔㉔而笑曰："近之矣！近之矣！"

【注释】

①跛鳖，音 bǒ biē，跛行。②已，止。③恍惚，迷茫。④骛，追求。⑤嗤讪，讥笑。⑥"徐行后长者谓之弟，疾行先长者谓之不弟"，语出自《孟子·告子下》："徐行后长者谓之弟，疾行先长者谓之不弟。夫徐行者，岂人所不能哉？所不为也。尧舜之道，孝弟而已矣。"⑦咎，归罪。⑧梁日孚，梁焯。梁焯，字日孚，南海人。⑨谒，拜见。⑩日昃，太阳偏西。⑪日入，日落。⑫假馆，借用馆舍。⑬开譬，开导、劝告。百端，百般事物。⑭资斧，盘缠。挈，带领。⑮阅岁，历年。⑯瞆，音 kuì，古同"愦"，昏愦。⑰沃，浇。⑱复，康复。哂咍，讥笑。⑲无何，不久。⑳逆旅，旅舍。㉑扣，通"叩"，叩问、求教。㉒出于，超越。㉓焉能，怎么能够。㉔莞尔，微笑。

《大学》古本序（戊寅）

【题解】

本文是王阳明为《大学》古本所做的序言，所谓古本是对朱熹注解的《大学》版本而言的；王阳明不认同朱熹对格物致知的解读，主张"复见圣人之心"，故恢复《大学》古本。三纲（明德、亲民、止于至善）八条目（格物、致知、诚意、正心、修身、齐家、治国、平天下）出自儒家经典《大学》，三纲八条目以及相互之间的关系是中国古代哲学中的重要问题，对于三纲八条目的不同认识是区别理学与心学学派的标准。王阳明龙场悟道便是对程朱理学八条目修炼顺序的不同而有所觉悟。本文第一部分阐述阳明心学格物、诚意与至善之间的关系，第二部分阐明写作本文的用意，批评俗儒割裂圣人原意，引起圣人之学的支、虚、妄，主张三纲八条目之间的统一关系。

《大学》①之要，诚意而已矣。诚意之功，格物而已矣。诚意之极，止至善而已矣。止至善之则②，致知而已矣。正心，复其体也；修身，著③其用也。以言乎已，谓之明德；以言乎人，谓之亲民；以言乎天地之间，则备矣。是故至善也者，心之本体也。动而后有不善，而本体之知，未尝不知也。意者，其动也。物者，其事也。至其本体之知，而动无不善。然非即其事而格之，则亦无以致其知。故致知者，诚意之本也。格物者，致知之实也。物格则知致意诚，而有以复其本体，是之谓止至善。

圣人惧人之求之于外也，而反覆④其辞。旧本析而圣人之意亡矣。是故不务于诚意而徒以格物者，谓之支；不事于格物而徒以诚意者，谓之虚；不本于致知而徒以格物诚意者，谓之妄。支与虚与妄，其于至善也远矣。合之以敬而益缀⑤，补之以传而益离。吾惧学之日远于至善也，去分章而复旧本，傍为之什⑥，以引其义。庶几复见圣人之心，而求之者有其要⑦。噫！乃若致知，则存乎心；悟致知焉，尽矣。

【注释】

①《大学》，原是《礼记》中的第四十二篇，宋代程颢、程颐将其单独编为章句，后朱熹将其收录"四书"，王阳明再次整理。②则，法则。③著，显露。④反覆，重复。⑤缀，音 chuò，拘束。⑥什，十篇文章。⑦要，要诀、要点。

观德亭记（戊寅）

【题解】

古人重道德修养，《论语·宪问》载："古之学者为己，今之学者为人。"本文以"射"为例，论述心、德与"射"的关系，君子存心养德，然后"无所不用其学"。古人君子能以道德严格要求自己的虽非均能流芳百世，但多数能大则担道义，小则持家业。即便现代社会，较高水平的道德修养仍是个人生活幸福的必要条件。现代社会仍然需要道德，道德规范是调整个人行为的重要规范，但仍如古人言，道德为己，如果道德变为人之学或者功利之学，那么也就失去了道德的原意。

君子之于射①也，内志正，外体直，持弓矢审固②，而后可以言中。故古者射以观德。

德也者，得之于其心也。君子之学，求以得之于其心，故君子之于射以存其心也。是故懆③于其心者其动妄④，荡于其心者其视浮⑤，歉于其心者其气馁⑥，忽于其心者其貌惰⑦，傲于其心者其色矜⑧，五者，心之不存也。不存也者，不学也。君子之学于射，以存其心也。是故心端则体正，心敬则容肃，心平则气舒，心专则视审，心通故时而理，心纯故让而恪⑨，心宏故胜而不张、负而不弛⑩。七者备而君子之德成。君子无所不用其学也，于射见之矣。故曰："为人君者，以为君鹄⑪；为人臣者，以为臣鹄；为人父者，以为父鹄；为人子者，以为子鹄。"射也者，射己之鹄也，鹄也者，心也，各射己之心也，各得其心而已。故曰：可以观德矣。作《观德亭记》。

【注释】

①射，射箭，古代六艺之一。②弓矢，弓箭。审，审慎。固，牢固。③懆，急躁。④妄，荒诞。⑤浮，不冷静。⑥馁，缺乏勇气。⑦惰，懈怠。⑧矜，夸。⑨恪，恭敬、谨慎。⑩张，放纵。弛，松懈。⑪鹄，音gǔ，箭靶中心。

亲民堂记（乙酉）

【题解】

    本文是王阳明论述《大学》为政以三纲以及解释明德、亲民、止于至善之间的关系的文章。传统政治是道德政治，道德是评价政治制度和政治行为合理与否的主要标准，明德是亲民至善的道德基础，至善是明德亲民的道德目的，而亲民则是个人由明德至至善的途径。文章首先解释明德与亲民之间关系，接着解释亲民与至善之间的关系，最后以致良知之说统一三纲，为政以天地万物为一体。不同于程朱理学烦琐论证式的解释，王阳明以简易的"天地万物为一体"的心学来解释三纲之间的关系，"一乎"概括了阳明心学对三纲关系的核心。阅读此文，我们或可更好地理解程朱理学与阳明心学对逻辑论证的不同认知。

    南子元善①之治越②也，过阳明子而问政③焉。阳明子曰："政在亲民④。"曰："亲民何以乎？"曰："在明明德⑤。"曰："明明德何以乎？"曰："在亲民。"

    曰："明德、亲民，一乎？"

曰："一也。明德者，天命之性，灵昭⑥不昧，而万理之所从出也。人之于其父也，而莫不知孝焉；于其兄也，而莫不知弟⑦焉；于凡事物之感，莫不有自然之明焉；是其灵昭之在人心，亘⑧万古而无不同，无或昧者也，是故谓之明德。其或蔽焉，物欲也。明之者，去其物欲之蔽，以全其本体之明焉耳，非能有以增益之也。"

曰："何以在亲民乎？"

曰："德不可以徒明也。人之欲明其孝之德也，则必亲于其父，而后孝之德明矣；欲明其弟之德也，则必亲于其兄，而后弟之德明矣。君臣也，夫妇也，朋友也，皆然也。故明明德必在于亲民，而亲民乃所以明其明德也。故曰一也。"

曰："亲民以明其明德，修身焉可矣，而何家、国、天下之有乎？"

曰："人者，天地之心也⑨；民者，对己之称也；曰民焉，则三才⑩之道举矣。是故亲吾之父以及人之父，而天下之父子莫不亲矣；亲吾之兄以及人之兄，而天下之兄弟莫不亲矣。君臣也，夫妇也，朋友也，推而至于鸟兽草木也，而皆有以亲之，无非求尽吾心焉以自明其明德也。是之谓明明德于天下，是之谓家齐国治天下平。"

曰："然则乌在其为止至善者乎？"

"昔之人固有欲明其明德矣，然或失之虚罔空寂，而无有乎家国天下之施者，是不知明明德之在于亲民，而二氏⑪之流是矣；固有欲亲其民者矣，然或失之知谋权术，而无有乎仁爱恻怛⑫之诚者，是不知亲民之所以明其明德，而五伯功利之徒⑬是矣：是皆不知止于至善之过也。是故至善也者，明德亲民之极则也。天命之性，粹然⑭至善。其灵昭不昧者，皆其至善之发见，是皆明德之本体，而所谓良知者也。至善之发见，是而是焉，非而非焉，固吾心天然自有之则，而不容有所拟议⑩加损于其间也。有所拟议加损于其间，则是私意⑩小智，而非至善之谓矣。人惟不知至善之在吾心，而用其私智以求之于外，是以昧其是非之则，至于横骛⑩决裂，人欲肆而天理亡，明德亲民之学大乱于天下。故止至善之于明德亲民也，犹之规矩之于方圆也，尺度之于长短也，权衡⑱之于轻重也。方圆而不止于规矩，爽⑲其度矣；长短而不止于尺度，乖⑳其制矣；轻重而不止于权衡，失其准矣；明德亲民而不止于至善，亡其则矣。夫是之谓大人㉑之学。大人者，以天地万物为一体也。夫然后能以天地万物为一体。"

元善喟然而叹曰："甚哉！大人之学若是其简易也。吾乃今知天地万物之一体矣！吾乃今知天下之为一家、中国之为一人矣！'一夫不被其泽，若己推而内诸沟中'㉒，伊尹其先得我心之同然乎！"

于是名其莅政㉓之堂曰"亲民"，而曰："吾以亲民为职者也，吾务亲吾之民以求明吾之明德也夫！"爱㉔书其言于壁而为之记。

【注释】

①元善，南大吉。南大吉，字元善，号瑞泉，陕西渭南人，王阳明门人。②越，南元善曾知绍兴府。③问政，咨询为政之道。④亲民，亲近爱抚民众，出自《礼记·大学》："大学之道，在明明德，在亲民，在止于至善。"⑤在明明德，郑玄注："明明德，谓显明其至德也。"⑥灵昭，明白、清楚。⑦弟，通"悌"，音 tì，敬爱兄长、善待兄弟。⑧亘，音 gèn，横贯、贯穿。⑨"人者，天地之心也"，出自《礼记·礼运》："故人者，天地之心也，五行之端也。"孔颖达疏："天地高远在上，临下四方，人居其中央，动静应天地，天地有人，如人腹内有心，动静应人也，故云'天地

之心也'。"⑩三才，指天、地、人。⑪二氏，佛道两家。⑫恻怛，音 cè dá，恻隐。⑬五伯功利之徒，指春秋五霸：齐桓公、宋襄公、晋文公、秦穆公和楚庄王。⑭粹然，纯正。⑮拟议，揣度议论。⑯私意，私心、利己之心。⑰鹜，音 wù，鸭子。⑱权，秤锤。衡，秤杆。权衡，称量物体质量的器具。⑲爽，差失。⑳乖，背离。㉑大人，指德行高尚、志趣高远的人。㉒被，覆盖。泽，恩泽，恩惠。"一夫不被其泽，若己推而内诸沟中"，出自刘伯温所著《郁离子》："伊尹者，古之圣人也，思天下有一夫不被其泽，则其心愧耻若挞于市。"㉓莅政，治理政事。㉔爰，于是。

梁仲用默斋说（辛未）

【题解】

　　本文是王阳明写给梁仲用的书信，文章论述了"默"的意义以及类型。文章第一段论述多言之病；第二段辨别四伪之默；第三段辨别八诚之默，以"默之道"供梁仲用自取。古有范仲淹"宁鸣而死，不默而生"之训，亦有梅尧臣"勿噪啼兮勿睥睨"之劝。言与不言取决于言说的内容与环境，静默未必可取，躁言亦必有失。梁仲用、王阳明作为多言之人，以默自谦，其自我反思精神值得学习。此外，王阳明将默分为"伪默"和"诚默"，默道有别，慎用有术。根据不同的环境采取恰当的沉默态度是我们在实际生活中应当采用的方法，比如，"天何言哉？四时行焉，万物生焉"的超静默态度在普通人的日常交流中便难以应用。

　　仲用识高而气豪，既举①进士，锐②然有志天下之务。一旦责其志曰："于呼③！予乃太早。乌有己之弗治而能治人者！"于是专心为己之学④，深思其气质之偏，而病其言之易也，以"默"名庵，过⑤予而请其方。予亦天下之多言人也，岂足以知默之道！

然予尝自验之，气浮则多言，志轻则多言。气浮者耀于外，志轻者放⑥其中。予请诵古之训而仲用自取之。

夫默有四伪：疑而不知问，蔽⑦而不知辩，冥然以自罔⑧，谓之默之愚；以不言餂⑨人者，谓之默之狡；虑人之觇⑩其长短也，掩覆⑪以为默，谓之默之诬⑫；深为之情，厚为之貌，渊毒阱狠⑬，自托于默以售其奸者，谓之默之贼；夫是之谓四伪。

又有八诚焉：孔子曰："君子耻其言而过其行。古者言之不出，耻躬之不逮也。"⑭故诚知耻，而后知默。又曰："君子欲讷于言而敏于行。"⑮夫诚敏于行，而后欲默矣。仁者言也切⑯，非以为默而默存焉。又曰："默而识之"⑰，是故必有所识也，终日不违如愚者也⑱。"默而成之"⑲，是故必有所成也，退而省其私，亦足以发⑳者也。故善默者莫如颜子。"闇然而日章"㉑，默之积也。"不言而信"㉒，而默之道成矣。"天何言哉？四时行焉，万物生焉。"㉓而默之道至矣。非圣人其孰能与于此哉！夫是之谓八诚。仲用盍亦知所以自取之？

【注释】

①举，中举。②锐，急切。③于呼，同"呜呼"，叹词。④为己之学，《论语·宪问》载："古之学者为己，今之学者为人。"为己之学，为提升自我修养而学；为人之学，为了装饰自己、给别人看而学。⑤过，拜访、探望。⑥放，放纵、放任。⑦蔽，蒙蔽。⑧冥然，愚昧无知。罔，音wǎng，欺骗。⑨餂，音tiǎn，诱取。⑩觇，音chān，窥望。⑪掩覆，掩盖掩饰。⑫诬，欺骗。⑬渊毒阱狠，阴狠狡诈。⑭而，之；"君子耻其言而过其行"，语出自《论语·宪问》，君子以言多行少为耻。耻，以……为耻；逮，音dài，及；"古者言之不出，耻躬之不逮也"，语出自《论语·里仁》，古人说话谨慎，因为怕行动跟不上。⑮讷，音nè，语言迟钝。"君子欲讷于言而敏于行"，语出自《论语·里仁》，君子言语谨慎迟钝，行动

敏捷。⑯讱，音 rèn，出言谨慎缓慢。⑰识，音 zhì，记住。"默而识之"，语出自《论语·述而》："默而识之，学而不厌，诲人不倦，何有于我哉?"⑱终日不违如愚者也，语出自《论语·为政》："子曰：'吾与回言终日，不违，如愚。退而省其私，亦足以发，回也不愚。'"颜回听孔子讲学，不提出反对意见，看起来愚蠢。⑲"默而成之"，语出自《易·系辞上》："默而成之，不言而信，存乎德行。"⑳发，朱熹注："发，谓发明所言之理，"发挥、启发。㉑闇，音 ān，深黑色。闇然，隐晦深远、不易为人所见。"闇然而日章"，语出自《礼记·中庸》："君子之道，闇然而日章；君子之道，闇然而日章；小人之道，的然而日亡。"郑玄注："言君子深远难知，小人浅近易知，"孔颖达疏："章，明也。言君子以其道德深远谦退，初视未见，故曰'闇然'其后明著，故曰日章明也。"㉒"不言而信"，语出自《庄子·田子方》："夫子不言而信，不比而周。"《论语·为政》载："君子周而不比，小人比而不周。"朱熹注："周，普遍也。比，偏党也。"㉓"天何言哉? 四时行焉，万物生焉"，语出自《论语·阳货》："子曰：天何言哉? 四时行焉，百物生焉，天何言哉，"朱熹注："四时行，百物生，莫非天理发见流行之实，不待言而可见。圣人一动一静，莫非妙道精义之发，亦天而已，岂待言而显哉?"

示弟立志说（乙亥）

【题解】

本文是王阳明写给其弟王守文的书信，信中阐释了治学立志的观点。文章第一部分解释立志重要，"夫学，莫先于立志。志之不立，犹不种其根而徒事培拥灌溉，劳苦无成矣"。第二部分阐释立志的内容，"正诸先觉，考诸古训"。第三部分论述立志之难以及如何立志。第四部分阐释圣贤立志大指。最后再次强调立志之功。文章内容比较丰富，但主旨简单明了。立志是治学为人的基础，个人志向的内容直接决定了个人学业的方向，"正诸先觉，考诸古训"对当前学者确定立志方向仍然具有借鉴意义；个人志向的广博程度框定了个人学业的发展高度，常立志不如立长志。志向的确定不在朝夕之间完成，需要个人结合个人志趣和时代使命确定，而立志之功，更不在朝夕之间完成。立志的学问，需要个人在成长过程中逐渐探求。

予弟守文来学，告之以立志。守文因请次第①其语，使得时时观省；且请浅近其辞，则易于通晓也。因书以与之。

　　夫学，莫先于立志。志之不立，犹不种其根而徒事培拥②灌溉，劳苦无成矣。世之所以因循苟且，随俗习非③，而卒归于污下者，凡以志之弗立也。故程子曰："有求为圣人之志，然后可与共学。"④人苟诚有求为圣人之志，则必思圣人之所以为圣人者安在？非以其心之纯乎天理而无人欲之私欤？圣人之所以为圣人，惟以其心之纯乎天理而无人欲，则我之欲为圣人，亦惟在于此心之纯乎天理而无人欲耳。欲此心之纯乎天理而无人欲，则必去人欲而存天理。务去人欲而存天理，则必求所以去人欲而存天理之方。求所以去人欲而存天理之方，则必正诸先觉⑤，考诸古训，而凡所谓学问之功⑥者，然后可得而讲。而亦有所不容⑦已矣。

　　夫所谓正诸先觉者，既以其人为先觉而师之矣，则当专心致志，惟先觉之为听。言有不合，不得弃置，必从而思之；思之不得，又从而辨之，务求了释，不敢辄生疑惑。故《记》曰："师严，然后道尊；道尊，然后民知敬学。"⑧苟无尊崇笃信之心，则必有轻忽慢易⑨之意。言之而听之不审，犹不听也；听之而思之不慎，犹不思也；是则虽曰师之，犹不师也。

　　夫所谓考诸古训者，圣贤垂训，莫非教人去人欲而存天理之方，若《五经》、《四书》是已。吾惟欲去吾之人欲，存吾之天理，而不得其方，是以求之于此，则其展卷之际，真如饥者之于食，求饱而已；病者之于药，求愈而已；暗者之于灯，求照而已；跛者之于杖，求行而已。曾有徒事记诵讲说，以资⑩口耳之弊哉！

　　夫立志亦不易矣。孔子，圣人也，犹曰："吾十有五而志于学。三十而立。"⑪立者，志立也。虽至于"不逾矩"，亦志之不逾矩也。志岂可易而视哉！夫志，气之帅也，人之命也，木之根也，水之源也。源不浚⑫则流息，根不植则木枯，命不续则人死，志不立则气昏。是以君子之学，无时无处而不以立志为事。正目而视之，无他见也；倾耳而听之，无他闻也。如猫捕鼠，如鸡覆卵，精神心思凝聚融结，而不复知有其他，然后此志常立，神气精明，义理昭著。一有私欲，即便知觉，自然容住不得⑬矣。故凡一毫私欲之萌，只责此志不立，即私欲便退⑭；听一毫客气⑮之动，只责此志不立，即客气便消除。或怠心生，责此志，即不怠；忽心生，责此志，即不忽；懆⑯心生，责此志，即不懆；妒⑰心生，责此志，即不妒；忿心生，责此志，即不忿；贪心生，责此志，即不贪；傲心生，责此志，即不傲；吝心生，责此志，即不吝。盖无一息而非立志责志之时，无一事而非立志责志之地。故责志之功，其于去人欲，有如烈火之燎⑱毛，太阳一出，而魍魉潜消也。

自古圣贤因时立教，虽若不同，其用功大指无或少异。《书》谓"惟精惟一"⑲，《易》谓"敬以直内，义以方外"⑳，孔子谓"格致诚正，博文约礼"㉑，曾子谓"忠恕"㉒，子思谓"尊德性而道问学"㉓，孟子谓"集义养气，求其放心"㉔，虽若人自为说，有不可强同者，而求其要领归宿，合若符契㉕。何者？夫道一而已。道同则心同，心同则学同。其卒不同者，皆邪说也。

后世大患，尤在无志。故今以立志为说，中间字字句句，莫非立志。盖终身问学之功，只是立得志而已。若以是说而合精一，则字字句句皆精一之功；以是说而合敬义，则字字句句皆敬义之功。其诸"格致"、"博约"、"忠恕"等说，无不吻合。但能实心体之，然后信予言之非妄也。

【注释】

①次第，编排次序。②培拥，疑作"培壅"，在植物根部培土，保护根系，促其生长，引申义养护。③随俗习非，跟随世俗习得不好的事情。④"有求为圣人之志，然后可与共学"，语出自《二程粹言》。⑤先觉，语出自《孟子·万章上》："天之生此民也，使先知觉后知，使先觉觉后觉也。"先觉，早于常人觉悟醒悟的人。⑥功，功夫。⑦容，矫饰装饰。⑧"师严，然后道尊；道尊，然后民知敬学"，《礼记·学记》载："凡学之道，严师为难。师严然后道尊，道尊然后民知敬学。"⑨易，疏忽轻慢。⑩曾，竟然。资，帮助。⑪"吾十有五而志于学，三十而立"，语出自《论语·为政》："子曰：'吾十有五而志于学，三十而立，四十而不惑，五十而知天命，六十而耳顺，七十而从心所欲，不逾矩。'"此处"立"据杨伯峻先生结合《论语·泰伯》和《论语·季世》篇考证，应为"立于礼"。⑫浚，音 jùn，疏通。⑬容住不得，不得容住，指私欲私念不得停留长久。⑭此处《王阳明全集》标点恐有误，分号应当标于"听"后。退听，退让顺从。⑮客气，偏激情绪，也指邪气。⑯懆，音 cǎo，焦虑不安。⑰妬，同"妒"。⑱燎，音 liáo，延烧。⑲"惟精惟一"，语出自《尚书·大禹谟》："人心惟危，道心惟微，惟精惟一，允执厥中。""心"有人心与道心两种，人心容易沾染私欲，故危，道心发于义理，故微，人只有精研专一，才能保持执中。⑳"敬以直内，义以方外"，语出自《周易·坤·文言》："'直'其正也，'方'其义也。君子敬以直内，义以方外。"敬，恭敬；直，无私心；方，循事理。㉑"格致诚正"，即格物、致知、诚心、正意，语出自《礼记·大学》："古之欲明明德于天下者，先治其国；欲治其国者，先齐其家；欲齐其家者，先修其身；欲修其身者，先正其心；欲正其心者，先诚其意；欲诚其意者，先致其知；致知在格物。物格而后知至，知至而后意诚，意诚而后心正，心正而后身修，身修而后家齐，家齐而后国治，国治而后天下平。""博文约礼"，语出自《论语·雍也》："君子博学于文，约之以礼，亦可以弗畔矣夫！"畔，同"叛"，背离。㉒"忠恕"，语出自《论语·里仁》："子曰：'参乎！吾道一以贯之。'曾子曰：'唯。'子出，

门人问曰：'何谓也?'曾子曰：'夫子之道，忠恕而已矣!'"忠恕，朱熹注："尽己之谓忠，推己之谓恕，"也就是"己所不欲，勿施于人"、"己欲立而立人，己欲达而达人。"㉓"尊德性而道问学"，语出自《礼记·中庸》："故君子尊德性而道问学，致广大而尽精微，极高明而道中庸，温故而知新，敦厚以崇礼。"郑玄注："德行，谓性至诚者。道，犹由也。问学，学诚者也。"㉔"集义养气，求其放心"，《孟子·公孙丑上》载："（孟子）曰：'我知言，我善养吾浩然之气。''敢问何谓浩然之气?'曰：'难言也。其为气也，至大至刚，以直养而无害，则塞于天地之间。其为气也，配义与道。无是，馁也。是集义所生者，非义袭而取之也。行有不慊于心，则馁矣。'"朱熹注："馁，饥乏而气不充体也；慊，快也，足也。"《孟子·告子上》载："孟子曰：'仁，人心也；义，人路也。舍其路而弗由，放其心而不知求，哀哉! 人有鸡犬放，则知求之；有放心而不知求。学问之道无他，求其放心而已矣。'"据杨伯峻先生考证《紫石山房文集》，"放心"即"放其良心"、"失其本心"，求其放心，将失去的本心再次求得。㉕符契，符节，古代符信，以金玉竹木等制成，上刻文字，分为两半，使用时以两半相合为验。

约斋说（甲戌）

【题解】

　　本文是王阳明与刘韶论述简约的文章。文章第一部分刘韶自悔平日所尝致力者泛滥而无功，从而求教简约之道。第二部分王阳明阐释了如何践行简约之道，简约首先去万殊之人欲，循理而已，然后去万殊之理，求诸吾心。至于心的内容是什么，王阳明引用孟子之语，以"求其放心"作答。简约与万殊人欲是两种不同的生活哲学，各有利弊。但实践层面显然简约的生活方式需要更为严格的内在约束力和定力，王阳明主张时时以心约理束欲，或可把握住了简约生活方式的内在关键。当前国人尚简约之风，但个人的道德修养多尚欠火候，正如王阳明所言，心外无物，心中的修炼或可是检验简约的最终标准。

　　滁阳刘生韶①既学于阳明子，乃自悔其平日所尝致力者泛滥而无功②，琐杂而不得其要也。思得夫简易可久之道而固守之，乃以"约斋"自号，求所以为约之说于予③。

　　予曰："子欲其约，乃所以为烦也。其惟循理乎！理一而已，人欲则有万其殊④。是故一则约，万则烦矣。虽然，理亦万殊也，何以求其一乎？理虽万殊而皆具于吾心，心固一也，吾惟求诸吾心而已。求诸心而皆出乎天理之公焉，斯其行之简易，所以为约也已。彼其胶⑤于人欲之私，则利害相攻，毁誉相制，得失相形，荣辱相缠，是非相倾，顾瞻牵滞⑥，纷纭舛戾⑦，吾见其烦且难也。然而世之知约者鲜矣。孟子曰：'学问之道无他，求其放心而已'⑧，其知所以为约之道欤！吾子⑨勉之！吾言则亦以烦。"

【注释】

　　①刘生韶，字约斋，安徽滁州人。②泛滥，笼统、扩散。功，成效。③予，同"余"，我。④万其殊，各不相同。⑤胶，拘泥。⑥顾瞻，看、望。牵滞，拘泥。⑦舛戾，错误、悖谬。⑧"学问之道无他，求其放心而已"，语出自《孟子·告子上》，求其放心，将失去的本心再次求得。⑨吾子，古人对人敬称，您，多用于男子之间。

矫亭说（乙亥）

【题解】

《论语·子张》载"子贡曰：'君子之过也，如日月之食焉：过也，人皆见之；更也，人皆仰之。'"面对个人之"偏"、社会之"偏"的态度和采取的改正措施是衡量个人和社会价值偏颇与否的参考标准。本文是王阳明阐释"矫"的短文。文章第一部分解释"矫"、"克"之别，矫而无节则过，克则无过不及。第二部分以古今名实之别解释本文名"矫亭说"的原因，"行其克己之实，而矫以名焉"，取名"矫"，"亦矫世之意也"。文章一方面正"矫"、"克"之名，另一方面批评当世君子"实未至而名先之"，文章虽短，内容丰富。此外，我们需要思考王阳明既知"矫"、"克"之别，而强以"矫"名文是否合适呢？

君子之行，顺乎理①而已，无所事乎矫。然有气质②之偏焉。偏于柔者矫之以刚，然或失则傲；偏于慈者矫之以毅③，然或失则刻④；偏于奢者矫之以俭，然或失则陋。凡矫而无节则过，过则复为偏。故君子之论学也，不曰"矫"而曰"克⑤"。克以胜其私，私胜而理复，无过不及矣。矫犹未免于意必⑥也，意必亦私也。故克己则矫不必言，矫者未必能尽于克己之道也。

虽然，矫而当其可，亦克己之道矣。行其克己之实，而矫以名⑦焉，何伤乎！古之君子也，其取名也廉⑧；后之君子，实未至而名先之，故不曰"克"而曰"矫"，亦矫世⑨之意也。

方君时举以"矫"名亭，请予为之说。

【注释】

①理，原意为刻玉，后成为中国哲学术语，指世界遵循的法则、准则。②气质，常人的禀赋、气度。③毅，刚毅果断。④刻，刻薄。⑤克，克制。⑥意必，臆断。⑦矫以名，以矫名，也就是取名"矫"。⑧廉，正直方正。⑨矫世，矫正世弊。

谨斋说（乙亥）

【题解】

　　本文是王阳明写给杨景瑞的书信，文章以阐释杨景瑞谨斋为题，阐释了心学"为学存心"的观点。文章开篇即点明君子之学即心学，继而论述圣人之学与凡人之学的区别，凡人治学以存其心、谨守其心，存心凝道而成盛德。文章后半部分则赞扬杨景瑞笃志治学而得学之要。我们重视王阳明论说内容的同时，需要分析王阳明言说的逻辑。在言说内容方面，修养道德是个人治学的基础内容，但任何时代治学的目的不仅是修养个人道德，甚至最主要的目的也不应当是修养个人道德，王阳明的观点需要适当修正补充。在逻辑论证方面，我们应当适当注意概念内涵与外延的界定，适当区分概念之间的区别，更为严格地论证概念之间的逻辑关系。

　　君子之学，心学①也。心，性②也；性，天也。

　　圣人之心纯乎天理，故无事③于学。下④是，则心有不存而汩⑤其性，丧其天矣，故必学以存其心。学以存其心者，何求哉？

求诸其心而已矣。求诸其心何为哉？谨守其心而已矣。博学也，审问也，慎思也，明辨也，笃行也⑥，皆谨守其心之功也。谨守其心者，无声之中而常若闻焉，无形之中而常若睹焉。故倾耳而听之，惟恐其或缪也；注目而视之，惟恐其或逸也。是故至微而显，至隐而见，善恶之萌而纤毫莫遁⑦，由其能谨也。谨则存，存则明，明则其察之也精，其存之也一。昧焉而弗知，过⑧焉而弗觉，弗之谨也已。故谨守其心，于其善之萌焉，若食之充饱也；若抱赤子而履春冰，惟恐其或陷也；若捧万金之璧而临千仞之崖，惟恐其或坠也；其不善之萌焉，若鸩毒之投于羹也，若虎蛇横集而思所以避之也，若盗贼之侵陵而思所以胜⑨之也。古之君子所以凝至道而成盛德，未有不由于斯者。虽尧、舜、文王之圣，然且兢兢业业⑩，而况于学者乎！后之言学者，舍心而外求，是以支离决裂，愈难而愈远，吾甚悲焉！

吾友侍御杨景瑞以"谨"名其斋，其知所以为学之要矣。景瑞尝游白沙陈先生⑪之门，归而求之，自以为有见⑫。又二十年而忽若有得，然后知其向之所见犹未也。一旦告病而归，将从事⑬焉，必底于成而后出⑭。君之笃志若此，其进于道也孰御⑮乎！君遣其子思元从予学，亦将别予以归，因论君之所以名斋之义以告思元，而遂以为君赠。

【注释】

①心学，即王阳明所说良知之学，强调个人良知发现，致良知。心学可追溯至孟子，《孟子·尽心上》载"孟子曰：'尽其心者，知其性也。知其性，则知天矣。存其心，养其性，所以事天也。夭寿不贰，修身以俟之，所以立命也。'"②性，朱熹注《孟子·滕文公上》时，对"性"的注解为："性者，人所禀于天以生之理也，浑然至善，未尝有恶。"③事，从

事、做。④下，圣人之下的人。《论语·季世》载"孔子曰：'生而知之者上也；学而知之者次也；困而学之，又其次也；困而不学，民斯为下矣。'"⑤汩，音 gǔ，扰乱。⑥博学也，审问也，慎思也，明辨也，笃行也，语出自《礼记·中庸》："博学之，审问之，慎思之，明辨之，笃行之。"笃，音 dǔ，忠实，一心一意。⑦遁，隐去。⑧昧，愚昧。过，过失。⑨侵陵，同"侵凌"，冒犯欺凌。胜，制服。⑩兢兢业业，形容谨慎、勤奋、刻苦，语出自《尚书·皋陶谟》："无教逸欲有邦，兢兢业业，一日二日万几。"⑪白沙陈先生，陈献章。陈献章（1428—1500），字公甫，号石斋，别号碧玉老人、玉台居士、江门渔父、南海樵夫、黄云老人等，广东新会人，人称白沙先生或陈白沙，世存《白沙子全集》。陈献章开创了明代心学，后启阳明心学。⑫见，见解见识。⑬从事，致力于学问。⑭底于成，取得成功。出，取出、拿出。⑮御，息止。

修道说（戊寅）

【题解】

　　本文是王阳明论述修道的文章，涉及古代哲学概念较多，我们可借助于朱熹等人的注解辅助理解。传统儒家认为人有等差，"自诚明，谓之性；自明诚，谓之教"。性与教是不同的演进逻辑，王阳明认为《中庸》则是"为诚之者而作"，阐明"修道之事"。王阳明认为修道之功在于"戒慎"、"恐惧"、"诚"，修道之目的在于致中和。王阳明坚持了传统儒家主张的圣人之学与凡人之学的区别，并给予凡人一定的进修之道。治学修道的具体路径或可有别，但我们不得不重视传统儒家的这一修道方法，治学为人需要为自己设定合理恰当的目标，制定出切实可行的操作路径，并至诚尽性笃定地践行。

　　率性之谓道，诚者也；修道之谓教①，诚之者也。故曰："自诚明，谓之性；自明诚，谓之教。"②《中庸》为诚之者而作，修道之事也。

　　道也者，性也，不可须臾离也。而过焉，不及焉，离也。是故君子有修道之功。戒慎乎其所不睹,恐惧乎其所不闻[3],微之显,诚之不可掩也。修道之功若是其无间,诚之也夫!然后喜怒哀乐之未发谓之中,发而皆中节谓之和[4],道修而性复矣。致中和,则大本立而达道行,知天地之化育[5]矣。非至诚尽性,其孰能与于此哉!是修道之极功[6]也。而世之言修道者离矣,故特著其说。

【注释】

①率性之谓道、修道之谓教,语出自《礼记·中庸》:"天命之谓性,率性之谓道,修道之谓教。"②"自诚明,谓之性;自明诚,谓之教",语出自《礼记·中庸》:"自诚明,谓之性;自明诚,谓之教。诚则明矣,明则诚矣。"朱熹注:"自,由也。德无不实而明无不照者,圣人之德。所性而有者也,天道也。先明乎善,而后能实其善者,贤人之学。由教而入者也,人道也。诚则无不明矣,明则可以至于诚矣。"③戒慎乎其所不睹,恐惧乎其所不闻,语出自《礼记·中庸》:"是故君子戒慎乎其所不睹,恐惧乎其所不闻。"郑玄注:"小人闲居为不善,无所不至也。君子则不然,虽视之无人,听之无声,犹戒慎恐惧自修正,是其不须臾离道。"④喜怒哀乐之未发谓之中,发而皆中节谓之和,语出自《礼记·中庸》:"喜怒哀乐之未发,谓之中;发而皆中节,谓之和。中也者,天下之大本也;和也者,天下之达道也。"⑤化育,化生长育。天地之化育,语出自《礼记·中庸》:"唯天下至诚,为能尽其性;能尽其性,则能尽人之性;能尽人之性,则能尽物之性;能尽物之性,则可以赞天地之化育;可以赞天地之化育,则可以与天地参矣。"赞,通晓。⑥极功,最大成就。

自得斋说（甲申）

【题解】

本文是王阳明论述自得居安的文章。文章第一部分以孟子原文作为论点，君子自得。第二部分论述自得"戒慎不睹，恐惧不闻"，不假外求。第三部分简单解释文章的写作原因。王阳明心学一贯主张存心养心，求于内而非求于外，本文以自得为题，探求的仍是如何存心养心的问题，王阳明所给的自得路径仍是致良知。阅读此文，对照自身，我们或可反思自己在道德修养方面的不足，思考未来修道方向和路径。此外，我们需要注意理解"自得"的哲学意蕴，自得是个体存在在道德和人格方面的完满状态，而非个人物质意义上的满足，也非安于现状的保守心态，从这一层意义上讲，自得确实是需要苦功夫的修养。

孟子云："君子深造之以道，欲其自得之也。自得之则居之安；居之安则资之深；资之深则取之左右逢其源。故君子欲其自得之也。"①

夫率性之谓道②，道，吾性也；性，吾生也。而何事于外求③？世之学者，业辞章，习训诂，工技艺，探赜而索隐④，弊⑤

精极力，勤苦终身，非无所谓深造之者。然亦辞章而已耳，训诂而已耳，技艺而已耳。非所以深造于道也，则亦外物而已耳，宁有所谓自得逢源者哉！古之君子，戒慎不睹，恐惧不闻⑥，致其良知而不敢须臾⑦或离者，斯所以深造⑧乎是矣。是以大本立而达道行⑨，天地以位，万物以育⑩，于左右逢源乎何有？

　　黄勉之省⑪曾氏，以"自得"名斋，盖有志于道者。请学于予而蕲⑫为之说。予不能有出于⑬孟氏之言也，为之书孟氏之言。嘉靖甲申六月朔⑭。

【注释】

　　①"君子深造之以道，欲其自得之也。自得之则居之安；居之安则资之深；资之深则取之左右逢其源。故君子欲其自得之也"，语出自《孟子·离娄下》。②率性之谓道，语出自《礼记·中庸》："天命之谓性，率性之谓道，修道之谓教。"朱熹注："命，犹令也。性，即理也。天以阴阳五行化生万物，气以成形，而理亦赋焉，犹命令也。于是人物之生，因各得其所赋之理，以为健顺五常之德，所谓性也。率，循也。道，犹路也。人物各循其性之自然，则其日用事物之间，莫不各有当行之路，是则所谓道也。"③外求，求之于外。④赜，音 zé，深奥。探赜而索隐，探索幽深隐晦的事理，出自《周易·系辞》："探赜索隐，钩深致远，以定天下之吉凶，成天下之亹亹者，莫大乎蓍龟。"⑤弊，困乏。⑥戒慎不睹，恐惧不闻，语出自《礼记·中庸》："是故君子戒慎乎其所不睹，恐惧乎其所不闻。"郑玄注："小人闲居为不善，无所不至也。君子则不然，虽视之无人，听之无声，犹戒慎恐惧自修正，是其不须臾离道。"⑦须臾，片刻。⑧深造，进一步学习。⑨大本，根本。达道，天道。⑩天地以位，万物以育，语出自《礼记·中庸》："致中和，天地位焉，万物育焉。"位，正。⑪省。归省。⑫蕲，音 qí，通"祈"，祈求。⑬出于，超过。⑭嘉靖，明代皇帝明世宗朱厚熜 1522—1566 年间的年号。甲申。古代干支纪年的第二十一年。朔，农历初一。

博约说（乙酉）

【题解】

本文是王阳明论述"博文"与"约礼"关系的文章。"博文、约礼"出自颜回总结孔子对其的教导方法，"夫子循循然善诱人，博我以文，约我以礼"。传统儒家多把"博文"与"约礼"作为两件有先后之别的事看待，南元真求教王阳明。王阳明则批评了后儒割裂博文约礼，主张文礼一体，博约一源，"约礼必在于博文，而博文乃所以约礼"。王阳明注重"博文"与"约礼"之间的合一关系，重新阐释了颜回的言论，或许恢复了颜回的原意。阅读此文，我们仍然需要关注王阳明的言说逻辑，并反思理论建构过程中清晰界定概念的必要性。清晰界定学术概念，并以清晰明了的语言完整表达自己的意思是学术训练的基本功。

南元真之学于阳明子也，闻致知之说而恍若①有见②矣。既而疑于博约先后之训，复来请曰："致良知以格物，格物以致其良知也，则既闻教矣。敢问先博我以文，而后约我以礼也③，则先儒之说，得无亦有所不同欤？"阳明子曰："理，一而已矣；

心，一而已矣。故圣人无二教，而学者无二学。博文以约礼，格物以致其良知，一也。故先后之说，后儒支缪④之见也。夫礼也者，天理也。天命之性具于吾心，其浑然全体之中，而条理节目⑤，森然毕具⑥，是故谓之天理。天理之条理谓之礼。是礼也，其发见于外，则有五常百行，酬酢变化，语默动静，升降周旋，隆杀⑦厚薄之属；宜之于言而成章，措之于为而成行，书之于册而成训，炳然蔚然⑧，其条理节目之繁，至于不可穷诘⑨，是皆所谓文也。是文也者，礼之见于外者也；礼也者，文之存于中者也。文，显而可见之礼也；礼，微而难见之文也。是所谓体用一源，而显微⑩无间者也。是故君子之学也，于酬酢变化、语默动静之间而求尽其条理节目焉，非他也，求尽吾心之天理焉耳矣；于升降周旋、隆杀厚薄之间而求尽其条理节目焉，非他也，求尽吾心之天理焉耳矣。求尽其条理节目焉者，博文也；求尽吾心之天理焉者，约礼也。文散于事而万殊者也，故曰博；礼根于心而一本者也，故曰约。博文而非约之以礼，则其文为虚文，而后世功利辞章之学矣；约礼而非博学于文，则其礼为虚礼，而佛、老空寂之学矣。是故约礼必在于博文，而博文乃所以约礼。二之而分先后焉者，是圣学之不明，而功利异端之说乱之也。

昔者颜子之始学于夫子也，盖亦未知道之无方体形像⑪也，而以为有方体形像也；未知道之无穷尽止极也，而以为有穷尽止极也；是犹后儒之见事事物物皆有定理者也，是以求之仰钻瞻忽之间，而莫得其所谓。及闻夫子博约之训，既竭吾才以求之，然后知天下之事虽千变万化，而皆不出于此心之一理；然后知殊途而同归，百虑而一致⑫，然后知斯道之本无方体形象，而不可以方体形象求之也；本无穷尽止极，而不可以穷尽止极求之也。故曰：'虽欲从之，末由也已。'盖颜子至是而始有真实之见矣。博文以约礼，格物以致其良知也，亦宁有二学乎哉?"

【注释】

①恍若，好像。②见，见解。③博我以文，约我以礼，语出自《论语·子罕》："颜渊喟然叹曰：'仰之弥高，钻之弥坚。瞻之在前，忽焉在后。夫子循循然善诱人，博我以文，约我以礼，欲罢不能。既竭吾才，如有所立卓尔。虽欲从之，末由也已。'"④支缪，支离错误。⑤条理，脉络、秩序。节目，条目。⑥森然，丰厚。毕具，周全。⑦隆杀，尊卑。⑧炳然，光明。蔚然，盛行。⑨穷诘，深究。⑩显，显著。微，隐微。⑪方体形像，实体。⑫百虑而一致，语出自《周易·系辞》："天下何思何虑? 天下同归而殊涂，一致而百虑。天下何思何虑?"韩康伯注："夫少则得，多则感。涂虽殊，其归则同；虑虽百，其致不二。苟识其要，不在博求，一以贯之，不虑而尽矣。"

惜阴说（丙戌）

【题解】

本文是王阳明写给安成师友，劝谏师友惜时治学的书信。文章第一段提出问题，师友离群索居之外是否勤以治学。第二段则以良知无停息劝说师友惜时致知。然后以孔子、尧舜、成汤、文王、周公、子思等人言语为例解释古人惜时之功。自古及今，无数先贤嘱托惜时爱时，可见时间的重要。年轻人对惜时嘱托多没有亲历感受，往往视若无物；逮到中年，有所亲历，方知先贤不欺我，加倍努力；待及晚年，时日无多，长叹少年荒废时日。一代代人重复着这令人感叹的过程，岂不悲夫？治学者尤其需要惜时，学者工作的时间、知识的积累与文化的积淀基本成正相关，缺乏时间投入，学者难成一家之学。

同志之在安成①者，间月为会②五日，谓之"惜阴"，其志笃③矣。然五日之外，孰非惜阴时乎？离群而索居④，志不能无少懈⑤，故五日之会，所以相稽切⑥焉耳。

呜呼！天道之运，无一息之或停；吾心良知之运，亦无一息之或停。良知即天道，谓之"亦"，则犹二之矣。知良知之运无一息之或停者，则知惜阴矣；知惜阴者，则知致其良知矣。子在川上曰："逝者如斯夫！不舍昼夜。"⑦此其所以学如不及⑧，至于发愤忘食⑨也。尧舜兢兢业业⑩，成汤日新又新⑪，文王纯亦不已⑫，周公坐以待旦⑬，惜阴之功⑭，宁独大禹⑮为然？子思曰："戒慎乎其所不睹，恐惧乎其所不闻"，"知微之显，可以入德矣。"⑯或曰：鸡鸣而起，孳孳为利⑰。凶人为不善，亦惟日不足⑱，然则小人亦可谓之惜阴乎？

【注释】

①同志，志趣相同、志向相同的人。安成，古地名，一说位于今江西安福县。②间月，隔月。为会，聚合聚会。③笃，音 dǔ，忠实、坚定。志笃，志向坚定。④索，单独。离群而索居，离开朋友独自生活。⑤少懈，稍微松懈。⑥稽，考核。切，切磋。稽切，监督、勉励。⑦子在川上曰："逝者如斯夫！不舍昼夜"，语出自《论语·子罕》。川，河流，指河岸。逝者，一说指消逝的时光，一说指现在和未来的时光。如斯，如此。夫，文言助词。舍，停留。⑧学如不及，语出自《论语·泰伯》："子曰：'学如不及，犹恐失之。'"朱熹注："言人之为学，既如有所不及矣，而其心犹竦然，惟恐其或失之，警学者当如是也。"⑨发愤忘食，学习工作努力，忘记吃饭，出自《论语·述而》："叶公问孔子于子路，子路不对。子曰：'女奚不曰，其为人也，发愤忘食，乐以忘忧，不知老之将至云尔。'"⑩兢兢业业，形容谨慎、勤奋、刻苦，出自《尚书·皋陶谟》："无教逸欲有邦，兢兢业业，一日二日万几。"⑪成汤，亦作"成商"，商代开国君主，契的后代，子姓，名履，又名天乙。汤伐夏桀，建立商朝，定都于亳，庙号太祖。日新又新，出自《礼记·大学》："汤之盘铭曰：'苟日新，日日新，又日新。'康诰曰：'作新民。'诗曰：'周虽旧邦，其命维新。'是故君子无所不用其极。"⑫文王，周文王。纯亦不已，德行纯正，出自《诗经·周颂·维天之命》："维天之命，于穆不已。于乎不显，文王之德之纯。"⑬旦，天亮。坐以待旦，坐着等到天亮，比喻心情迫切或工作勤

劳，出自《尚书·太甲上》："先王（成汤）昧爽丕显，坐以待旦。"周公坐以待旦，语出自《孟子·离娄下》："孟子曰：'禹恶旨酒而好善言。汤执中，立贤无方。文王视民如伤，望道而未之见。武王不泄迩，不忘远。周公思兼三王，以施四事；其有不合者，仰而思之，夜以继日；幸而得之，坐以待旦。'"⑭功，功夫。⑮大禹，大禹惜时致力于政事，出自《晋书·陶侃传》："侃性聪敏，勤于吏职，恭而近礼，爱好人伦。终日敛膝危坐，阃外多事，千绪万端，罔有遗漏。远近书疏，莫不手答，笔翰如流，未尝壅滞。引接疏远，门无停客。常语人曰：'大禹圣者，乃惜寸阴，至于众人，当惜分阴，岂可逸游荒醉，生无益于时，死无闻于后，是自弃也。'"⑯子思；孔伋，字子思，孔子嫡孙。"戒慎乎其所不睹，恐惧乎其所不闻"，语出自《礼记·中庸》："是故君子戒慎乎其所不睹，恐惧乎其所不闻。"郑玄注："小人闲居为不善，无所不至也。君子则不然，虽视之无人，听之无声，犹戒慎恐惧自修正，是其不须臾离道。"孔颖达疏："君子恒常戒于其所不睹之处。人虽目不睹之处犹戒慎，况其恶事睹见而肯犯乎？故君子恒常戒慎之。""君子恒恐迫畏惧于所不闻之处。言虽耳所不闻，恒怀恐惧之，不君子恒恐迫畏惧于所不闻之处。言虽耳所不闻，恒怀恐惧之，不睹不闻犹须恐惧，况睹闻之处恐惧可知也。不闻，犹须慎惧，况睹闻之处，恐惧可知也。""知微之显，可以入德矣"，语出自《礼记·中庸》："君子之道：淡而不厌，简而文，温而理，知远之近，知风之自，知微之显，可与入德矣。"郑玄注："淡，其味似薄也，简而文，温而理，犹简而辨，直而温也。自，谓所从来也。'三知'者，皆言其睹末察本，探端知绪也。入德，入圣人之德。"⑰孳孳，勤勉。鸡鸣而起，孳孳为利，语出自《孟子·尽心上》："孟子曰：'鸡鸣而起，孳孳为善者，舜之徒也；鸡鸣而起，孳孳为利者，跖之徒也。欲知舜与跖之分，无他，利与善之间也。'"跖，音 zhí，盗跖。盗跖，柳下跖，相传为柳下惠的弟弟，传说盗跖性格残暴，有"志士不饮盗泉之水"一说。⑱凶人，凶恶的人。惟日不足，感觉时日不够。凶人为不善，亦惟日不足，语出自《尚书·泰誓中》："（周武王）曰：'呜呼！西土有众，咸听朕言，我闻吉人为善，惟日不足；凶人为不善，亦惟日不足。'"

书石川卷（甲戌）

【题解】

治学不是简单的工作，治学是个人道德、能力等综合素养的结果，但治学的态度对个人治学的影响是基础性的。本文是王阳明阐释治学态度的文章，文章第一部分论述对待古人成果的态度，求其是、存其异。第二部分论述对待师友的态度，切忌议论好胜。第三部分论述对待后学的态度，"未敢尽以为非"。王阳明论述的现象常常出现于个体治学的过程中，任何时代，尊重他人都是治学为人的基本道德。当代中国学者尤其需要应当警诫自己，尊重所有存在的客观，理解前人治学的不易和同辈治学的艰难，指点后辈治学的迷津，而非争强好胜，恣意主观，甚至恶意对待前人、同辈和后学的治学成果。

先儒之学，得有浅深，则其为言亦不能无同异。学者惟当反①之于心，不必苟求其同，亦不必故求其异，要在于是而已。

今学者于先儒之说苟有未合②，不妨致思③。思之而终有不同，固亦未为甚害，但不当因此而遂加非毁④，则其为罪大矣。

同志中往往似有此病，故特及之。程先生云："贤且学他是处，未须论他是处。"此言最可以自警。见贤思齐焉，见不贤而内自省⑤，则不至于责人已甚⑥，而自治严矣。

议论好胜，亦是今时学者大病。今学者于道，如管中窥天⑦，少有所见，即自足自是，傲然居之不疑。与人言论，不待其辞之终而已先怀轻忽非笑⑧之意，訑訑⑨之声音颜色，拒人于千里之外。不知有道者从傍⑩视之，方为之竦息汗颜⑪，若无所容。而彼悍然不顾⑫，略无省觉，斯亦可哀也已！近时同辈中往往亦有是病者，相见时可出此以警励之。

某之于道，虽亦略有所见，未敢尽以为是也；其于后儒之说，虽亦时有异同，未敢尽以为非也。朋友之来问者，皆相爱者也，何敢以不尽吾所见！正期体之于心，务期真有所见其孰是孰非而身发明之，庶有益于斯道也。若徒入耳出口，互相标立⑬门户，以为能学，则非某之初心⑭，其所以见罪之者至矣。近闻同志中亦有类此者，切须戒勉，乃为无负！孔子云："默而识之，学而不厌"⑮，斯乃深望于同志者也。

【注释】

①反，通"返"，返归。②合，一致。③致思，专心思考。④非毁，诽谤诋毁。非，通"诽"，指责。⑤见贤思齐焉，见不贤而内自省，语出自《论语·里仁》："子曰：'见贤思齐焉，见不贤而内自省也。'"⑥已甚，过分。责人已甚，《论语·卫灵公》载："子曰：'躬自厚而薄责于人，则远怨矣。'"⑦管中窥天，见闻狭隘。⑧轻忽，轻视忽略。非笑，讥笑。⑨訑訑，音yí，洋洋自得貌。⑩傍，通"旁"，旁侧。⑪竦息，因恐惧屏息。汗颜，羞愧。⑫悍然不顾，蛮横自以为是。⑬标立，标示设立。⑭初心，本意。⑮识，音zhì，记住。"默而识之，学而不厌"，语出自《论语·述而》："默而识之，学而不厌，诲人不倦，何有于我哉？"

书王天宇卷（甲戌）

【题解】

本文是王阳明为王天宇所作之书写的序言。文章第一段介绍作者与王天宇相识的经过，夸赞了王天宇忠信才敏。文章第二段则以序言为名，以周敦颐之言和培壅灌溉之喻阐释"君子之学以诚身"，同时对世人"或疑予言之为禅矣，或疑予言之求异矣"给予辩驳。阅读此文，我们可知"诚身"在心学中的重要地位，诚为修养道德之根本。此外，王阳明心学与禅学的关系众说纷纭，时人对王阳明心学的内容和言说方式近于禅学多有指责，后世学者，如王阳明弟子黄绾、王道，对心学则难以诚服，视心学近似禅学，并反思心学之弊。但王阳明始终认为心学宗于孔孟儒学，并驳斥俗儒割裂圣人本意，批驳佛老近于虚空。

徐曰仁①数为予言天宇之为人②，予既知之矣。今年春，始与相见于姑苏③，话通宵，益信曰仁之言。天宇诚忠信者也，才敏④而沉潜⑤者也。于是乎慨然⑥有志于圣贤之学，非豪杰⑦之士能然哉！

出兹卷，请予言。予不敢虚，则为诵古人之言曰：圣，诚而已矣⑧。君子之学以诚身。格物致知者，立诚之功也。譬之植焉，诚，其根也；格致，其培壅⑨而灌溉之者也。后之言格致者，或异于是矣。不以植根而徒培壅焉、灌溉焉，敝精劳力而不知其终何所成矣。是故闻日博而心日外，识益广而伪益增，涉猎考究⑩之愈详而所以缘饰⑪其奸者愈深以甚。是其为弊亦既可睹矣，顾犹泥⑫其说而莫之察也，独何欤？今之君子或疑予言之为禅矣，或疑予言之求异矣，然吾不敢苟避⑬其说，而内以诬于己，外以诬于人也。非吾天宇之高明，其孰与信之！

【注释】

①徐曰仁，号横山，浙江余姚人；参见《祭徐曰仁文》、《示徐曰仁应试》。②为人，处世待人的态度。③姑苏，苏州别名。④才敏，才思敏捷。⑤沉潜，性格内敛沉稳。⑥慨然，无所吝惜。⑦豪杰，豪迈、杰出。⑧圣，诚而已矣，语出自周敦颐《太极通书·诚下第二》。⑨培壅，在植物根部培土，保护根系，促其生长，引申义养护。⑩涉猎，浏览。考究，考察研究。⑪缘饰，修饰。⑫泥，拘泥。⑬苟避，暂且隐匿。

书王嘉秀请益卷（甲戌）

【题解】

如何看待别人的贤能与缺陷、良善与不善是评价个人道德的标准之一，本文是王阳明阐释如何待人问题的文章。文章第一部分介绍古之仁者与今人待人的区别，古人"见人之善若己有之，见人之不善则恻然若己推而纳诸沟中"，而今人"见善而妒其胜己，见不善而疾视轻蔑"，分析人待瑞凤祥麟与虎狼蛇蝎不同的本质是"己有未善"。第二部分阐释为学为己，治学不可执自私自利之心，劝说师友以恕治学修身。阅读此文，我们需要注意，古人实际上未必如王阳明所说事事责己，王阳明不过是建构起理想模型供参考。另外，我们可总结德修养的方向是向内塌陷，所谓向内，即修身为己；所谓塌陷，即去虚去空。此一方向仍然有待我们的检验。

仁者①以天地万物为一体，莫非己也，故曰："己欲立而立人，己欲达而达人。"②古之人所以能见人之善若己有之，见人之不善则恻③然若己推而纳诸沟中者，亦仁而已矣。今见善而妒④

其胜己，见不善而疾视轻蔑不复比数⑤者，无乃自陷于不仁之甚而弗之觉者邪？

夫可欲之谓善，人之秉彝⑥，好是懿德⑦，故凡见恶于人者，必其在己有未善也。瑞凤祥麟⑧，人争快睹；虎狼蛇蝎，见者持挺刃⑨而向之矣。夫虎狼蛇蝎，未必有害人之心，而见之必恶，为其有虎狼蛇蝎之形也。今之见恶于人者，虽其自取，未必尽恶，无亦在外者犹有恶之形欤？此不可以不自省也。

君子之学，为己之学也⑩。为己故必克己，克己则无己。无己者，无我也。世之学者执其自私自利之心，而自任以为为己，漭⑪焉入于隳堕⑫断灭之中，而自任以为无我者，吾见亦多矣。呜呼！自以为有志圣人之学，乃堕于末世佛、老邪僻⑬之见而弗觉，亦可哀也夫！"有一言而可以终身行之者，其恕乎"⑭，"强恕而行，求仁莫近焉"⑮，"恕"之一言，最学者所吃紧⑯。其在吾子⑰，则犹封病⑱之良药，宜时时勤服之也。"见贤思齐焉，见不贤而内自省。"⑲夫能见不贤而内自省，则躬自厚而薄责⑳于人矣，此远怨之道也。

【注释】

①仁者，富有德行之人。②"己欲立而立人，己欲达而达人"，语出自《论语·雍也》："夫仁者，己欲立而立人，己欲达而达人。"③恻，哀怜、悲伤。④妒，同"妒"。⑤比数，相提并论。⑥彝，音 yí，常道。秉彝，秉持常道。⑦懿德，美德。⑧瑞，瑞玉。凤，传说中的百鸟之王。祥麟，麒麟。⑨刃，刀。⑩为己之学，为提升自我修养而学。君子之学，为己之学也，语出自《论语·宪问》："古之学者为己，今之学者为人。"⑪漭，音 mǎng，原义水域辽阔，引申义渺茫模糊。⑫隳堕，败落。⑬邪僻，亦作"邪辟"，乖谬。⑭"有一言而可以终身行之者，其恕乎"，语出

自《论语·卫灵公》："子贡问曰:'有一言而可以终身行之者乎?'子曰:'其恕乎! 己所不欲, 勿施于人。'"恕, 仁。⑮"强恕而行, 求仁莫近焉", 语出自《孟子·尽心上》："孟子曰:'万物皆备于我矣。反身而诚, 乐莫大焉。强恕而行, 求仁莫近焉。'"朱熹注:"强, 勉强也。恕, 推己以及人也。反身而诚则仁矣, 其有未诚, 则是犹有私意之隔, 而理未纯也。故当凡事勉强, 推己及人, 庶几心公理得而仁不远也。"⑯吃紧, 重要。⑰吾子, 古人对人敬称, 您。⑱封病, 治病。⑲"见贤思齐焉, 见不贤而内自省", 语出自《论语·里仁》："子曰:'见贤思齐焉, 见不贤而内自省也。'"⑳薄责, 轻微责备。《论语·卫灵公》载:"子曰:'躬自厚而薄责于人, 则远怨矣。'"

书孟源卷（乙亥）

【题解】

本文是王阳明写给滁州师友的劝谏信。王阳明反对程朱对八条目之说的解释，尤其对程朱所坚持的格物、致知、诚意、正心的内容提出质疑，主张以心为本，本文中王阳明仍然坚持从心而入，循循而进，各随分量治学。文章逻辑比较清晰，说理透彻，第一部分摆明治学路径；第二部分，分析滁州师友之弊病，"渐流空虚，为脱落新奇之论"；第三部分嘱托滁州师友无为说谈之弊，相勉平实简易之道。我们需要注意，治学的目标和路径的确定不是一蹴而就之事，"但知所从"未必简易。即便治学目标和路径确定，后面的甘坐冷板凳更需磨些性子，锻炼耐性，毕竟治学需要耗费颇多时日，多非朝夕之间便有成果。

圣贤之学，坦如大路，但知所从入，苟循循而进，各随分量①，皆有所至。后学厌常喜异，往往时入断蹊曲径②，用力愈劳，去道愈远。

向在滁阳③论学，亦惩末俗卑污，未免专就高明一路开导引接。盖矫枉救偏④，以拯时弊，不得不然，若终迷陋习者，已无所责。其间亦多兴起感发之士，一时趋向，皆有可喜。近来又复渐流空虚，为脱落⑤新奇之论，使人闻之，甚为足忧。虽其人品高下，若与终迷陋习者亦微有间⑥，然究其归极，相去能几何哉！

孟源⑦伯生复来金陵请益，察其意向，不为无进，而说谈之弊，亦或未免，故因其归而告之以此。遂使归告同志，务相勉于平实⑧简易之道，庶无负相期云耳。

【注释】

①分量，力量。②蹊、径，小路。③向，从前。滁阳，古地名，位于今安徽滁州。④矫枉救偏，纠正偏邪。⑤脱落，轻慢。⑥间，间隙。⑦孟源，字伯生，王阳明门人。⑧平实，平稳踏实。

书杨思元卷（乙亥）

【题解】

　　本文是王阳明以谦默示学杨思元的文章。文章第一部分解释写作缘由，杨思元请益。第二部分王阳明分析杨思元弊病，并示之谦默以纠其病。王阳明认为杨思元之弊病在于强明导致的"矜高"和警敏导致的"浅陋"，以谦对盈，以默对浮，观人自省，方可获益。浅陋却自觉"矜高"，无知却自谓"境界"，阅读此文，我们或可警醒自己的种种不是，以谦默的态度、以踏实的内容治学为人。古人云谦受益、满招损，谦虚的态度总不会招致祸患；至于静默，王阳明在《梁仲用默斋说》一文中已解释多言之害，无须赘言。但我们也应反思公共生活中言论自由的必要性，文字狱的时代已经过去，个人因对公共议题发表言语而招致责罚的社会不是一个健康的社会。

　　杨生思元自广来学，既而告归①曰："夫子之教，思元既略闻②之。惧不克任③，请所以砭④其疾者而书诸绅⑤。"

　　予曰："子强明⑥者也，警敏⑦者也。强明者病于矜高⑧，是故亢而不能下；警敏者病于浅陋，是故浮而不能实。砭子之疾，其谦默⑨乎！谦则虚，虚则无不容，是故受而不溢，德斯聚矣；默则慎，慎则无不密，是故积而愈坚，诚斯立矣。彼少得而自盈者，不知谦者也；少见而自衒⑩者，不知默者也。自盈者吾必恶之，自衒者吾必耻之。而人有不我恶者乎？有不我耻者乎？故君子之观人而必自省也。其谦默乎！"

【注释】

①告归，告辞、回家。②略闻，略微听闻。③克，能够。任，担当。④砭，救治。⑤绅，绅带。⑥强明，强干、精明。⑦警敏，机警、敏捷。⑧矜高，高傲。⑨谦默，谦虚静默。⑩衒，音 xuàn，同"炫"，炫耀。

书玄默卷（乙亥）

【题解】

本文是王阳明阐释德与言关系的书信。文章表达的意思比较简单，即"德，犹根也；言，犹枝叶也"。好诗文者未必是好德者，好德者往往是好诗文者。故而王阳明主张提升个人修养和个人道德，诗文自然进益。王阳明的观点与先儒的观点是一致的，阅读此文，我们可汲取王阳明主张个人修养道德的内核，观照自我，提升道德境界。但我们仍需注意，现在看王阳明关于德与言的关系的论述显然是不成立的，王阳明的论点并没有经过验证，更多的现实经验告诉我们个人道德水准与诗文水平未必相关，至少道德变量不是诗文变量的必要条件。所以，修养道德与修辞诗文需要我们同等关注。

玄默志于道矣，而犹有诗文之好，何耶？弈，小技也，不专心致志则不得，况君子之求道，而可分情于他好乎？孔子曰："辞达而已矣。"①盖世之为辞章者，莫不以是藉其口，亦独不曰"有德者必有言，有言者不必有德"②乎？德，犹根也；言，犹枝叶也。根之不植，而徒以枝叶为者，吾未见其能生也。

予别玄默久，友朋得玄默所为诗者，见其辞藻③日益以进。其在玄默，固所为根盛而枝叶茂者耶？玄默过留都，示予以斯卷，书此而遗之。玄默尚有以告我矣。

【注释】

①"辞达而已矣"，语出自《论语·卫灵公》："子曰：'辞达而已矣。'"达，达意。②"有德者必有言，有言者不必有德"，语出自《论语·宪问》："子曰：'有德者必有言，有言者不必有德。仁者必有勇，勇者不必有仁。'"③辞藻，文辞。

书顾维贤卷（辛巳）

【题解】

本文是王阳明写给顾维贤示警戒之意的书信。王阳明文中分析了返身切责的原因、古人自省范例以及警戒的措施。古人多有时时自省之意，如曾子三省吾身，自省是施之于已然之后，警戒是禁于未然之前，二者对个人修养道德同等重要，但警戒于前的危害比较小。道德水平的提升需要严格的自戒、自警和自省能力，时时自省、处处警戒，大概是成就古之君子的有效措施。心一旦放失，那么个人的行为极有可能失去底线，社会危害与法律惩戒自是不免，因此，王阳明主张守心警戒无论对个人还是对社会都是极为重要的。警戒自省需要极强的意志力，无怪乎王阳明书信中常常大篇幅强调诚心正意。

维贤以予将远去，持此卷求书警戒之辞。只此"警戒"二字，便是予所最丁宁①者。

今时朋友大患不能立志，是以因循懈弛②，散漫度日。若立志，则警戒之意当自有不容已。故警戒者，立志之辅。能警戒，则学问思辩③之功、切磋琢磨④之益，将日新又新，沛然⑤莫之能御矣。程先生云："学者为气所胜、习所夺，只好责志。"又云："凡为诗文亦丧志。"又言"且省外事，但明乎善，惟尽诚心，其文章虽不中⑥，不远矣。所守不约，泛滥无功。学问之道，《四书》中备⑦矣。"后儒之论，未免互有得失。

其得者不能出于《四书》之外，失者遂有毫厘千里之谬，故莫如专求之《四书》。《四书》之言简实⑧，苟以忠信进德之心求之，亦自明白易见。与不善人居，如入鲍鱼之肆，久而不觉其臭，则与之俱化⑨。孔子大圣，尚赖"三益"之资，致"三损"之戒⑩。吾侪⑪从事于学，顾随俗同污，不思辅仁⑫之友，欲求致道，恐无是理矣。非笑诋毁，圣贤所不免。伊川有涪州之行⑬，孔子尚微服过宋⑭，今日风俗益偷⑮，人心日以沦溺⑯，苟欲自立，违俗拂⑰众，指摘非笑⑱纷然而起，势所必至，亦多由所养未深，高自标榜所至。学者便不当自立门户，以招谤速毁；亦不当故避非毁，同流合污。

维贤温雅，朋友中最为难得，似非微失之弱，恐诋笑之来，不能无动；谗为所动，即依阿⑲隐忍，久将沦胥以溺。每到此便须反身，痛自切责。为己之志未能坚定，亦便志气激昂奋发。但知明己之善，立己之诚，以求快足乎己，岂暇顾人非笑指摘？故学者只须责自家为己之志未能坚定，志苟坚定，则非笑诋毁不足动摇，反皆为砥砺切磋之地矣。今时人多言人之非毁亦当顾恤⑳，此皆随俗习非之久，相沿其说，莫知以为非。不知里许㉑尽是私意，为害不小，不可以不察也。

【注释】

①丁宁，叮咛，嘱咐、告诫。②因循，懒散怠惰。懈弛，懈怠。③思辩，亦作"思辨"，思考辨析。④切磋琢磨，学问、道德方面相互勉励。

⑤沛然，盛大貌。⑥中，适当。⑦备，完备、周详。⑧简实，简要、切实。⑨化，改变。⑩三益、三损，出自《论语·季氏》："孔子曰：'益者三友，损者三友。友直，友谅，友多闻，益矣。友便辟，友善柔，友便佞，损矣。'"朱熹注："友直，则闻其过。友谅，则进于诚。友多闻，则进于明。便，习熟也。便辟，谓习于威仪而不直。善柔，谓工于媚悦而不谅。便佞，谓习于口语，而无闻见之实。"⑪侪，音 chái，辈。吾侪，我辈。⑫辅仁，培养仁德。《论语·颜渊》载："曾子曰：'君子以文会友，以友辅仁。'"⑬伊川，程颐。涪州，古地名，位于今重庆。伊川有涪州之行，指程颐被贬涪州，程颐在涪州作《伊川易传》。⑭孔子尚微服过宋，出自《孔子家语·困誓》："孔子之宋，匡人简子以甲士围之。子路怒，奋戟将与战。孔子止之曰：'恶有修仁义而不免世俗之恶者乎？夫《诗》、《书》之不讲，礼、乐之不习，是丘之过也。若以述先王，好古法而为咎者，则非丘之罪也，命之夫。由，歌，予和汝。'子路弹琴而歌，孔子和之，曲三终，匡人解甲而罢。"⑮偷，苟且。⑯沦溺，沉沦、衰微。⑰拂，擦拭。⑱指摘，指责。非笑，讥笑。⑲依阿，曲从依附。⑳顾恤，顾念、体恤怜悯。㉑里许，里面。

书张思钦卷（乙酉）

【题解】

古人素重孝道，本文是王阳明阐释孝道的书信。文章开篇解释常人所理解的孝道，求文人雅士书写铭文以显亲不朽。但是王阳明理解的孝道不表现于外人之口，而显于子身，即子女提升自己的教养和处世水平便是孝道的体现，求圣人之学、行圣人之道便是孝亲的表现。传统社会中，子女的教养水平确实是衡量父母乃至家族道德水平的参考标准，王阳明的主张是合乎传统道义的。我们现在看，个人修养道德与父母家族甚至社会是有关系的，但是更为合理的观点是，修养道德是个体的事情，我们有恰当地刺激他人以提升其道德水平的权利，却未必有强迫他人的权力，强迫某一个体提升道德水平本身便是不道德的行为。

三原①张思钦元相将葬其亲，卜②有日矣，南走③数千里而来请铭④于予。

予之不为文也久矣，辞之固⑤，而请弗已，则与之坐而问曰："子之乞铭于我也，将以图不朽于其亲也，则亦宁⑥非孝子之心乎！虽然，子以为孝子之图不朽于其亲也，尽于是而已⑦乎？将犹有进于是者也？夫图之于人也，则曷若⑧图之于子乎？传之于其人之口也，则曷若传之于其子之身乎？故子为贤人也，则其父为贤人之父矣；子为圣人也，则其父为圣人之父矣。其与托之于人之言也，孰愈夫叔梁纥⑨之名，至今为不朽矣，则亦以仲尼之为子耶？抑亦以他人为之铭耶？"思钦蹙然⑩而起，稽颡⑪而后拜⑫曰："元相非至于夫子之门，则几失所以图不朽于其亲者矣。"

明日，入而问圣人之学，则语以格致之说焉；求格致之要，则语之以良知之说焉。思钦跃然而起，拜而复稽曰："元相苟非至于夫子之门，则尚未知有其心，又何以图不朽于其亲乎！请归葬吾亲，而来卒业于夫子之门，则庶几其不朽之图矣。"

【注释】

①三原，地名，位于今陕西咸阳。②卜，占卜。③南走，向南行走。④铭，古代铸刻在器物上的文字，或记述生平，或宣扬事迹，或警诫。⑤固，坚决。⑥宁，岂、难道。⑦已，止、罢了。⑧曷若，何若、何如。⑨叔梁纥，子姓，孔氏，名纥，字叔梁，孔子父亲。⑩蹙然，局促不安。⑪稽，音qǐ，叩头至地。颡，音sǎng，额。稽颡，古代跪拜礼，行礼者屈膝下拜，以额触地，表示极度虔诚。⑫拜，古代礼节，两手合掌于胸前，头触手，示恭敬。

书中天阁^①勉诸生（乙酉）

【题解】

王阳明作为古代教育家培养多位门人，其教育思想和教育实践值得后人总结。本文是王阳明写给余姚中天阁诸生的书信。文章第一部分告诫诸生不在中天阁时或者个人有俗务相扰时，亦须拨冗相聚。第二部分则详解诸生相聚之时需要注意的事项，尤其需要虚心逊志、相亲相敬。阅读此文，我们至少需要注意两点。其一，学习过程中，师友之间的切磋砥砺是帮助我们进步的磨刀石，常和师友交流，或可帮助我们得到有益的启示。其二，与人交流，除了需要基本的准备工作，需要保持谦逊和尊重的态度，如若矜己攻人、粗心浮气、矫以沽名、讦以为直、挟胜心而行愤嫉、以讹族败群为志，则交流徒有其名，难有受益。

"虽有天下易生之物，一日暴之，十日寒之，未有能生者也。"^②承诸君之不鄙，每予来归，咸集于此，以问学为事，甚盛意^③也。然不能旬日之留，而旬日之间，又不过三四会^④。一别之后，辄复离群索居^⑤，不相见者动^⑥经年岁。然则岂惟十日之寒而已乎？若是而求萌蘖⑦之畅茂条达，不可得矣。故予切望诸君勿以予之去留为聚散。或五六日、八九日，虽有俗事相妨，亦须破冗⑧一会于此。务在诱掖奖劝，砥砺⑨切磋，使道德仁义之习日亲日近，则世利纷华之染亦日远日疏，所谓"相观而善，百工居肆以成其事"⑩者也。

相会之时，尤须虚心逊志，相亲相敬。大抵朋友之交，以相下⑪为益。或议论未合⑫，要在从容涵育⑬，相感以诚，不得动气求胜，长傲遂非⑭。务在默而成之，不言而信⑮。其或矜⑯己之长，攻人之短，粗心浮气，矫⑰以沽名，讦以为直，挟胜心而行愤嫉，以圮族⑱败群为志，则虽日讲时习于此，亦无益矣。诸君念之念之！

【注释】

①中天阁，王阳明在余姚期间的讲学地，位于现在余姚龙泉山。②"虽有天下易生之物，一日暴之，十日寒之，未有能生者也"，语出自《孟子·告子上》："无或乎王之不智也。虽有天下易生之物也，一日暴之，十日寒之，未有能生者也。"③意，情趣。④会，聚会。⑤离群索居，单独居住。⑥动，常常。⑦蘖，音 niè，被砍去或倒下的树木再生的枝芽。⑧冗，音 rǒng，繁忙。⑨掖，音 yè，傍扶。诱掖奖劝，引导扶持，奖励劝勉。砥砺，勉励。⑩"相观而善"，语出自《礼记·学记》："相观而善之谓摩。""百工居肆以成其事"，语出自《论语·子张》："百工居肆以成其事，君子学以致其道。"⑪相下，互相谦让。⑫未合，没有开始。⑬涵育，涵养化育。⑭感，感化。遂非，坚持掩饰错误。⑮默而成之，不言而信，语出自《周易·系辞》："化而裁之存乎变，推而行之存乎通，神而明之存乎其人，默而成之，不言而信，存乎德行。"韩康伯注："顺足于内，故默而成之也。体与理会，故不言而信也。"⑯矜，自夸。⑰矫，诈。⑱圮族，音 pǐ zú，损害族类。

书正宪扇（乙酉）

【题解】

本文是王阳明写给嗣子王正宪，以"谦"示学的家书。父子间不需要扭捏，王阳明开篇即点明主题，"千罪百恶，皆从傲上来"，并以象、丹朱为反例举证傲的害处。然后给出对症之方：谦，并详列谦的表现，以示王正宪返身自省。古往今来，不止一二先贤示人以勿骄勿躁、谦虚谨慎之理，但此篇文章是父亲教诲儿子之作，没有什么虚饰之语，用语真诚、直接。阅读此文，我们一方面可以体会父亲对儿子的爱之深、责之切，另一方面可知谦虚谨慎之理不虚。此外，我们写作文章时，应当注意根据写作对象与表达内容的具体语境，选择恰当的写作方式和语词，家书写作，则以文笔舒适、自然为宜。

今人病痛，大段^①只是傲。千罪百恶，皆从傲上来。傲则自高自是，不肯屈下^②人。故为子而傲，必不能孝；为弟而傲，必不能弟；为臣而傲，必不能忠。

象^③之不仁，丹朱^④之不肖，皆只是一"傲"字，便结果了一生，做个极恶大罪的人，更无解救得处。汝曹⑤为学，先要除此病根，方才有地步可进。

"傲"之反为"谦"。"谦"字便是对症之药。非但是外貌卑逊，须是中心⑥恭敬，撙节⑦退让，常见自己不是，真能虚己受人。故为子而谦，斯能孝；为弟而谦，斯能弟；为臣而谦，斯能忠。尧舜之圣，只是谦到至诚处，便是允恭克让⑧，温恭允塞⑨也。汝曹勉之敬之，其毋若伯鲁⑩之简⑪哉！

【注释】

①段，部分。②屈下，屈己下人。③象，姬姓，舜的异母弟。详细介绍参加本书《象祠记》。④丹朱，尧的儿子，史传不肖。《史记·五帝本纪》载："尧辟位凡二十八年而崩。百姓悲哀，如丧父母。三年，四方莫举乐，以思尧。尧知子丹朱之不肖，不足以授天下，于是乃权授舜。授舜，则天下得其利而丹朱病；授丹朱，则天下病而丹朱得其利。尧曰：'终不以天下之病而利一人。'而卒授舜以天下。"⑤汝曹，你们。正宪，王正宪，王阳明子。⑥中心，内心。⑦撙，音 zǔn，节制。撙节，节制。⑧允恭克让，出自《尚书·尧典》："曰若稽古，帝尧曰放勋，钦明文思安安，允恭克让。光被四表，格于上下。"曾运乾先生注："允，信。克，能，不懈于位曰恭，推贤让能曰让。"⑨温恭允塞，出自《尚书·舜典》："濬哲文明，温恭允塞，玄德升闻，乃命以位，"指温和恭敬的品德充乎天地间。⑩伯鲁，赵伯鲁。《史记·赵世家》载："简子于是知毋恤果贤，乃废太子伯鲁，而以毋恤为太子。"赵伯鲁是赵简子嫡子，但赵伯鲁弟弟赵毋恤最为聪明，赵简子废伯鲁太子位，立毋恤为太子，后毋恤继位为赵襄子。⑪简，《论语·公冶长》载："子在陈，曰：'归与！归与！吾党之小子狂简，斐然成章，不知所以裁之。'"朱熹注：狂简，志大而略于事也。简，大。

书朱子礼卷（甲申）

【题解】

　　传统政治大抵是道德政治，传统学问主要是修养道德之学，故而，道德是学问与政治相关联的中间变量。王阳明在本文中以《大学》三纲为据，主要阐释学问与政治的关系，"明德、亲民，一也……止至善，其要矣"。政学一体，不外良知，是王阳明的结论。王阳明的哲学观点对现代社会仍然有意义，道德对社会公共生活具有不可替代的作用。理论上讲，掌握公共权力的政客的道德水平相比个体的道德水平应该更高，当前中国公务员应当自觉承担起重建社会道德的责任，以负责的态度引领社会道德水平的提升，社会大众也应当以更严格的标准设计国家政治制度、确保社会公职人员履行社会道德。

　　子礼为诸暨宰①，问政②，阳明子与之言学而不及政。子礼退而省其身，惩己之忿③，而因以得民之所恶也；窒④己之欲，而因以得民之所好也；舍己之利，而因以得民之所趋也；惕己之易⑤，而因以得民之所忽也；去己之蠹⑥，而因以得民之所患也；

明己之性，而因以得民之所同也。三月而政举⑦。叹曰："吾乃今知学之可以为政也已！"

他日，又见而问学，阳明子与之言政而不及学。子礼退而修其职，平民之所恶，而因以惩己之忿也；从民之所好，而因以窒己之欲也；顺民之所趋，而因以舍己之利也；警民之所忽，而因以惕己之易也；拯民之所患，而因以去己之蠹也；复民之所同，而因以明己之性也。期年而化行。叹曰："吾乃今知政之可以为学也已！"

他日，又见而问政与学之要。阳明子曰："明德、亲民，一也。古之人明明德以亲其民，亲民所以明其明德也。是故明明德，体也；亲民，用也。而止至善，其要矣。"子礼退而求至善之说，炯⑧然见其良知焉，曰："吾乃今知学所以为政，而政所以为学，皆不外乎良知焉。信乎，止至善其要也矣！"

【注释】

①诸暨，地名，位于今浙江绍兴。宰，县令。②问政，咨询为政之道。③惩，戒止。忿，愤怒。④窒，阻塞。⑤惕，音 tì，担心、警惕。易，轻视。⑥蠹，损害、败坏。⑦政举，善政行。⑧炯，明白。

书林司训卷（丙戌）

【题解】

儒学素有复古传统，但与其说儒家欲求复归传统，不如说儒家不满社会现实、假定三代时期为理想诉求。本文王阳明既延循传统，假定王道大行之时，四民的生存状态，又批评了王道熄灭、功利学说兴起之时，士人的存在状态。随后，王阳明诉说了知行合一之说的宗旨。王阳明通文描述林司训的生活状态和文末描述自己有心无力的无奈，映照了明代中期国家政权不尊重知识和学者、王道不行的社会现实。王阳明的无奈是传统儒家无法解决的政治问题，由于缺乏对政治权力的强制制约力，道德修养的结果便是"高尚是道德高尚者的墓志铭"。因此，当前中国现代政治的建设最急迫的任务便是制约政治权力，消解知识分子的无力感，重建社会道义。

　　林司训年七十九矣，走数千里，谒予于越。予悯其既老且贫，愧无以为济①也。

　　嗟乎！昔王道之大行也，分田制禄②，四民皆有定制③。壮者修其孝弟忠信，老者衣帛食肉，不负戴于道路，死徒无出乡④，出入相友，疾病相抚持。乌有耄耋⑤之年而犹走衣食于道路者乎！周衰而王迹熄，民始有无恒产者。然其时圣学尚明，士虽贫困，犹有固穷⑥之节，里闾族党⑦，犹知有相恤之义。

逮⑧其后世，功利之说日浸以盛，不复知有明德亲民之实。士皆巧文博词以饰诈，相规以伪，相轧以利，外冠裳而内禽兽，而犹或自以为从事于圣贤之学。如是而欲挽而复之三代，呜呼其难哉！

吾为此惧，揭⑨知行合一之说，订致知格物之谬，思有以正人心，息邪说，以求明先圣之学，庶几⑩君子闻大道之要，小人蒙至治之泽。而哓哓⑪者皆视以为狂惑丧心，诋笑訾怒⑫。予亦不自知其力之不足，日挤于颠危⑬莫之救，以死而不顾也，不亦悲夫！

予过彭泽⑭时，尝悯林之穷，使邑令⑮延⑯为社学⑰师。至是又失其业。于归也，不能有所资给，聊书此以遗之。

【注释】

①济，救济、帮助。②分田制禄，分配田地、定制俸禄，语出自《孟子·滕文公上》："经界不正，井地不钧，谷禄不平。是故暴君污吏必慢其经界。经界既正，分田制禄可坐而定也。"③四民，指士、农、工、商。定制，确定的规则法度。④出乡，语出自《孟子·滕文公上》："死徒无出乡，乡田同井，出入相友，守望相助，疾病相扶持，则百姓亲睦。"同井，八户人家。守望，防御盗寇。⑤耄耋，音 mào dié，高龄、高寿。⑥固穷，信守道义、安于贫困。⑦里闾，里巷。族党，同族乡党。⑧逮，到。⑨揭，举高。⑩庶几，希望。⑪哓哓，音 xiāo，吵嚷。⑫诋，诋毁。笑，讥讽。訾，音 zǐ，毁谤。怒，怒骂。⑬颠危，颠困危险。⑭彭泽，地名，位于今江西九江北部。⑮邑令，县令。⑯延，邀请。⑰社学，元明清时期的地方小学。

书黄梦星卷（丁亥）

【题解】

　　父母之爱子，则为之计深远。本文是王阳明为其门人黄梦星题写的书卷，以示纪念黄梦星父亲督教之心。文章第一部分叙写黄梦星在求学与归家之间的奔波劳苦，并分析了黄梦星用心之贤与黄梦星之孝。第二部分以号称贤士大夫者与黄梦星之父作对比，讽刺号称贤士大夫者内行功利之学而外饰圣贤之学、圣贤之学见弃于世。第三部分则表达作者伤悼之情，勉励黄梦星不忘父志，期待黄梦星学有所成。父母爱子，但未必所有的父母都有健全的爱的能力和恰当的爱的态度。子女处于青少年时，父母应当结合子女兴趣志向引导子女走向健康的发展道路，同时应当选择子女乐意接受的方式表达个人感情。

　　潮①有处士②黄翁保号坦夫者，其子梦星来越③从予学。越去④潮数千里，梦星居数月，辄一告归省⑤其父，去二三月辄复来。如是者屡屡。梦星性质温然，善人也，而甚孝。然禀气差弱，若不任于劳者。窃怪⑥其乃不惮道途之阻远，而勤苦无已⑦

也，因谓之曰："生既闻吾说，可以家居养亲而从事矣。奚必往来跋涉若是乎？"梦星踧⑧而言曰："吾父生长海滨，知慕圣贤之道，而无所从求入。既乃⑨获见吾乡之薛、杨诸子者，得夫子之学，与闻其说而乐之。乃以责梦星曰：'吾衰矣，吾不希汝业举⑩以干禄⑪。汝但能若数子者，一闻夫子之道焉，吾虽啜粥饮水⑫，死填沟壑⑬，无不足也矣。'梦星是以不远数千里而来从。每归省，求为三月之留以奉菽水⑭，不许，求为逾月⑮之留，亦不许。居未旬日，即已具⑯资粮，戒童仆，促之启行。梦星涕泣以请，则责之曰：'唉！儿女子欲以是为孝我乎？不能黄鹄千里，而思为翼下之雏⑰，徒使吾心益自苦。'故亟⑱游夫子之门者，固梦星之本心。然不能久留于亲侧，而倏往倏来⑲，吾父之命，不敢违也。"予曰："贤哉，处士之为父！孝哉，梦星之为子也！勉之哉！卒成乃父之志，斯可矣。"

今年四月上旬，其家忽使人来讣云，处士没矣。呜呼惜哉！呜呼惜哉！

圣贤之学，其久见弃于世也，不啻如土苴⑳。苟有言论及之，则众共非笑诋斥，以为怪物。惟世之号称贤士大夫者，乃始或有以之而相讲究，然至考其立身行己㉑之实，与其平日家庭之间所以训督期望其子孙者，则又未尝不汲汲㉒焉惟功利之为务，而所谓圣贤之学者，则徒以资其谈论、粉饰文具㉓于其外，如是者常十而八九矣。求其诚心一志，实以圣贤之学督教其子，如处士者，可多得乎！而今亡矣，岂不惜哉！岂不惜哉！

阻远㉔无由往哭，遥寄一奠，以致吾伤悼之怀。而叙其遣子来学之故若此，以风励㉕夫世之为父兄者，亦因以益励梦星，使之务底㉖于有成，以无忘乃父之志。

【注释】

①潮，潮州。②处士，有才德而未做官的人，尤其读书人。③越，又称"于越"，古国名，位于现浙江东部。④去，距离。⑤归省，回家探望父母。⑥窃，私下。怪，对……感到奇怪。⑦已，停止、完了。⑧跽，音jì，长跪，两膝着地、两股直起、上身挺直。⑨既乃，于是。⑩业举，为科举考试而学习。⑪干禄，求仕位俸禄。⑫啜，音chuò，饮，吃。啜粥饮水，生活贫苦。⑬填沟壑，婉辞，自谦死亡。⑭奉，侍奉。菽，音shū，豆的总称。菽水，泛指粗茶淡饭，后指对父母的奉养。⑮逾月，时间超过一月。⑯具，置办准备。⑰鹄，音hú，天鹅。黄鹄，鸟名。雏，音chú，幼小的鸟。⑱亟，屡次、每每。⑲倏，音shū，迅速。⑳土苴，音tǔ jū，渣滓糟粕，微贱的东西。㉑立身行己，原意存身自立、行为有度，此处指行为处世。㉒汲汲，急切追求。㉓文具，原意指笔墨纸砚等用于书画诗文的工具，这儿指空而不实的装饰。㉔阻远，险阻遥远。㉕风励，鼓励劝勉。㉖底，到、到达。

乞宥言官去权奸以章圣德①疏

【题解】

正德元年，南京户科给事中戴铣上书言事，被拿解赴京、死于杖下；时任兵部主事的王阳明上疏论救戴铣，被廷杖后贬谪龙场。本文便是王阳明的奏疏，奏疏前半部分一方面为戴铣上书言事辩护，另一方面为在廷之臣不上奏疏劝谏表示不满；奏疏的后半部分一则劝谏陛下追收前旨，二则阐释君臣之义，为己上疏辩护。文章一方面阐释了君臣之义，王阳明为戴铣提出了辩护意见，另一方面凸显了王阳明作为传统儒士的责任担当，王阳明在《梁仲用默斋说》、《书杨思元卷》等文中强调"默"的必要，这固然与传统儒家的教诲有关，但也与王阳明的人生阅历有关。传统儒家有着鲜明的入世精神，当前社会环境下知识分子如何坚守社会道义、承担公共责任值得我们反思总结。

臣闻君仁则臣直②。大舜之所以圣，以能隐恶而扬善也③。臣迩④者窃见陛下⑤以南京户科给事中戴铣⑥等上言时事⑦，特敕锦衣卫差官校拿解⑧赴京。臣不知所言之当理与否，意⑨其间必有触冒⑩忌讳，上干⑪雷霆之怒者。但铣等职居谏司⑫，以言为责；其言而善，自宜嘉纳⑬施行；如其未善，亦宜包容隐覆⑭，以开忠说⑮之路。乃今赫然⑯下令，远事拘囚⑰，在陛下之心，不过少⑱示惩创，使其后日⑲不敢轻率妄有论列⑳，非果有意怒绝之也。下民㉑无知，妄生疑惧，臣切惜之！

今在廷㉒之臣，莫不以此举为非宜，然而莫敢为陛下言者，岂其无忧国爱君之心哉？惧陛下复以罪铣等者罪之，则非惟无补于国事，而徒足以增陛下之过举㉓耳。然则自是而后，虽有上关宗社㉔危疑不制之事，陛下孰从而闻之？陛下聪明超绝，苟念及此，宁不寒心㉕！况今天时冻冱㉖，万一差去官校督束过严，铣等在道或致失所㉗，遂填沟壑㉘，使陛下有杀谏臣之名，兴群臣纷纷之议，其时陛下必将追咎左右莫有言者，则既晚矣。

伏㉙愿陛下追收前旨，使铣等仍旧供职，扩大公无我之仁，明改过不吝㉚之勇。圣德昭布远迩，人民胥㉛悦，岂不休㉜哉！臣又惟㉝君者，元首也；臣者，耳目手足也。陛下思耳目之不可使壅塞㉞，手足之不可使痿痹㉟，必将恻然㊱而有所不忍。臣承乏下僚㊲，僭言㊳实罪。伏睹陛下明旨有"政事得失，许诸人直言无隐"之条，故敢昧死㊴为陛下一言。伏惟俯垂宥㊵察，不胜干冒㊶战栗之至！

【注释】

①权奸，弄权作恶的奸臣。章，同"彰"，彰明。圣德，至高无上的道德，一般用于称圣人或皇帝。②直，正。③大舜之所以圣，以能隐恶而扬善也，语出自《礼记·中庸》："子曰：'舜其大知也与！舜好问而好察迩言，隐恶而扬善，执其两端，用其中于民，其斯以为舜乎！'"朱熹注："舜之所以为大知者，以其不自用而取诸人也。"④迩，近。⑤陛下，明代

皇帝朱厚照（1491—1521），明代第十一代皇帝，葬于康陵，庙号武宗。⑥给事中，官职名，言官，负责监察、规谏。戴铣，字宝之，婺源人。⑦上言，上呈言辞。时事，政事。⑧特敕，皇帝的特别命令。锦衣卫，锦衣亲军都指挥使司，明代禁卫军，兼理巡察、逮捕、审讯，明代特务机构。官校，低级的文武官吏。拿解，逮捕、解送。⑨意，料想、估计。⑩触冒，抵触、冒犯。⑪干，触犯、冒犯。⑫谏司，谏官职位。⑬嘉纳，赞许、采纳。⑭隐覆，包容、遮蔽。⑮谠，音 dǎng，正直。忠谠，忠诚、正直。⑯赫然，盛怒。⑰拘囚，拘禁、关押。⑱少，稍。⑲后日，日后、今后。⑳论列，谏官上书检举弹劾。㉑下民，百姓。㉒在廷，朝廷。㉓过举，错误的行为。㉔宗社，宗庙社稷。㉕危疑不制，危难不测。㉖寒心，戒惧。㉗沍，音 hù，寒冷、冻结。㉘失所，无存身之地。㉙填沟壑，婉辞，死亡。㉚伏，敬辞，古时臣对君奏疏用词。㉛吝，吝惜。㉜胥，全、都。㉝休，美善。㉞惟，考虑。㉟壅塞，阻塞。㊱痿痹，肢体丧失感觉而不能动作。㊲恻然，哀怜、悲伤。㊳承乏，暂任某职的谦辞。下僚，职位低微的官吏。㊴僭言，谦辞，妄言。㊵昧死，敬辞，冒昧而致死罪。㊶伏惟，敬辞，念及、想到，多用于奏疏。俯，敬辞，俯允。垂，敬辞，垂爱。宥，音 yòu，宽容、饶恕。㊷干冒，触犯、冒犯。

乞放归田里疏

【题解】

　　王阳明是传统社会中不可多得的人才，其在文治武功领域多有建树，其生前多次辞归未获允准，其死后则被后世儒士奉为楷模。本文是王阳明正德十四年正月上奏请求放归田里的奏疏，文章用词恳切、感情真挚。文章第一部分列举陛下两次拒绝王阳明致仕请求。第二部分论述圣主任官之道：因才使器、不强人能。第三部分则详细列举请求放归的理由，主要包括：力纤负巨、祖母卧病、军务重任以及念臣犬马微劳等。作为个体，当然担负着社会价值，儒家的入世精神便是儒士自觉地承担社会责任的表现，王阳明"迫于公议，仓卒就道"，"侥幸"成事，实现了个人的社会价值；但是我们也应当尊重个体的自我价值，尊重个体的选择。

　　正德十三年十月初二日，准吏部咨①："该臣奏为久病待罪，乞恩休致事②。奉圣旨：'王守仁帅师讨贼，贤劳懋③著，偶有微疾，著善调理，以副委任。所辞不允。该部知道④。钦此⑤。'备咨钦遵。"

又于本年十二月二十九日，准吏部咨："该臣奏为乞恩辞免升荫⑥容照原职致仕⑦事。奉圣旨：'王守仁才望素著，累次剿贼成功，升官荫子，宜勉遵成命，不准休致。该部知道。钦此。'备咨钦遵。"

除已具本谢恩外，窃惟圣主之任官也，因才而器使⑧，不强人以其所不能，是以上无废令，而下无弃才⑨；人臣之受职⑩也，量力而成事，不强图其所不任，是以言有可底之绩，而身无旷之诛。历考往昔，盖未有不如此而可以免于愆谴⑪者也。

臣以狂愚，收录摈废⑫，缪蒙推拔⑬，授寄军旅。当时极知叨非其分，不敢冒膺⑭，辞避未伸，而迫于公议，仓卒就道。既已抵任，则复黾勉⑮从事，私计迂怯，终将偾败⑯。遭际圣明，德威震赫；扶病策驽⑰，仰遵成算，不意偶能集事⑱。苟免颠覆，实皆出于意料之外。然此侥幸之事，岂可恃以为常⑲者哉？庙堂之上，不暇深察其所以，增其禄秩⑳，将遂举而委之。人苦不自知耳。臣之自量，则既审且熟，深惧戮亡之无日也。譬之懦夫，驾破败之舟以涉险，偶遇顺风安流，幸而获济。舟中之人既已狼狈失措，而岸傍㉑观者尚未之知，以为是或有能焉，且将使之积重载，冲冒风涛而试洪河大江之中，几㉒何其不沦溺也已！

今四方多故，銮舆㉓远出，大小臣工，惶惶旦暮。臣虽鄙劣，竭忠效命，以死国事，亦其素所刻心㉔。安忍托故，苟求退遁！顾力纤负巨，如以蒿㉕支栋，据非其任，遂使殒身，徒以败事，亦何益矣！且臣比年㉖以来，百病交攻；近因驱驰贼垒，瘴毒侵陵，呕吐潮热，肌骨羸削㉗；或时昏眩，偃几仆地，竟日不惺㉘，手足麻痹，已成废人；又以百岁祖母卧病床褥，切思一念为诀。悲苦积郁，神志耗眊㉙，视听恍惚，隔宿之事，不复记忆。以是求延旦夕之生，亦已难矣，而况使之当职承务，从征讨之后，其将能乎！夫豢畜牛羊，细事耳，亦且求良牧而付之，况于军务重任，生灵休戚之所关，乃以疾废瞆眊之人，覆败之戮，臣无足论，其如陛下一方之寄何！伏愿陛下念四省关系之大，不可委于匪人㉚；察病废枯朽之才，不宜付以重任。怜桑榆之短景㉛，而使得少遂其乌鸟之私㉜；录㉝犬马之微劳，而使得苟延其蝼蚁之息。别选贤能，委以兹任。放臣暂归田里，就医调治。倘存余喘，尚有报国之日。臣不胜感恩待罪恳切哀望之至！

【注释】

①咨，咨文，公文一种。②恩休，恩泽。致事，致仕、退休。③懋，音 mào，盛大。④知道，诏令用语，知悉。⑤钦此，古代诏书结尾用语。⑥升荫，古代因祖上功劳卓著而子孙得到官职或升官。⑦致仕，辞官、退休。⑧器使，量才而用。⑨弃才，被遗弃的人才。⑩受职，接受官职。⑪愆，罪失。谴，贬谪。⑫摈废，驱逐、罢免。⑬推拔，推选、拔擢。⑭膺，音 yīng，接受、承担。冒膺，轻率接受。⑮黾，音 mǐn，努力。黾勉，勉励、尽力。⑯偾，音 fèn，败坏。偾败，覆败。⑰扶病，抱病。策驽，驾驭劣马。⑱集事，成事、成功。⑲常，经常、一般。⑳禄秩，俸禄、品秩。㉑傍，旁。㉒几，同"何"，如何。㉓銮舆，天子车驾。㉔刻心，铭刻于心。㉕蒿，音 hāo，草名。㉖比年，近年。㉗羸削，羸弱、削弱。㉘竟日，终日。惺，清醒。㉙耗眊，音 hào mào，亦作"耗耄"，衰老、昏聩。㉚匪人，行为不端的人。㉛桑榆、短景，亦作"桑榆晚景"、"桑榆暮景"等，晚年岁月、垂老之年。㉜乌鸟之私，亦作"乌鸟之情"，乌鸦反哺，指奉养长辈。㉝录，记。

水灾自劾疏

【题解】

本文是王阳明自请辞官的奏疏。文章第一部分点明官员去职的一般原则：不得其职则去。第二部分则详列王阳明任职江西巡抚时，江西的"民日益困，财日益匮，灾变日兴，祸患日促"表现，并将祸患归结于"缘政而起，政不自弊，因官而作"。第三部分详列个人辞官的原因，未能防止宸濠之变于未形、不能直言极谏、陷己过积民怨等。第四部分明确提出辞官请求。古代儒家有着积极的入世精神，但是个体承担的社会责任应当与个人能力相匹配，否则会出现"才小任大"的情况。我们阅读此文，当然不是怀疑王阳明任职的个人能力，毕竟文中有些托词，而是需要反观自己，选择承担与个人能力相匹配的社会责任。

臣惟有官守①者，不得其职则去。受人之牛羊而为之牧者，求牧与刍而不得，则反诸其人。

臣以匪才，缪膺②江西巡抚之寄，今且数月，曾未能有分毫及民③之政。而地方日以多故，民日益困，财日益匮④，灾变日兴，祸患日促。自春入夏，雨水连绵，江湖涨溢，经月不退。自赣、吉、临、瑞、广、抚、南昌、九江、南康沿江诸郡，无不被害，黍苗⑤沦没，室庐漂荡，鱼鳖之民聚栖于木杪⑥，商旅之舟经行于闾巷，溃城决隄，千里为壑，烟火断绝，惟闻哭声。询诸父老，皆谓数十年来所未有也。除行各该司府州县修省踏勘⑦具奏外。夫变不虚生⑧，缘政而起，政不自弊，因官而作。官之失职，臣实其端，何所逃罪？

夫以江西之民，遭历宸濠之乱⑨，脂膏⑩已竭。而又因之以旱荒，继之以师旅，遂使丰稔⑪连年，曲加赈恤，尚恐生理未易完复，今又重以非常之灾，危亟若此，当是之时，虽使稷、契为牧⑫，周、召作监⑬，亦恐计未有措⑭。况病废昏劣如臣之尤⑮者，而畀⑯之怅然坐尸其间，譬使盲夫驾败舟于颠风巨海中，而责之以济险，不待智者，知其覆溺无所⑰矣。又况部使之催征⑱益急，意外之诛求⑲未已。在昔，一方被灾，邻省尚有接济之望，今湖、湘连岁兵荒，闽、浙频年旱潦，两广之征剿未息，南畿⑳之供馈日穷，淮、徐以北，山东、河南之间，闻亦饥馑相属㉑。由此言之，自全之策既无所施，而四邻之济又已绝望，悠悠苍天，谁任其咎！

静言思究，臣罪实多！何者？

宸濠之变，臣在接境㉒，不能图于未形㉓，致令猖突㉔，震惊远迩，乃劳圣驾亲征㉕，师徒暴于原野，百姓殆于道路。朝廷之政令因而阏隔㉖，四方之困惫由是日深。臣之大罪一也。徒避形迹之嫌，苟为自全之计，隐忍观望，幸而脱祸。不能直言极谏以悟主听㉗，臣之大罪二也。徒以逢迎附和为忠，而不知日陷于有过；徒以变更迁就为权，而不知日紊㉘于旧章；徒以掇拾罗织为能，而不知日离天下之心；徒以聚敛征索㉙为计，而不知日积小民之怨。此臣之大罪三也。上不能有裨®于国,下不能有济于民,坐视困穷,沦胥®以溺,臣之大罪四也。且臣忧悸之余,百病交作,尪羸衰眊®,视息仅存。以前四者之罪,人臣有一于此,亦足以召灾而致变,况备®而有之,其所以速天神之怒,深下民之愤,而致灾沴®之集,又何疑乎。

伏惟皇上轸®灾恤变,别选贤能,代臣巡抚®。即以臣为显戮®,彰大罚于天下,臣虽陨首®,亦云幸也。即不以之为显戮,削其禄秩,黜还田里,以为人臣不职之戒;庶亦有位知警,民困®可息,人怒可泄,天变可弭®;而臣亦死无所憾。

【注释】

①官守,官吏职守、职责。②膺,担当。③及,至。及民,为民。④匮,音 kuì,不足。⑤黍苗,黍之幼苗。⑥杪,音 miǎo,树枝细梢。木杪,树梢。⑦踏勘,现场查看。⑧虚生,凭空生出。⑨宸濠之乱,又称宁王之乱,宁王朱宸濠 1519 年于南昌发动的叛乱,由王阳明平定。⑩脂膏,油脂、百姓财富。⑪使,假使。丰稔,富足。⑫稷,音 jì,后稷。后稷,姬姓,名弃,帝喾之子,传说中的农神。牧,官职名,州长官。⑬周、召,周公旦和召公奭。周公,姬姓,名旦,也称叔旦,封地周,西周政治家、思想家;周文王之子,周武王之弟;辅佐父兄灭商,辅佐成王治国,灭三监之乱,作典章礼乐。召公奭,姬奭,周文王之子,周公旦之弟,封地蓟,与周公旦平定三监之乱。监,官名,掌监察。《史记·周本纪》载:"成王少,周初定天下,周公恐诸侯畔周,公乃摄行政当国。管叔、蔡叔群弟疑周公,与武庚作乱,畔周。周公奉成王命,伐诛武庚、管叔,放蔡叔。"⑭措,措施。⑮尤,罪过、过错。⑯界,委派。⑰覆溺,沉没。无所,不言自明。⑱催征,催收田赋租税。⑲诛求,强制征收。⑳南畿,南都,明代南京。㉑饥馑,灾荒。相属,接连。㉒接境,地界。㉓未形,尚未形成。㉔猖突,猖狂、突变。㉕圣驾,天子车乘。亲征,天子出征。

㉖阏隔，壅塞、阻隔。㉗主听，帝王听闻。㉘紊，乱。㉙征索，征取、勒索。㉚裨，音 bì，益处。㉛沦胥，相继。㉜尪羸，音 wāng léi，瘦弱。眊，音 mào，老。㉝备，完全。㉞灾沴，自然灾害。㉟轸，悲痛、伤痛。㊱巡抚，巡察安抚。㊲显戮，处死。㊳陨首，肝脑涂地。㊴民困，民众困厄。㊵弭，停止。

四 乞省葬疏

【题解】

　　本文是王阳明第四次上奏请求省父葬母的奏疏,感情充沛,哀伤之情溢于言表。文章第一部分列举前三次请求归省的奏疏以及君主的答复,重点强调了君主曾经的允诺。文章第二部分重点辨析忠孝关系,以"人之大伦,内则父子,外则君臣"为理,解释现已暂时完成"事君以忠"的任务,理应归省"事父以孝",不然"一生之大节"有亏;正反结合,"候命不至,臣必冒死逃归",以死明志,足见其志坚定程度。王阳明的文章多讲说事理,少有以情动人的文章,本文事涉至亲家人,以理服人不如以情感人,因而通过此文我们可以体会王阳明对家人的饱满爱意,体会哲人私人生活领域中的温馨情感。

　　照得先准吏部咨:"该臣奏称:'以父老祖丧,屡疏乞休,未蒙怜准。近者奉命扶疾①赴闽,意图了事,即从彼地冒罪逃归②。旬月之前,亦已具奏③。不意行至中途,遭值宁府反叛。此系国家大变,臣子之义,不容舍之而去。又阖④省巡抚方面等官,无一人见在者，天下事机，间不容发⑤，故复忍死，暂留于此，为牵制攻讨之图；俟命帅之至，即从初心，死无所避。臣思祖母自幼鞠育⑥之恩，不及一面为诀⑦，每一号痛⑧，割裂昏殒⑨，日加尪瘵⑩，仅存残喘。母丧权厝⑪祖母之侧，今葬祖母，亦欲因此改葬。臣父衰老日甚，近因祖丧，哭泣过节⑫，见亦病卧苦庐⑬。臣今扶病，驱驰兵革，往来于广信、南昌之间。广信去家不数日，欲从其地不时乘间⑭抵家一哭，略为经画⑮葬事，一省父病。臣区区报国血诚，上通于天，不辞灭宗之祸，不避形迹⑯之嫌，冒非其任，以勤国难⑰，亦望朝廷鉴臣此心，不以法例绳缚，使臣得少伸乌鸟之痛⑱，臣之感恩，死且图报，抢攘⑲哀控，不知所云'等因。具本奏奉圣旨：'王守仁奉命巡视福建，行至丰城，一闻宸濠反叛，忠愤激烈，即便倡率所在官司起集义兵，合谋剿杀，气节可嘉。已有旨著督兵讨贼兼巡抚江西地方。所奏省亲事情，待贼平之日来说。该部知道，钦此。'"

备咨⑳到臣，除钦遵外，近照宁王逆党皆已仰赖皇上神武，庙堂成算㉑，悉就擒获；地方亦已平靖㉒；百姓室家相庆，得免征调之苦，复有更生㉓之乐，莫不感激洪恩，沾被德泽。独臣以父病日深，母丧未葬之故，日夜哀苦，忧病转剧。犬马驱驰之劳，不足齿录㉔，而乌鸟迫切之情，实可矜悯。已蒙前旨，许"待贼平之日来说"，故敢不避斧钺㉕，复申前请。伏望皇上仁覆曲成㉖，容臣暂归田里，一省父病，经纪㉗葬事，臣不胜苦切祈望㉘之至等因。又经具本，于正德十四年八月二十五日，差舍人来仪赍奏㉙去后，迄今已逾八月，未奉明旨。

臣旦暮惶惶，延颈㉚以待，内积悲病之郁，外遭窘局之苦，新患交乘㉛，旧病弥笃，方寸既乱，神气益昏，目眩耳瞶，一切世事皆如梦寐。今虽抑情强处㉜，不过闭门伏枕，呻吟喘息而已。

岂能供职尽分⑬，为陛下巡抚一方乎？夫人臣竭忠委令⑭以赴国事，及事之定，乃故使之不得一省其亲之疾，是沮义士之志，而伤孝子心也。且陛下既以许之，又复拘之，亦何以信于后？臣素贪恋官爵，志在进取⑮，亦非高洁独行，甘心寂寞者。徒以疾患缠体，哀苦切心，不得已而为此。今亦未敢便求休退，惟乞暂回田里，一省父疾，经营母葬，臣亦因得就医调理，少延喘息。苟情事稍伸，病不至甚，即当奔走赴阙⑯，终效犬马，昔人所谓报刘之日短⑰，尽忠于陛下之长也。臣不胜哀痛、号呼、恳切、控吁⑱之至。具本又于正德十五年三月二十五日差舍人王蕭赍奏去后，迄今复六月，未奉明旨。

臣之痛苦，刻骨剜心⑲，忧病缠结，与死为邻，已无足论；而臣父衰疾日亟⑳，呻吟床席，思臣一见，昼夜涕洟㉑，每得家书，号恸颠殒㉒，苏而复绝。夫虎狼恶兽，尚知父子；乌鸟微禽，犹怀反哺。今臣父病狼狈㉓至此，惟欲望臣一归，而臣乃依依贪恋官爵，未能决然逃去，是禽兽之不若，何以立身于天地乎！夫人之大伦，内则父子，外则君臣。事君以忠，事父以孝；不忠不孝，为天下之大戮。纵复幸免国宪㉔，然既辱于禽兽，则生不如死。臣之归省父疾，在朝廷视之，则一人之私情，自臣身言之，则一生之大节。往者宁藩之变，臣时欲归省父疾。然宗社危急，呼吸之间，存亡攸系㉕，故臣捐㉖九族之诛，委身以死国难。时则君臣之义为重。今国难已平，兵戈已息，臣待罪巡抚，不过素餐尸位，以苟㉗岁月。而臣父又衰老病笃若此，尚尔贪恋禄位而不去，此尚可以为子乎！不可以为子者，尚可以为臣乎！臣今待罪巡抚，若不请而逃，窃恐传闻远迩，惊骇视听。夫人臣死君之难，则捐其九族之诛而不恤，至其急父之危，则亦捐其一身之戮而不顾。今复候命不至，臣必冒死逃归。若朝廷悯其前后恳迫之情，赦而不戮，臣死且图衔结⑧。若遂正以国典⑩，臣获一见老父而死，亦瞑目于地下矣。

臣不胜痛陨苦切，号控哀祈⑩之至，除冒死一面，移疾舟次，沿途问医，待罪候命外，缘系四乞天恩，归省父疾，回籍待罪事理，为此具本奏闻。

【注释】

①扶疾，抱病。②逃归，逃跑、逃回。③具奏，备文上奏。④阖，音hé，全。⑤间不容发，情势危急。⑥鞠育，抚养、培育。⑦诀，告别。⑧号痛，痛哭。⑨昏殒，昏厥、殒命。⑩尪瘵，瘦弱。⑪厝，音cuò，停枢。⑫过节，超过限度。⑬苫庐，音shān lú，古人在亲丧中所居之室。⑭乘间，趁机。⑮经画，经营筹划。⑯形迹，嫌疑。⑰勷，帮助。国难，国家危难。⑱少，稍。伸，展。乌鸟之痛，敬孝之情。⑲抢攘，纷乱。⑳备咨，咨文备份。㉑庙堂，朝廷、帝王。成算，计划。㉒平靖，平定。㉓更生，新生、再生。㉔齿录，收录。㉕斧钺，亦作"斧戊"，斧与钺，指刑罚、杀戮。㉖曲成，设法成全。㉗经纪，照料。㉘苦切，启创、悲切。祈望，希望。㉙赍，送。奏，奏章。㉚延颈，伸长头颈，渴望。㉛交乘，交错。㉜处，处理事项。㉝尽分，尽己本分。㉞委令，委托人委托给受托人的指令。㉟进取，求取。㊱赴阙，入朝觐见。㊲报刘之日短，语出自李密《陈情表》："臣尽节于陛下之日长，报养刘之日短也。"㊳控吁，叹息。㊴剜心，形容极度痛苦。㊵亟，急。㊶涕洟，哭泣。㊷号恸，号哭哀痛。颠殒，死亡。㊸狼狈，艰难、窘迫。㊹国宪，国家法制。㊺攸，所。系，关联。㊻捐，舍弃。㊼苟，勉强。㊽衔结，指衔环结草，报答恩德。㊾国典，国家典章制度。㊿号控哀祈，痛苦哀求。

征收秋粮稽迟待罪疏

【题解】

为政一方，既要上为君忧，按实征缴税收，又要下抚黎民，料理百姓生计。上下出现矛盾之时，民生与君权孰轻孰重的选择便反映出公务人员的个人道德品质。本篇文章是处于夹缝之中的王阳明所上奏的奏疏。文章第一部分引用江西布政司备呈，介绍江西最近的税收状况。第二部分介绍小民不肯输纳的三个原因。第三部分介绍有司难于追征的三个原因。第四部分介绍王阳明的窘状，既冤且耻。文章的最后，请求君主宽宥之政。作为臣子，王阳明上奏的主要目的是以陈情的方式将小民的生存状态上达视听，使其顾虑社会民生，为百姓求得暂时安稳之计。同时，本文也反映出古代儒臣在君主与百姓之间、事君与事道之间的艰难选择。

据江西布政司呈："准布政使①陈策等咨②，照得③正德十四年税粮，先准参议周文光奉户部勘合④派属征解⑤，随因圣驾南巡，各府州县官俱集省城听用，前项钱粮不暇⑥追征。正德十五

年正月初二日,蒙巡按江西监察御史唐龙案验⑦为乞救兵燹⑧穷
民,以固邦本事;该巡抚苏松,都御史李充嗣题称:江西变乱,
南昌、南康、九江等府首被烧劫,其余府县,大军临省,供应浩
繁,要将该年税粮尽行停免等因,备行⑨分守南昌五道,勘议得:
南昌府南、新二县被害深重,应免粮差三年;其余州县,并瑞州
一十二府属县,俱应免粮差二年。回报到司,即转呈本院具题
外。本年二月内,续蒙钦差户部员外郎龙诰案验为儹⑩运粮储事,
备行本司督催该年兑准钱粮交兑,遵依节行催征间⑪。本年三月
初五日,漕运衙门照劄⑫坐到兑军本色米⑬八万石⑭,折色米三十
二万石,改兑米一十七万石,每石连耗折银七钱,备行作急征完
起运。本月二十八日,又蒙抚按衙门案验为地方极疲,速赐恩恤
以安邦本事,该南京工科给事中王纪等奏奉钦依,自正德十四年
以前,一应钱粮果系小民拖欠未完的,俱准暂且停征,还着⑮各
该官司设法赈济,毋视虚文。钦遵⑯通行外,又蒙员外郎龙诰案
牌将粮里严加杖併⑰,急如星火。小民纷纷援例,赴司告豁。呈
蒙抚按衙门批行本司给示晓谕,纳粮人户先将兑军征解,小民方
肯完纳⑱。转行参议魏彦昭督运。续因本官去任,又经呈批参政
邢珣暂管督兑。本官于五月二十日遍历催儹,通将征完本色米八
万石兑完起运讫。其折色银两,催据广信等府属县陆续征解。近
于十一月十三等日抄奉漕运衙门照劄备行本司,将兑运折色银三
十四万三千两务要征完足数,差官协同运官解部等因。依奉通行
外,今照该年税粮,委因事变兵荒经理⑲不前,及专管提督官员
更代不常,况奉部院明文征免不一,小民不服输纳,官府掣肘难
行,因而稽延。若不预将前情转达,诚恐查究罪及未便等因",
备呈到臣。

窃照江西钱粮,小民所以不肯输纳,与有司所以难于追征

者，其故各有三，而究其罪归则责实在臣。何者？

宸濠之叛，首以伪檄除租要结人心。臣时起兵旁郡，恐其扇惑，即时移文②远近，宣布朝廷恩德，蠲②其租赋，许以奏免，谕以君臣之分，激其忠义之心，百姓丁壮出战，老弱居守。既而旱灾益炽，民困益迫，然而小民不即离散者，以臣既为奏请，虽明旨未下，皆谓朝廷必能免其租税，尚可忍死以待也。夫危急之际，则啖②之免租以竭其死力，事平之后，又罔③民而刻取之，人怀怨忿不平，此其不肯输纳之故一也。

及宸濠之乱稍定，而大军随至，供馈愈烦，诛求愈急，其颠连困踣②之状，臣于前奏已略言之。百姓不任其苦，强者窜而为寇，弱者匿而为奸。继而水灾助祸，千里之民皆为鱼鳖，号哭载途，喧腾求赈。其时臣等既无帑藏②之储，又无仓廪可发，所以绥劳抚定之者，更无别计，惟以奏免租税为言。百姓睊睊胥谗②，谓命在旦夕，不能救我而徒曰免税免税，岂可待邪？盖其心以为免税已不待言，尚恨其无以赈之也。已而既不能赈，又从而追纳之，人怨益深，不平愈甚，此其不肯输纳之故二也。

当大军之驻省，臣等趋走奔命，日不暇给，亦以为既有前奏，则赋税必在所免，不复申请。其时巡抚苏松等处都御史李充嗣奏称江西首被宸濠之害，乞将该年税粮军需等项俱行停免。该户部覆题：奉圣旨是，各被害地方，着抚按官严督所属用心设法赈济，钦此。"又该给事中王纪奏本部覆题，"奉圣旨是，这地方委的疲困已极，自正德十四年以前一应钱粮，果系小民拖欠未完的，俱准暂且停征，还着各该官司设法赈济，毋视虚文，钦此。"俱钦遵，该部备咨前来，臣等正苦百姓呶呶，咨文一至，如解倒悬②，即时宣布。百姓闻之，欢声雷动，递相传告，且夕之间，深山穷谷，无不毕达。自是而后，坚守蠲免之说，虽部使督临，或遣人下乡催促，小民悉以为诈妄，群起而驱缚之。催征之令不复可行，此其不肯输纳之故三也。

郡县之官，亲见百姓之困苦，又当震荡颠危之日，惧其为变，其始惟恐百姓不信免租之说，指天画地，誓以必不食言㉘。既而时事稍平，则尽反其说而征之，固已不能出诸其口矣，况从而鞭笞捶挞㉙之，其遽忍乎！此其难于追征之故一也。

三司各官，旧者既被驱胁，新者陆续而至，至则正当扰攘，分投供应，四出送迎，官离其职，吏失其守，纠结纷拏㉚，事无专责，如群手杂缲于乱丝之中，东牵西绊，莫知端绪㉛。既而部使骤临，欲于旬月之间督并完集，神输鬼运，有不能矣。此其难于追征之故二也。

夫背信而行，势已不顺，若使民间尚有可征之粟，必不得已，剜剥而取之，忍心者尚或能办也。而民之疮痍㉜已极矣，实无可输㉝之物矣，别夫离妇，弃子鬻㉞女，有耳者不忍闻，有目者不忍睹也。如是而必欲驱之死地，其将可行乎！此其难于追征之故三也。

夫小民之不肯输纳既如彼，而有司之难于追征又如此，后值部使㉟身临坐并，急于风火，百姓怨谤纷腾，汹汹思乱，复如将溃之堤。臣于其时虑恐变生不测，谓各官与其激成地方之祸，无益国事，身膏草野㊱，以贻朝廷之忧，孰若姑靖㊲地方，宁以一身当迟慢之戮乎。因谕各官追征毋急，以纾民怨。各官内迫于部使，外窘于穷民，上调下辑，如居颠屋之下，东撑则西颓，前支则后圮㊳，强颜陵诟之辱，掩耳怨懃之言，身营间阎之下，口说田野之间，晓以京储之不可缺，谕以国计之不得已，或转为借贷，或教之典拆㊴，忍心于捶骨剥脂之痛而浚其血，闭目于析骸食子之惨而责其逋㊵。共计江西十四年分兑军本色米八万石，折色米三十二万石，改兑米一十七万石。臣始度其势，以为决无可完之理，其后数月之间，亦复陆续起解完纳，是皆出于意料之外，在各官诚窘局艰苦，疲瘵已极，亦可谓之劳而有功矣。今闻部使参奏，且将不免于罪，臣窃冤之。

昔之人固有催科政拙①，而自署下考者，亦有矫制发廪②，而愿受其辜者，各官之以此获罪，固亦其所甘心。但始之因叛乱旱荒而为之奏免者臣也；继之因水灾兵困而复为申奏者臣也；又继之因朝廷两有停征赈贷之旨，而为之宣布于众者，亦臣也；又继之虑恐激成祸变，而谕令各官从权缓征者，又臣也；是各官之罪，皆臣之罪也。今使各官当迟慢之责，而臣独幸免，臣窃耻之。

夫司国计者，虑京储之空匮，欲重征收后期者之罪，而有罚俸降级之议，此盖切于谋国，忠于事君者之不得已也。亦岂不念江西小民之困苦，与各官之难为哉？顾欲警众集事，创③前而戒后，固有不得不然者，正所谓救焚身之患，不遑恤④毛发之焦，攻心腹之疾，不得避针灼⑤之苦耳。

伏望皇上悯各官之罪，出于事势之无已，特从眚灾肆赦⑥之典，宽而宥之，则法虽若屈，而理亦未枉。必谓行令之始，不欲苟挠⑦，则各官之罪实由于臣，即请贬削臣之禄秩，放还田里，以伸国议⑧。如此，则不惟情法两得，而臣亦可以藉口⑨江西之民免于欺上罔下之耻矣。臣不胜惶惧待罪之至！

缘系征收秋粮，稽迟待罪事理，为此具本请旨。

【注释】

①布政司，"承宣布政使司"简称。布政使，地方行政长官。②咨，咨文。③照得，查察而得，古代常用于下行公文、布告。④勘合，验对。

⑤征解，征收、押解赋税。⑥不暇，没有时间。⑦案验，查询验证。⑧燹，音 xiǎn，火、烧。⑨备行，准备施行。⑩儹，音 zǎn，集聚。⑪间，间隙。⑫劄，公文一种。⑬本色米，优质米。⑭石，音 dàn，容量单位。⑮着，音 zhuó，委派。⑯钦遵，恭敬遵奉，古时臣民言遵奉圣旨。⑰杖併，指催缴。⑱完纳，缴纳赋税。⑲经理，管理。⑳移文，古时文体一种，用于不相管辖统属的官署间的公文。㉑蠲，音 juān，免除。㉒啖，音 dàn，引诱。㉓罔，音 wǎng，欺骗。㉔颠连，困苦不堪。困踣，困顿潦倒。㉕帑，音 tǎng，府库、钱财。帑藏，钱币、财产。㉖睊睊，音 juàn，侧目而视。胥，全。谗，谗言。㉗倒悬，头朝下倒挂着。解倒悬，解救于危困之中，出自《孟子·公孙丑上》："当今之时，万乘之国行仁政，民之悦之，犹解倒悬也。"㉘食言，言而无信。㉙挞，音 tà，打。鞭笞捶挞，鞭打。㉚纷挐，亦作"纷挐"、"纷拿"，纷乱错杂。㉛端绪，头绪。㉜疮痍，灾难困苦。㉝输，献纳。㉞鬻，音 yù，卖。㉟部使，御使，古时一般由中央六部郎官担任。㊱膏，肥沃。身膏草野，身丧荒野。㊲靖，平定。㊳圮，音 pǐ，倒塌。㊴典拆，典当、拆借。㊵析骸食子，亦作"析骸易子"，拆骨为炊，易子而食。逋，bū，拖欠。㊶催科，催征赋税。政拙，劣政。㊷矫制，假托君王制命。廪，音 lǐn，粮食。㊸集事，成功。创，音 chuāng，损伤。㊹不遑，没有时间。恤，忧虑。㊺针灼，针灸。㊻眚灾，灾害。肆赦，赦免。《尚书·舜典》载"眚灾肆赦"。㊼苟挠，任意阻挠。㊽伸国议，平展国中议论。㊾藉口，假托。

再辞封爵普恩赏以彰国典疏（嘉靖元年）

【题解】

正德十四年，宁王朱宸濠之叛乱，王阳明组织义兵平定叛乱，因而受到朝廷的褒奖。古之君子，不掩人之美以扬己善，面对荣誉功利，王阳明没有贪天功为己有，反而念及忠义志士，上奏君主，主动要求辞去封爵、求普恩赏、以彰国典。文章分析了王阳明平定宁王之乱的原因，重点突出了忠义之士为国尽忠的侠义精神，以求君主能够功成行赏，显示出其不矜功自伐的博大胸怀。王阳明有如此博大的胸怀，反映出传统儒家道德在塑造君子人格方面的现实成就。阅读此文，我们应当加强个人的道德修养，塑造自己的君子人格，团结协助友人，共同成就事业，而不应当败坏道德、挟持私心、扬己之长、抑人之短。

臣于正德十六年十二月节准兵部、吏部咨①，节该题奉圣旨："江西反贼剿平，地方安定，各试官员功绩显著，你部里既会官集议，分别等第明白，王守仁封伯爵，给与诰卷②，子孙世世承袭，照旧参赞机务③，钦此。""王守仁封新建伯，奉天翊卫推诚宣力守正文臣，特进光禄大夫柱国，还兼南京兵部尚书，照旧参赞机务，岁支禄米一千石，三代④并妻一体追封，钦此。"臣闻命惊惶，窃惧功微赏重，祸败将及，已经具本辞免去后。随于嘉靖元年七月十九日准吏部咨，该臣奏前事，节奉圣旨："论功行赏，古今令典，诗书所载，具可考见。卿倡义督兵，剿除大患，尽忠报国，劳绩可嘉，特加封爵，以昭公义，宜勉承恩命，所辞不允。该部知道，钦此。"钦遵。

　　臣以积恶深重，祸延先人，臣方茕然瘠疚⑤，仅未殒绝。闻命悸悚⑥，魂魄散乱。已而伏块沈思⑦，臣以微劳，冒膺重赏，所谓叨天之功，掩人之善，袭下之能，忘己之耻者，臣于前奏已具陈之矣。然而圣旨殷优⑧，独加于臣，余皆未蒙采录者，岂以江西之功果臣一人之所能独办乎？朝廷爵赏，本以公于天下，而臣以一身掠众美而独承之，是臣拥阏朝廷之大泽，而使天下有不均之望也，罪不滋重已乎？夫庙堂之赏，朝廷之议也，臣不敢僭及⑨。至于臣所相与协力同事之人，则有不得不为一申白⑩者。古者赏不逾时，欲人速得为善报也。今效忠赴义之士延颈而待，已三年矣。此而更不一言，事日已远，而意日已衰，谁复有为之论列者。故臣辄敢割痛忍哀，冒斧钺而控吁⑪，气息奄奄之中，忽不自觉其言之躁妄，亦其事有所感于昔，而情有所激于其中也。

　　窃惟宸濠之变，实起仓卒，其气势张皇，积威凌劫⑫，虽在数千里外，无不震骇失措，而况江西诸郡县近切剥床，触目皆贼兵，随处有贼党。当此之时，臣以逆旅孤身，举事其间，虽仰仗威灵以号召远近，然而未受巡抚之命，则各官非统属也；未奉讨贼之旨，其事乃义倡也；若使其时郡县各官果怀畏死偷生之心，但以未有成命，各保土地为辞，则臣亦可何如哉。然而闻臣之调即感激奋励，或提兵而至，或挺身而来，是非真有捐躯赴难之义，戮力^⑬报主之忠，孰肯甘粉齑^⑭之祸，从赤族之诛，蹈必死之地，以希万一难冀之功乎？然则凡在与臣共事者，皆有忠义之诚者也。夫均秉忠义之诚以同赴国难，而功成行赏，臣独当之，人将不食其余矣。此臣所为不敢受也。

且宸濠之变，天实阴夺其魄而摧败之速，是以功成之后，不复以此同事诸人者为庸^⑮。使其时不幸而一蹶涂地，则粉身灭族之惨，亦同事诸人者自当之乎？将犹可以藉众议之解救而除免之乎？夫下之人犯必死之难以赴义，则上之人有必行之赏以报功。今臣独崇爵^⑯，而此同事诸人者乃或赏或否，或不行其赏而并削其绩，或赏未及播而罚已先行，或虚受升职之名而因使退闲，或冒蒙不忠之号而随以废斥。由此言之，亦何苦捐身赴义，以来此呶呶之口，而自求无实之殃乎？乃不若退缩引避，反可以全身远害，安处富贵，而逭^⑰于众口之诽也。夫披坚执锐，身亲行伍^⑱，以及期赴难，而犹不免于不忠之罚，则容有托故推奸，坐而观望者，又将何以加之？今不彼之议，而独此之察，则已过矣。

昔人有蹊田而夺牛者^⑲，君子以为蹊田固有责，而夺牛则已甚。今人驱牛以耕我之田，既种且获矣，而追究其耕之未尽善也，复从而夺之牛，无乃太远于人情乎？方今议者，或以某也素贪而鄙，某也素躁而狂，故虽有功而当抑其赏，虽有劳而不赎其罪。噫！是亦过矣。

当宸濠之变，抚按三司等官咸被驱缚，或死或从；其余大小之职，近者就縻^⑳，远者逃溃矣。当此之时，苟知有从我者，皆可以为忠义之士，尚得追论其平时邪！况所谓若贪与鄙者，或出于馋嫉之口而未皆真邪？若居常处易^㉑，选择而使，犹不免于失人，况一时乌合之众；而顾以此概之，其责于人终无已乎？夫考素行，别贤否^㉒，以激扬士风者，考课之常典；较功力，信赏罚，以振作士气者，军旅之大权。故鄙猥之行，平时不耻于士列，而使贪使诈，军事有所不废也。急难呼吸之际，要在摧锋^㉒克敌而已，而暇逆计其他乎？当此之时，虽有御人国门之寇，苟能效其智力以协济吾事，亦将用之；用之而事果有成，亦必赏之。况乎均在士人之列，同有勤事^㉓之忠者乎？人于平居无事，扼腕抵掌而谈，孰不曰我能临大节，死大难。及当小小利害，未必至于死也，而或有仓皇失措者有矣。又况矢石之下，剑刃之间，前有必死之形，而后有夷灭之祸，人亦何不设以身处其地而少亮^㉔之乎？

夫考课之典，军旅之政，固并行而不相悖；然亦不可以混而施之。今人方有可录之功，吾且遂行其赏可矣。纵有既往之愆，亦得以今而赎。但据其显然可见者，毋深求其隐然不可见者赏行矣。而其人之过犹未改也，则从而行其黜谪^㉕。人将曰：昔以功而赏，今以罪而黜，功罪显而劝惩彰矣。今也将明军旅之赏，而阴以考课之意行于其间，人但见其赏未施而罚已及，功不录而罪有加，不能创奸警恶，而徒以阻忠义之气，快馋嫉之心。譬之投杯醪^㉖于河水，而曰："是有醪焉，亦可饮而醉也"，非易牙^㉗之口将不能辨之矣，而求饮者之醉可得乎？

人臣于国家之难，凡其心之可望，力之可为，涂肝脑而膏髓骨，皆其职分所当。然则此同事诸臣者，遂敢以此自为之功而邀赏于其上乎？顾臣与之同事同功，今赏积于臣，而彼有未逮，臣复抗颜^㉘直受而不以一言，是使朝廷之上果以其功独归于臣，而此诸人者之绩因臣之为蔽而卒无以自显于世也。且自平难以来，此同事诸人者，非独^㉙为已斥诸权奸之所诬构挫辱而已也，群憎众嫉，惟事指摘搜罗以为快，曾未见有鸣其不平而伸其屈抑者。幸而陛下龙飞，赫然开日月之光，英贤辅翼，廓清风而鼓震电，于是阴气始散而魍魉潜消。然而覆盆之下，尚或有未能自露者也。

故臣敢不避矜夸僭妄之戮，而辄为诸臣者一诉其艰难抑郁之情。

昔汉臣赵充国①破羌而归，人有访之谦让功能者。充国曰："吾老矣，爵位已极，岂嫌伐一时事以欺明主哉？兵政国之大事，当为后法，老臣不以余命，一为主上明言其利害，卒使，谁当复言之者？"卒以实对。夫人之忠于国也，杀身夷族有不避，而乃避其自矜功伐之嫌乎？臣始遇变于丰城也，盖举事于仓卒茫昧之中，其时岂能逆睹其功之必就，谓有今日爵赏之荣而为哉？徒以事关宗社，是以不计成败利钝，捐身家，弃九族，但以输忠愤而死节，是臣之初心也。至于号告三军，则虽激之以忠义，而实歆之以爵禄延世②之荣；励之以名节，而复动之以恩赏绚耀之美。是非敢以虚言诱之也，以为功而克成，则此爵禄恩赏亦有国之常典，理所必有也。今臣受殊赏而众有未逮，是臣以虚言罔诱其下，竭众人之死而共成之，掩众人之美而独取之，见利忘信，始之以忠信，终之以贪鄙，外以欺其下，而内失其初心，亦何颜面以视其人乎？故臣之不敢独当殊赏者，非不知封爵之为荣也，所谓有重于封爵者，故不为苟得耳。

伏愿陛下鉴臣之言，不以为夸也，而因以察诸臣之隐；允臣之辞，不以为伪也，而因以普诸臣之施。果以其赏在所薄与，则臣亦不得而独厚；果以其赏或可厚与，则诸臣亦不得而遂薄也。江西同事诸臣，臣于前奏亦已略举；且该部具有成册可查，不敢复有所尘渎③。臣在衰绖④忧苦之中，非可有言之日，事不容已而有是举，不胜受恩感激，含哀冒死，战栗惶惧，恳切祈祷之至！

【注释】

①节，符节，使臣凭证，引申义接收到信息。准，允许。咨，咨文。②诰卷，皇帝封赠文书。③参赞，协助。机务，机要事务。④三代，曾

祖、祖父、父三辈。⑤茕然，孤单。瘠疾，瘦弱久病。⑥悸悚，恐惧。⑦块，土块。沈思，沉思。⑧殷优，深厚优遇。⑨僭及，僭越触及。⑩申白，禀明、申明。⑪控吁，告喻。⑫积威，威势强大。凌劫，欺凌掠夺。⑬戮力，勉力。⑭粉虀，同"粉齑"，细粉。⑮庸，任用。⑯崇爵，高爵。⑰逭，音 huàn，逃避。⑱行伍，军队。⑲蹊，践踏。蹊田而夺牛，指惩罚过于重，出自《左传·宣公十一年》："'牵牛以蹊人之田，而夺之牛。'牵牛以蹊者，信有罪矣；而夺之牛，罚已重矣。"⑳縻，拘禁。㉑居常处易，平日生活。㉒素行，平素品行。否，音 pǐ，坏。㉓摧锋，挫败敌人锐气。㉔勤事，尽心尽责。㉕亮，通"谅"，谅解。㉖黜谪，贬官。㉗醪，音láo，浊酒。㉘易牙，名巫，又称雍巫、狄牙，擅长烹调，春秋齐国人，齐桓公宠臣。易牙味觉敏感，《吕氏春秋·精谕》载："孔子曰：'淄渑之合者，易牙尝而知之。'"淄渑，淄水和渑水，位于山东。㉙抗颜，态度严正。㉚非独，不仅。㉛赵充国，字翁孙，西汉将领。㉜延世，恩赏延及后代。㉝尘渎，谦辞，玷污。㉞衰绖，丧服、居丧。

答佟太守①求雨（癸亥）

【题解】

传统农业社会，雨水对农业收成有着重大的影响；旱灾时期，守官往往会祈雨，苏轼便曾作《凤翔醮土火星青词》、《徐州祈雨青词》等祈祷文求雨。本文是王阳明解释祈雨的文章。文章第一部分叙述文章写作缘由，天道幽远，本不是凡庸所能测识，但太守忧民之心真切，试为一说。第二部分解释君子之祷与方术之祈的不同，君子祈雨在于日用操存，方术祈雨在于书符咒水；君子祈雨修政养民，方术祈雨嚣顽异常。第三部分劝谏太守"毋惑于邪说，毋急于近名"，诚心修政，人事良修，自宜有应。古代儒家对自然现象的认识水平虽然不那么发达，但儒家对自然现象的解释方法却不是迷信的，而是试图将自然现象纳入到人的理性解释范围之内，通过人的能力把握自然现象。

昨杨、李二丞②来，备传尊教③，且询致雨之术，不胜惭悚！今早谬节推辱临④，复申前请，尤为恳至，令人益增惶惧。天道幽远，岂凡庸所能测识？然执事⑤忧勤为民之意真切如是，仆亦何可以无一言之复！

孔子云："丘之祷久矣。"⑥盖君子之祷不在于对越⑦祈祝之际，而在于日用操存⑧之先。执事之治吾越，几年于此矣。凡所以为民祛患除弊兴利而致福者，何莫而非先事之祷，而何俟⑨于今日？然而暑旱尚存而雨泽未应者，岂别有所以致此者欤？古者岁旱，则为之主者减膳撤乐，省狱薄赋，修祀典⑩，问疾苦，引咎赈乏⑪，为民遍请⑫于山川社稷，故有叩天求雨之祭，有省咎自责之文，有归诚请改⑬之祷。盖《史记》所载汤以六事自责⑭，《礼》谓"大雩，帝用盛乐"⑮，《春秋》书"秋九月，大雩"⑯，皆此类也。

仆之所闻于古如是，未闻有所谓书符咒水⑰而可以得雨者也。唯后世方术之士⑱或时有之。然彼皆有高洁不污之操，特立⑲坚忍之心。虽其所为不必合于中道，而亦有以异于寻常，是以或能致此⑳。然皆出小说而不见于经传，君子犹以为附会之谈；又况如今之方士之流，曾不少殊于市井嚣顽㉑，而欲望之以挥斥雷电，呼吸风雨之事，岂不难哉！仆谓执事且宜出斋于厅事㉒，罢不急之务，开省过之门，洗简冤滞，禁抑奢繁，淬诚涤虑㉓，痛自悔责，以为八邑之民请于山川社稷。而彼方士之祈请者，听民间从便得自为之，但弗之禁而不专倚㉔以为重轻。

夫以执事平日之所操存，苟诚无愧于神明，而又临事省惕，躬帅僚属致恳乞诚，虽天道亢旱，亦自有数㉕。使人事良修，旬日之内，自宜有应。仆虽不肖，无以自别于凡民，使可以诚有致雨之术，亦安忍坐视民患而恬㉖不知顾，乃劳执事之仆，仆岂无人之心者耶？一二日内，仆亦将祷于南镇，以助执事之诚。执事其但为民悉心以请，毋惑于邪说，毋急于近名。天道虽远㉗，至诚而不动者，未之有也！

【注释】

①太守，官职名，明清知府。②丞，官职名，各级长官的副职。③尊，敬称，您。教，教导。④节推，"节度推官"简称，节度使属官，掌勘问刑狱。辱，谦辞，意思是由于自己使对方受屈辱。辱临，敬称，他人的光临。⑤执事，对对方的敬称。⑥"丘之祷久矣"，语出自《论语·述而》："子疾病，子路请祷。子曰：'有诸？'子路对曰：'有之；诔曰："祷尔于上下神只。"'子曰：'丘之祷久矣。'"朱熹注："祷，谓祷于鬼神。诔者，哀死而述其行之辞也。上下，谓天地。天曰神，地曰只。"诔，音lěi，此处为祈祷文。⑦越，越巫，古代越地好巫术。⑧操存，坚持自己的心志和道德操守。⑨俟，音sì，等待。⑩祀典，祭祀仪礼典籍，也指祭祀礼仪。⑪引咎，自责。赈，救济。乏，穷困。⑫遍，到处。请，请求。⑬归诚，诚心对待。请改，请求改正。⑭汤以六事自责，语出自袁宏《后汉纪》："昔汤遇旱，以六事自责曰：'政不节邪？使民疾邪？宫室营邪？女谒盛邪？苞苴行邪？谗夫昌邪？'"⑮雩，音yú，古代为求雨而举行的祭祀礼。"大雩，帝用盛乐"，语出自《礼记·月令》："命有司为民祈祀山川百源，大雩帝，用盛乐。乃命百县雩祀百辟、卿士有益于民者，以祈穀实。"郑玄注："雩，吁嗟求雨之祭也。雩帝，谓为坛南郊之旁，雩五精之帝，配以先帝也。自'韎韐'至'柷、敔'皆作曰盛乐。凡他雩，用歌舞而已。"⑯"秋九月，大雩"，《春秋》多处记载，如僖公十三年、襄公八年、昭公六年。⑰符，符箓丹书。书符咒水，古代道士作法的工具，泛指古代道士作法的活动。⑱方术之士，也称方术士，方士和术士合称，有方之士，古代从事占卜、医术、星象等术之人。⑲特立，有坚定的志向和操守。⑳此，代指求得下雨。㉑曾，甚至。嚣，喧嚣嚣张。顽，愚顽。㉒斋，屋舍。厅事，官署视事问案的厅堂。㉓淬，音cuì，磨炼磨砺。淬诚涤虑，磨炼诚心，涤除忧虑。㉔倚，音yǐ，倚靠。㉕数，定数。㉖恬，音tián，安然坦然。㉗天道虽远，语出自《左传·昭公》："天道远，人道迩，非所及也，何以知之？"

答毛宪副（戊辰）

【题解】

　　君子有所为有所不为，不符合道义则不为。毛宪副劝谏王阳明到太府认错道歉，王阳明写作本文以示回应。文章前半部分详细解释龙场事件的经过，并阐明了"不当行而行，与当行而不行"均不能接受。文章后半部分详细解释了王阳明抱持"忠信礼义"的原因，表明个人志向。文末对毛宪副的教谕表示感谢。行所当行，止所当止，行止之间的标准是道义，古人总结的为人处世准则现在仍值得我们反思。当前中国社会道德滑坡，民众对是非曲直的认识出现了分歧，我们应当在个体层面，为自己规定并遵守清晰的道德底线，同时也应当从社会层面，反思社会成员如何达成并实践行所当行、止所当止的社会共识。

　　昨承①遣人喻②以祸福利害，且令勉赴太府③请谢，此非道谊深情，决不至此，感激之至，言无所容！但差人至龙场陵侮，此自差人挟势擅威④，非太府使之也。龙场诸夷⑤与之争斗，此自诸夷愤恚不平，亦非某⑥使之也。然则太府固未尝辱某，某亦未尝傲太府，何所得罪而遽请谢⑦乎？跪拜之礼，亦小官常分⑧，不足以为辱，然亦不当无故而行之。不当行而行，与当行而不行，其为取辱一也。

废逐小臣，所守以待死者，忠信礼义而已，又弃此而不守，祸莫大焉！凡祸福利害之说，某亦尝讲之。君子以忠信为利，礼义为福。苟忠信礼义之不存，虽禄之万钟⑨，爵以侯王之贵，君子犹谓之祸与害；如其忠信礼义之所在，虽剖心碎首，君子利而行之⑩，自以为福也，况于流离窜逐⑪之微乎？

某之居此，盖瘴疠蛊毒⑫之与处，魑魅魍魉⑬之与游，日有三死焉。然而居之泰然，未尝以动⑭其中者，诚知生死之有命，不以一朝之患而忘其终身之忧也。太府苟欲加害，而在我诚有以取之，则不可谓无憾；使吾无有以取之而横罹⑮焉，则亦瘴疠而已尔，蛊毒而已尔，魑魅魍魉而已尔，吾岂以是而动吾心哉！

执事之喻⑯，虽有所不敢承，然因是而益⑰知所以自励，不敢苟有所隳堕⑱，则某也受教多矣，敢不顿首⑲以谢！

【注释】

①王阳明因反对刘瑾，犯颜直谏，被廷杖四十后发落到龙场（今贵州省修文县），任龙场驿丞。一日当地守令手下差人到龙场，差人要求王阳明行跪拜之礼，当地民众深感不平，与差人发生争斗，并将差人驱逐。太守将此事上告都察院，时任都察院左副都御史的毛伯温（即毛宪副，因御史所居官署古称宪台；另有观点认为毛宪副为时任贵州提学副使毛科；王阳明《送毛宪副致仕归桐江书院序》一文释毛宪副为贵州按察司副使）为平息事端，派人到龙场游说王阳明到守令处谢罪。此文是王阳明对毛的回应。承，承蒙、蒙受，宾语"您"省略。②喻，告、开导。③太府，官署驻地，下文太府指官名。④擅，超越职权范围，自作主张。擅威：擅作威福。⑤夷，原指中原人对东方人的称呼，后引申为中原人对各少数民族的

称呼；此处指龙场本地居民。⑥某，代"我"。⑦遽，音 jù，突然，急促。谢，谢罪。本文最后"谢"字作感谢感激意。⑧跪拜之礼，古代跪拜礼节的统称，古人跪拜有严格的规范。小官，此处指官阶较低的官位。分，音fèn，本分，也即应当担当的职责义务。⑨钟，古量器名。万钟，形容俸禄丰厚。⑩利而行之，语出自《中庸》："或生而知之，或学而知之，或困而知之，及其知之，一也。或安而行之，或利而行之，或勉强而行之，及其成功，一也。"朱熹注"（人）以其等而言：则生知安行者知也，学知利行者仁也，困知勉行者勇也。"此处指君子以忠信礼义为利，勉励而行。⑪窜逐，放逐，流放。⑫瘴，音 zhàng。瘴疠，亦作"瘴厉"，此处指瘴气，指南方热带湿热山林中能致人疾病的毒气，多因动植物腐败后生成的毒气。蛊，音 gǔ。蛊毒，古代以神秘方式制作的有毒物品，有动物蛊、植物蛊等多种类。⑬魑魅魍魉：音 chī mèi wǎng liǎng，原指古代传说中的鬼怪，后代指各种各样的坏人。⑭动，改变。⑮横，音 hèng，意外的，蛮横。罹，音 lí，遭逢、遭受。⑯喻，教导、开导。⑰益，更加。⑱隳，音huī，毁坏；另隳古通"惰"，懒惰。隳堕，毁坏、败坏，此处指懒惰、懈怠。⑲顿首，磕头跪拜，此处为敬语，表达致敬之意。

答人问神仙（戊辰）

【题解】

　　本文是王阳明阐释佛道的文章，文章的第一部分论述文章的写作缘由，并在谈笑间以己之年老的原因归为学习佛道的原因。第二部分解释广成子、李伯阳长寿的原因与佛道无关，后世拔宅飞升是秘术曲技，佛道所谓幻、外道均不存在。第三部分阐释儒家神仙之道，劝谏友人退处山林修养。古代儒家鲜有求神求仙的欲求，而是以朴素的现实生活作风修身养性，并逐渐实现改造社会的理想。随着科学的发展和传播，民众逐渐理性认识人的寿命，逐渐以科学的方法达到延长寿命的目的，但是道德水平的提升不可能依赖科学技术的进步，我们仍然需要借鉴传统儒家的修养方式道德修养。

　　询及神仙有无，兼请其事①，三至而不答，非不欲答也，无可答耳。昨令弟来，必欲得之。仆②诚生八岁而即好其说，今已余三十年矣，齿渐摇动，发已有一二茎变化成白，目光仅盈尺，声闻函丈③之外，又常经月卧病不出，药量骤进，此殆④其效也。

而相知者⑤犹妄谓之能得其道，足下⑥又妄听之而以见询。不得已，姑为足下妄言之。

古有至人⑦，淳德凝道，和于阴阳，调于四时，去世离俗，积精全神；游行天地之间，视听八远之外⑧，若广成子⑨之千五百岁而不衰，李伯阳⑩历商、周之代，西度函谷，亦尝有之。若是而谓之曰无，疑于欺子矣。然则呼吸动静，与道为体，精骨完久，禀于受气⑪之始，此殆天之所成，非人力可强⑫也。若后世拔宅飞升⑬，点化⑭投夺之类，谲⑮怪奇骇，是乃秘术曲技，尹文子⑯所谓"幻"，释氏⑰谓之"外道"者也。若是谓之曰有，亦疑于欺子矣，夫有无之间，非言语可况。存久而明，养深而自得之，未至而强喻⑱，信亦未必能及也。

盖吾儒亦自有神仙之道，颜子⑲三十二而卒，至今未亡也。足下能信之乎？后世上阳子⑳之流，盖方外㉑技术之士，未可以为道。若达磨㉒、慧能㉓之徒，则庶几近㉔之矣，然而未易㉕言也。足下欲闻其说，须退处山林三十年，全耳目，一心志，胸中洒洒不挂一尘，而后可以言此，今去仙道尚远也。妄言不罪。

【注释】

①请，请教请示。其事，古文有"工欲善其事"、"煞有其事"等词语，指这件事。②仆，谦称，"我"。③函丈，亦作"函杖"，《礼记·曲礼上》载"席间函丈"，即讲席与听课者之间有一丈的距离，后指对老师的尊称，此处指老师讲学坐席，也即王阳明讲课时坐席。④殆，副词，表推测，大概、几乎。⑤相知者，语出张九龄"相知无远近，万里尚为邻"，这里指王阳明身边朋友。⑥足下，古人对对方敬称，一般用于同辈之间，也用于下辈对上辈。⑦古有至人，《庄子》载"至人无己"，至人指道德修养极高，超越世俗，顺应天地自然的长寿之人。⑧淳德凝道……视听八远

之外,《黄帝内经·素问》载"中古之时,有至人者,淳德全道,和于阴阳,调于四时,去世离俗,积精全神,游行天地之间,视听八远之外,此盖益其寿命而强者也。亦归于真人。"⑨广成子,古代传说中的神仙,一说为元始天尊弟子,另一说为黄帝时期太上老君的号,黄帝曾向广成子问道。⑩李伯阳,即李耳。李耳,字聃,谥伯阳,楚国苦县厉乡曲仁里人。道家创始人,古代哲学家、思想家,《道德经》反映其哲学思想。⑪受气,禀受自然之气。⑫强,音 qiǎng,勉强。⑬拔宅飞升,《太平广记》载有许真君、唐公昉等人拔宅飞升传说,如许真君以东晋孝武帝太康二年八月一日,于洪州西山,举家四十二口,拔宅上升而去。唯有石函、药臼各一所,车毂一具,与真君所御锦帐,复自云中堕于故宅,乡人因于其地置"游帷观"焉。拔宅飞升后指修道之人全家同升仙界。⑭点化,道家术语,指启发开导,使人悟道。⑮谲,音 jué,怪异诡诈。⑯尹文子,即尹文(约公元前 360—前 280 年),齐国人,战国时哲学家,著有《尹文子》,于齐宣王时居住在稷下,为稷下学派的代表人物。尹文与宋钘、彭蒙、田骈同学于公孙龙。《列子·周穆王篇》记载"老成子学幻于尹文先生"。⑰释氏,释迦略称,代指释迦牟尼。佛教中心内求法为内道,心外求法为外道,此处外道代指不合于正道佛教的观点。⑱强喻:强求开导。⑲颜子,颜回。颜回(公元前 521—前 481 年),名回,字子渊,春秋鲁国人。颜回好学追仁,孔子得意弟子,为七十二贤之首。颜回早逝,孔子哀叹:"噫!天丧予!天丧予!"⑳上阳子,即陈致虚,字观吾,江右庐陵(今江西吉安)人,元代著名内丹理论家,代表作《金丹大要》。㉑方外,世俗之外,也指异域。㉒达磨,达摩、菩提达摩,中国禅宗始祖。㉓慧能即惠能,禅宗六祖,禅宗南宗创始人。㉔庶,音 shù,但愿,或许。几近,接近,靠近。㉕易,替代。

答储柴墟（壬申）

【题解】

　　本文是王阳明答储柴墟阐释交友原则的书信。文中引用孔孟、周程等言语事迹，阐释了师友相处以道以德的原则。阅读此文，我们或可反思自己结交朋友的标准，更重要的是我们需要以道以德的标准要求自己待人接物、为人处世。

　　喻及交际之难，此殆谬于私意①。君子与人，惟义所在，厚薄轻重，己无所私焉，此所以为简易之道。世人之心，杂于计较，毁誉得丧交于中，而眩其当然之则②，是以处之愈周，计之愈悉，而行之愈难。夫大贤吾师，次贤吾友，此天理自然之则，岂以是为炎凉③之嫌哉？吾兄④以仆⑤于今之公卿，若某之贤者，则称谓以"友生⑥"，若某与某之贤不及于某者，则称谓以"侍生⑦"，岂以矫时俗炎凉之弊？非也。夫彼可以为吾友，而吾可以友之，彼又吾友也，吾安得而弗友之？彼不可以为吾友，而吾不可以友之，彼又不吾友也，吾安得而友之？

　　夫友也者，以道也、以德也。天下莫大于道，莫贵于德。道德之所在，齿与位⑧不得而干焉，仆与某之谓矣。彼其无道与德，而徒有其贵与齿也，则亦贵齿之而已。然若此者，与之见亦寡矣，非以事相临不往见也。若此者，与凡交游之随俗以侍生而来者，亦随俗而侍生之。所谓"事之无害于义者，从俗可也"⑨。千乘之君，求与之友而不可得⑩，非在我有所不屑乎？嗟乎！友未易言也。今之所谓友，或以艺同，或以事合，徇⑪名逐势，非吾所谓辅仁⑫之友矣。仁者，心之德⑬，人而不仁，不可以为人。辅仁，求以全心德也，如是而后友。今特以技艺文辞之工，地势声翼⑭之重，而骛然欲以友乎贤者，贤者弗与也。吾兄技艺炎凉之说，贵贱少长之论，殆皆有未尽欤？孟子曰："友也者，不可以有挟。"⑮孟献子之友五人⑯，无献子之家者也，曾以贵贱乎？仲由少颜、路三岁，回、由之赠处⑰，盖友也。回与曾点同时，参曰："昔者吾友"⑱，曾以少长乎？将矫时俗之炎凉而自畔⑲于礼，其间不能以寸⑳矣。吾兄又以仆于后进之来，其质美而才者，多以先后辈相处；其庸下者，反待以客礼，疑仆别有一道。是道也，奚有于别？凡后进之来，其才者皆有意于斯道者也，吾安得不以斯道处之？其庸下者，不过世俗泛然一接㉑，吾亦世俗泛然待之，如乡人而已。昔伊川初与吕希哲㉒为同舍友，待之友也；既而希哲师事伊川，待之弟子也。谓敬于同舍而慢于弟子，可乎？孔子待阳货㉓以大夫，待回、赐以弟子，谓待回、赐不若阳货，可乎？

师友道废久，后进之中，有聪明特达者，颇知求道，往往又为先辈待之不诚，不谅其心而务假以虚礼，以取悦于后进，干待士之誉，此正所谓病于夏畦㉔者也，以是师友之道日益沦没，无由复明。仆常以为世有周、程㉕诸君子，则吾固得而执弟子之役㉖，乃大幸矣，其次有周、程之高弟焉，吾犹得而私淑㉗也。不幸世又无是人，有志之士，伥伥㉘其将焉求乎？然则何能无忧也？

忧之而不以责之己，责之己而不以求辅于人，求辅于人而待之不以诚，终亦必无所成而已耳。凡仆于今之后进，非敢以师道自处也，将求其聪明特达者与之讲明，因以自辅也。彼自以后进求正于我，虽不师事，我固有先后辈之道焉。伊川瞑目而坐，游、杨侍立不敢去^㉟，重道也。今世习于旷肆，惮于检饰^㊱，不复知有此事。幸而有一二后进略知求道为事，是有复明之机；又不诚心直道与之发明，而徒阉然媚世^㊲，苟且阿俗，仆诚痛之惜之！传曰："师严然后道尊，道尊然后民知敬学。"^㊳夫人必有所严惮^㊴，然后言之，而听之也审^㊵；施之，而承之也肃。凡若此者，皆求以明道，皆循理而行，非有容私于其间也。伊尹曰："天之生斯民也，使先知觉后知，使先觉觉后觉。予天民之先觉也，非予觉之而谁也？"^㊶是故大知觉于小知，小知觉于无知；大觉觉于小觉，小觉觉于无觉。夫已大知大觉矣，而后以觉于天下，不亦善乎？然而未能也。遂自以小知小觉而不敢以觉于人，则终亦莫之觉矣。仁者固如是乎？夫仁者，己欲立而立人，己欲达而达人。仆之意以为，己有分寸^㊷之知，即欲同此分寸之知于人；己有分寸之觉，即欲同此分寸之觉于人。人之小知小觉者益众，则其相与为知觉也益易且明，如是而后大知大觉可期也。仆于今之后进，尚不敢以小知小觉自处。譬之冻馁之人，知耕桑之可以足衣食，而又偶闻艺禾树桑之法，将试为之，而遂以告其凡冻馁者，使之共为之也，亦何嫌于己之未尝树艺，而遂不可以告之乎？虽然，君子有诸己而后求诸人^㊸，仆盖未尝有诸己也，而可以求诸人乎？夫亦谓其有意于仆而来者耳。

承相问，辄缕缕^㊹至此。有未当者，不惜往复^㊺。

【注释】

①喻，告、晓喻。私意，私心、利己之心。②眩，迷惑。当然之则，应当的规则。③炎凉，冷热，指对待不同社会地位的人冷热态度不一。④吾兄，储柴墟，储罐。储罐（1457—1513），字静夫，号柴墟，泰州人，存有《柴墟文集》。柴墟，泰州治地。⑤仆，古代男子对自己的谦称。⑥友生，古人同同辈的称呼或者师长对于门生自称谦辞。⑦侍生，后辈对前辈的自称。⑧齿与位，年龄与官位。⑨"事之无害于义者，从俗可也"，语出自《四书章句集注·论语集注》，朱熹注"子曰：'麻冕，礼也；今也纯，俭。吾从众。拜下，礼也；今拜乎上，泰也。虽违众，吾从下。'"时，引程子语，"程子曰：'君子处世，事之无害于义者，从俗可也；害于义，则不可从也。'"⑩千乘之君，求与之友而不可得，语出自《孟子·万章下》："缪公亟见于子思，曰：'古千乘之国以友士，何如？'子思不悦，曰：'古之人有言曰：事之云乎，岂曰友之云乎？'子思之不悦也，岂不曰：'以位，则子，君也；我，臣也；何敢与君友也？以德，则子事我者也，奚可以与我友？'千乘之君求与之友而不可得也，而况可召与？"⑪艺，准则。事，事业。合，契合。徇，谋求。⑫辅仁，培养仁德。《论语·颜渊》载："曾子曰：'君子以文会友，以友辅仁。'"⑬仁者，心之德，语出自《四书章句集注·论语集注》，朱熹注："君子务本，本立而道生。孝弟也者，其为仁之本与！"时说："仁者，爱之理，心之德也。"⑭地势，地位和权势。声翼，声望和党羽。⑮"友也者，不可以有挟"，语出自《孟子·万章下》："万章问曰：'敢问友。'孟子曰：'不挟长，不挟贵，不挟兄弟而友。友也者，友其德也，不可以有挟也。'"挟，依仗。⑯孟献子之友五人，语出自《孟子·万章下》："孟献子，百乘之家也，有友五人焉：乐正裘、牧仲，其三人，则予忘之矣。献子之与此五人者友也，无献子之家者也。此五人者，亦有献子之家，则不与之友矣。"孟献子，姬姓，名蔑，谥号献，世称仲孙蔑，鲁国大夫，政治家。⑰赠处，朋友间分别时的赠言，多是劝勉鼓励的言辞。《礼记·檀弓下》载："子路去鲁，谓颜渊曰：'何以赠我？'曰：'吾闻之也，去国则哭于墓而后行，反

其国不哭，展墓而入。'谓子路曰：'何以处我？'子路曰：'吾闻之也，过墓则式，过祀则下。'"赠，送。展，省视。处，安。⑱回与曾点同时，参曰："昔者吾友"，语出自《论语·泰伯》："曾子曰：'以能问于不能，以多问于寡；有若无，实若虚，犯而不校——昔者吾友尝从事于斯矣。'"吾友，指颜回。⑲畔，通"叛"，背叛。⑳寸，短小的距离。不能以寸，指反差大。㉑泛然，随便。一接，一见。㉒伊川，程颐。程颐（1033—1107），字正叔，北宋洛阳伊川人，世称伊川先生，北宋理学家，教育家，与其胞兄程颢共创"洛学"，人称"二程"，宋代理学开创者。吕希哲，字原明，世称荥阳先生；其父吕公著为北宋政治家。㉓阳货，名虎，字货，春秋时鲁国人，鲁国大夫季平子的家臣，后企图谋害季桓子失败逃往晋国。《论语》有《阳货》篇记载孔子与阳货的对话："阳货欲见孔子，孔子不见，归孔子豚。孔子时其亡也，而往拜之。遇诸涂。谓孔子曰：'来！予与尔言。'曰：'怀其宝而迷其邦，可谓仁乎？'曰：'不可。——好从事而亟失时，可谓知乎？'曰：'不可。——日月逝矣，岁不我与。'孔子曰：'诺；吾将仕矣。'"㉔畦，古以五十亩为畦。夏畦，夏天在田间劳作的人。《孟子·滕文公下》载："阳货瞰孔子之亡也，而馈孔子蒸豚；孔子亦瞰其亡也，而往拜之。当是时，阳货先，岂得不见？曾子曰：'胁肩谄笑，病于夏畦。'"胁肩谄笑，竦体强笑。病于夏畦，比夏天田间劳作更苦。㉕周、程，周敦颐与二程。㉖役，门生弟子的职责。㉗私淑，没有得到其直接传授而因私自敬仰，并尊其为师的称为私淑。㉘伥伥，无所适从的样子。㉙游，游酢。游酢（1053—1123），字定夫，建州建阳人，世称广平先生，北宋理学家，二程弟子。杨，杨时。杨时（1044—1130），字中立，号龟山，北宋理学家，二程弟子。游酢与杨时尊师重道，程门立雪的典故即来源于二人侍立于程颐门前。㉚习，习惯。惮，恐惧。检，检查约束。饰，装饰。㉛阉然，曲意逢迎。媚世，求悦于世。㉜"师严然后道尊，道尊然后民知敬学"，语出自《礼记·学记》："凡学之道，严师为难。师严然后道尊，道尊然后民知敬学。"严，尊敬。㉝严惮，畏惧。㉞审，谨慎。㉟"天之生斯民也，使先知觉后知，使先觉觉后觉。予天民之先觉也，非予觉之而谁也",语出自《孟子·万章下》:"天之生斯民也,使先知觉后知,使先觉觉后觉。予,天民之先觉者也。予将以此道觉此民也。"㊱夫仁者,己欲立而立人,己欲达而达人,语出自《论语·雍也》。分寸,比喻微小。㊲君子有诸己而后求诸人,语出自《礼记·大学》:"是故君子有诸已而后求诸人,无诸己而后非诸人。所藏乎身不恕,而能喻诸人者,未之有也。故治国在齐其家。"有诸己,自己有仁德。诸,之于。㊳缕缕,连续不断。㊴往复,指书信往返。

以道事君不可则止

【题解】

传统科举制度是人才选拔制度与公务员选拔制度的合一制度，而儒家将政治权力与公务人员素质与能力之间建立关系，因而科举制度能否选拔出道德高尚、能力出色的人才对政治权力能否兴利至关重要。王阳明曾主持山东乡试，《山东乡试录》便是王阳明在古典文献中的选文。"所谓大臣者以道事君不可则止"是古代公务员"事君"的原则，"事道"即以道义作为评价个人行为的标准，而"事君"即以君主的主观偏好作为评价个人行为的标准。"事道"原则是传统知识分子能够承担社会责任，以身护卫道德良知、社会正义的精神力量。当前中国学者特别需要继承传统儒家"以道事君"的政治文化。

负大臣之名，尽大臣之道者也①。

夫大臣之所以为大臣，正以能尽其道焉耳，不然，何以称其名哉？昔吾夫子因季子然之问以由、求可为大臣②，而告之以为大臣之道，未易举也。大臣之名，可轻许③乎？彼其居于庙堂之上，而为天子之股肱④，处于辅弼⑤之任，而为群僚⑥之表帅者，大臣也。

夫所谓大臣也者，岂徒以其崇高贵重，而有异于群臣已乎？岂亦可以奔走承顺⑦，而无异于群臣已乎？必其于事君也，经德不回⑧，而凡所以启其君之善心者，一皆仁义之言，守正不挠，而凡所以格⑨其君之非心者，莫非尧、舜之道，不阿意顺旨，以承君之欲也；必绳愆⑩纠缪，以引君于道也。夫以道事君如此，使其为之君者，于吾仁义之言说而弗绎⑪焉，则是志有不行矣，其可枉身以信道乎？于吾尧、舜之道，从而弗改焉，则是谏有不听矣，其可枉道以徇人乎？殆必奉身而退，以立其节，虽万钟⑫有弗屑也，固将见机而作，以全其守，虽终日有弗能也。

是则以道事君，则能不枉其道，不可则止，则能不辱其身，所谓大臣者盖如此，而岂由、求之所能及哉？尝观夫子许由、求二子以为国，则亦大臣之才也；已而于此独不以大臣许之者，岂独以阴折⑬季氏之心？诚以古之大臣，进以礼，退以义，而二子之于季氏，既不能正，又不能去焉，则亦徒有大臣之才而无其节，是以不免为才之所使耳。虽然，比之羁縻于爵禄而不知止者，不既有间矣乎！

【注释】

①负大臣之名，尽大臣之道者也，语出自《论语·先进》。②季子然，季世族人。季子然之问以由、求可为大臣，语出自《论语·先进》："季子然问：'仲由、冉求可谓大臣与？'子曰：'吾以子为异之问，曾由与求之问。所谓大臣者，以道事君，不可则止。今由与求也，可谓具臣矣。'曰：'然则从之者与？'子曰：'弑父与君，亦不从也。'"具臣，备位充数人臣。

③许，答应。④股肱，辅佐。⑤辅弼，亦作"辅拂"，辅佐。⑥僚，官僚。⑦奔走，迎合趋附。承顺，恭敬、顺从。⑧不回，不行邪僻，为人正直。⑨格，纠正。⑩绳愆，纠正。⑪绎，寻求事理。⑫万钟，优厚俸禄。⑬阴折，暗中折损。

君子慎其所以与人者①

【题解】

这篇乡试录是王阳明阐释与人交往之道的文章。文章第一部分摆出论点，"君子之所谨者，交接之道也。夫君子之与人交接，必有其道矣"。第二部分则论述君子慎夫交接之具：礼乐。第三部分则由交接之具指出交接之本，"慎独者，与人交接之本"，与人交往的基础归结为个人慎独。文章强调了礼乐在人际交往过程中的重要作用，虽然现在礼乐的内容与古代礼乐的内容差别较大，但是礼乐的基本原则，比如真诚恭敬等则难以改变。此外，交接之具与交接之本的关系体现了交接与慎独的辩证关系，与人和睦相处的基础是修养个人的德行，个人是社会交往的责任主体。

君子之所谨者，交接②之道也。夫君子之与人交接，必有其道矣，于此而不谨，乌能以无失哉！

记礼器者，其旨若曰："观礼乐而知夫治乱之由③。"故君子必慎夫交接之具。君子之与人交接也，不有礼乎？而礼岂必玉帛之交错④？凡事得其序者皆是也。礼之得失，人之得失所由见，是礼在所当慎矣。不有乐乎？而乐岂必钟鼓之铿锵⑤？凡物得其和者皆是也。乐之邪正，人之邪正所从著，是乐在所当慎矣。

君子于和序之德，固尝慎之于幽独⑥之地，而于接人之际，又和序之德所从见也，其能以无慎乎？君子于礼乐之道，固尝谨之于制作之大，而于与人之时，亦礼乐之道所由寓也，其可以不谨乎？故其与人交接也，一举动之微，若可忽矣，而必竞竞⑦焉常致其检束，务有以比于礼而比于乐。其与人酬酢也，一语默之细，若可易矣，而必业业⑧焉恒存夫戒谨，务有以得其序而得其和，所与者乡邦之贱士，而其笑语卒获，肃然大宾，是接也，况其所与之尊贵乎？所对者，闾阎⑨之匹夫，而其威仪卒度，严乎大祭，是承也，况其所对之严惮乎？君子之慎其所以与人者如此，此其所以动容周旋，必中夫礼乐，而无失色于人也欤！

抑论礼乐者，与人交接之具；慎独⑩者，与人交接之本也。君子戒慎于不睹不闻，省察于莫见莫显，使其存于中者，无非中正和乐之道，故其接于物者，自无过与不及之差。昔之君子，乃有朝会聘享⑪之时，至于失礼而不自觉者，由其无慎独之功，是以阳欲掩之，而卒不可掩焉耳。故君子而欲慎其所以与人，必先慎独而后可。

【注释】

①君子慎其所以与人者，语出自《礼记·礼器》。②交接，交往。③治乱，安定与动乱。由，缘由。④玉帛，玉器和束帛，古代用于祭祀、会盟、朝聘等。交错，交往。⑤钟鼓，古代礼乐器，钟和鼓。铿锵，声音洪亮、节奏明快。⑥幽独，独处。⑦竞竞，小心谨慎。⑧业业，畏惧。⑨闾阎，民间。⑩慎独，独处谨慎，语出自《礼记·中庸》："是故君子戒慎乎其所不睹，恐惧乎其所不闻。莫见乎隐，莫显乎微，故君子慎其独也。"⑪聘享，聘问献纳、宴享。

心好之身必安之①

【题解】

儒家缺乏民主思想，"民以君为心，君以民为体"，"内外上下本同一体"是儒家政治观念的基本观点。"民以君为心，君以民为体"，可以从两个方面理解，第一，"君者民之主，君好于上，而民从于下"，民众依存于君主，第二，"君之存亡，有系于民"。儒家政治思想所带来的直接后果便是，第一，建立君主专制的政治体制，君主的个人偏好直接决定民众的生活质量高低，第二，"君以民存，亦以民亡"，君主的个人意志超出了民众的承载能力，君主的地位可能会崩溃。所以，儒家政治思想影响下的政治制度难以稳定。当前中国政治处于由传统向现代的转型时期，反思"君者，民之主"，建立民主等现代政治观念对中国政治转型具有积极作用。

内感而外必应，上感而下必应。夫君之于民，犹心之于身也；虽其内外上下之不同，而感应之理何尝有异乎？昔圣人之意，谓夫民以君为心也，君以民为体也，体而必从夫心，则民亦必从夫君矣。

彼其心具于内，而体具于外，内外之异势，若不相蒙矣；然心惟无好则已，一有所好，而身之从之也，自有不期然而然。如心好夫采色，则目必安夫采色；心好夫声音，则耳必安夫声音；心而好夫逸乐，则四肢亦惟逸乐之是安矣。发于心而慊②于己，有不勉而能之道也；动于中而应于外，有不言而喻之妙也。是何也？心者身之主，心好于内，而体从于外，斯亦理之必然欤！若夫君之于民，亦何以异于是？彼其君居于上，而民居于下，上下之异分③，若不相关矣；然君惟无好则已，一有所好，而民之欲之也，亦有不期然而然。如君好夫仁，则民莫不欲夫仁；君好夫义，则民莫不欲夫义；君而好夫暴乱，则民亦惟暴乱之是欲矣。倡于此而和于彼，有不令而行之机也；出乎身而加乎民，有不疾而速之化也。是何也？君者民之主，君好于上，而民从于下，固亦理之必然欤！

是则内外上下本同一体，而此感彼应，自同一机，人君之于民也，而可不慎其所以感之邪？抑论之，身固必从乎心矣；民固必从乎君矣；抑孰知心之存亡，有系于身，而君之存亡，有系于民乎？为人君者，但知下之必从夫上，而不知上之存亡有系于下，则将恣己徇欲④，惟意所为，而亦何所忌惮乎？故夫子于下文必继之曰："君以民存，亦以民亡。"噫，可惧乎！

【注释】

①心好之身必安之，语出自《礼记·缁衣》："民以君为心，君以民为体。心庄则体舒，心肃则容敬。心好之，身必安之。君好之，民必欲之。心以体全，亦以体伤；君以民存，亦以民亡。"庄，严肃诚敬。②慊，不满。③异分，区别。④徇，顺从。徇欲，恣欲。

人君之心惟在所养

【题解】

由"心好之身必安之，君好之民必欲之"可知君主之心在政治生活中的重要性，本文则是王阳明论述君主养心内容与方式的文章。在养心内容方面，文章认为君主应当养至公、至正、至善之心，应该"扩其公而使之日益大，扶其正而使之日益强，作其善而使之日益新"。在养心方式方面，君主养心应当洞察几微君子小人、任信君子笃确专一等，同时君主养心最主要的实现方式是自养。儒家将政治生活质量寄托于君主德行，故而君心修养的水平直接影响政治生活质量，我们也就不难理解王阳明强调君主需要修养至公、至正、至善之心，并从内外两个方面论述君主修养道德的途径。中国传统政治实践证明将政治清明的希望寄托于君主德行不如寄托于政治权力分立与制衡的政治制度。

人君之心，顾其所以养①之者何如耳？养之以善，则进于高明，而心日以智；养之以恶，则流于污下，而心日以愚。故夫人君之所以养其心者，不可以不慎也。

天下之物，未有不得其养而能生者，虽草木之微，亦必有雨露之滋，寒暖之剂，而后得以遂其畅茂条达②。而况于人君之心，天地民物之主也，礼乐刑政教化之所自出也，非至公③无以绝天下之私，非至正无以息天下之邪，非至善无以化天下之恶，而非其心之智焉，则又无以察其公私之异，识其邪正之归，辩其善恶之分；而君心之智否，则固系于其所以养之者也，而可以不慎乎哉？

君心之智，在于君子之养之以善也；君心之愚，在于小人之养之以恶也；然而君子小人之分，亦难乎其为辩矣。人心惟危，道心惟微④，尧、舜之相授受而所以丁宁⑤反复者，亦维以是；则夫人君之心，亦难乎其为养矣。而人君一身，所以投间抵隙而攻之者，环于四面，则夫君心之养，固又难乎其无间矣。是故必有匡直辅翼⑥之道，而后能以养其心；必有洞察机微之明，而后能以养其心；必有笃确精专之诚，而后能以养其心；斯固公私之所由异，邪正之所从分，善恶之所自判，而君心智愚之关也。世之人君，孰不欲其心之公乎？然而每失之于邪也；孰不欲其心之善乎？然而每失之于恶也。是何也？无君子之养也。养之以君子，而不能不间⑦之以小人也，则亦无惑乎其心之不智矣。昔者太甲颠覆典刑⑧，而卒能处仁迁义，为有商之令主，则以有伊尹之圣以养之；成王孺子襁褓⑨，而卒能祗勤于德，为成周之盛王，则以有周公之圣以养之；桀、纣之心，夫岂不知仁义之为美，而卒不免于荒淫败度，则其所以养之者，恶来、飞廉⑩之徒也。呜呼！是亦可以知所养矣。

人虽至愚也，亦宁无善心之萌？虽其贤智也，亦宁无恶心之萌？于其善心之萌也，而有贤人君子扩充培植于其间，则善将无所不至，而心日以智矣；于其恶心之萌也，而有小夫憸人⑪引诱逢迎于其侧，则恶亦无所不至，而心日以愚矣。故夫人君而不欲其心之智焉，斯已矣；苟欲其心之智，则贤人君子之养，固不可一日而缺也。何则？人君之心，不公则私，不正则邪，不善则恶，不贤人君子之是与，则小夫憸人之是狎⑫，固未有漠然中立而两无所在者。一失其所养，则流于私，而心之智荡矣。入于邪，而心之智惑矣；溺于恶，而心之智亡矣；而何能免于庸患之归乎？夫惟有贤人君子以为之养，则义理之学，足以克其私心也；刚大之气，足以消其邪心也；正直之论，足以去其恶心也。扩其公而使之日益大，扶其正而使之日益强，作其善而使之日益新，夫是之谓匡直辅翼之道，而所以养其心者有所赖。

然而柔媚者近于纯良，而凶憸者类于刚直，故士有正而见斥，人有憸而获进，而卒无以得其匡直辅翼之资，于是乎慎择而明辩，必使居于前后左右者无非贤人君子，而不得有所混淆于其间，夫是之谓洞察几微⑬之明，而所以养其心者无所惑。然而梗直者难从，而诡谀者易入也；拂忤者难合，而阿顺者易亲也；则是君子之养未几⑭，而小人之养已随；养之以善者方退，而养之以恶者已入。故夫人君之于贤士君子，必信之笃，而小人不得以间；任之专，而邪佞不得以阻；并心悉虑，惟匡直辅翼之是资焉，夫是之谓笃确专一之诚。而所以养其心者，不至于有鸿鹄之分⑮，不至于有一暴十寒⑯之间，夫然后起居动息，无非贤士君子之与处，而所谓养之以善矣。夫然后私者克而心无不公矣，邪者消而心无不正矣，恶者去而心无不善矣。公则无不明，正则无不达，善则无不通，而心无不智矣。夫然后可以绝天下之私，可以息天下之邪，可以化天下之恶，可以兴礼乐、修教化，而为天地民物之主矣。而此何莫而不在于其所养邪！何莫而不在于养之以善邪！人君之心，惟在所养，范氏之说，盖谓养君心者言也，而愚⑰之论，则以为非人君有洞察之明、专一之诚，则虽有贤士君子之善养，亦无从而效之，而犹未及于人君之所以自养也。

然必人君自养其心，而后能有洞察之明，专一之诚以资夫人，而其所以自养者，固非他人之所能与矣，使其勉强于大庭昭晰^⑱之时，有放纵于幽独得肆之地，则虽有贤人君子，终亦无如之何者，是以人君尤贵于自养也。若夫自养之功，则惟在于存养省察，而其要又不外乎持敬而已。愚也请以是为今日献。

【注释】

①养，保养。②畅茂，繁茂。条达，通达。③至公，大公无私。④人心惟危，道心惟微，"心"有人心与道心两种，人心容易沾染私欲，故危，道心发于义理，故微，人只有精研专一，才能保持执中，语出自《尚书·大禹谟》。⑤丁宁，叮咛，嘱托。⑥匡直辅翼，框正、辅佐。⑦间，隔开。⑧太甲颠覆典刑，《史记·殷本纪》载："帝太甲既立三年，不明，暴虐，不遵汤法，乱德，于是伊尹放之于桐宫。三年，伊尹摄行政当国，以朝诸侯。帝太甲居桐宫三年，悔过自责，反善，于是伊尹乃迎帝太甲而授之政。帝太甲修德，诸侯咸归殷，百姓以宁。伊尹嘉之，迺作《太甲训》三篇，襃帝太甲，称太宗。"⑨成王孺子襁褓，《史记·周本纪》载："成王少，周初定天下，周公恐诸侯畔周，公乃摄行政当国。""周公行政七年，成王长，周公反政成王，北面就群臣之位。"成周，周公辅佐成王。⑩恶来，又称"恶来革"，商朝纣王大臣。飞廉，亦作"蜚廉"，纣王大臣。⑪憸人，奸佞之人。⑫狃，更替。⑬几微，预兆。⑭未几，不久。⑮鸿鹄之分，亦作"鸿鹄之思"，语出自《孟子·告子上》："今夫弈之为数，小数也；不专心致志，则不得也。弈秋，通国之善弈者也。使弈秋诲二人弈，其一人专心致志，惟弈秋之为听。一人虽听之，一心以为有鸿鹄将至，思援弓缴而射之，虽与之俱学，弗若之矣。为是其智弗若与？曰：非然也。"⑯一暴十寒，懈怠，语出自《孟子·告子上》："无或乎王之不智也。虽有天下易生之物也，一日暴之，十日寒之，未有能生者也。"⑰范氏，无从考证，疑为晋代范汪，著有《医心方》。愚，谦辞，自称。⑱大庭，朝廷。昭晰，光亮。

送毛宪副致仕归桐江书院序（戊辰）

【题解】

外则事君以忠、内则事亲以孝是传统儒士的理想人生道路，本文是王阳明赞颂毛宪副行藏君子之道，用之而行、舍之而藏。文章第一部分论述文章写作缘由，第二部分介绍师友对毛宪副的三种评价，第三部分论述王阳明的总结。阅读此文，我们可以从两个方面理解，第一，忠道与孝道应当勉力而为，偏废其一则人生有悔；第二，行所当行、止所当止，读书人当识进退。古有鸟尽弓藏、兔死狗烹之训，政治黑暗、社会动荡之时，进退之道对个人声誉乃至人身安全有着重要的影响，当进不进，则难有作为；当退不退，则身败名裂。进退之机受社会环境影响，我们应当认清社会形势、把握时机。

正德己巳①夏四月，贵州按察司副使毛公承上之命，得致其仕②而归。先是，公尝卜③桐江书院于子陵钓台④之侧者几年矣，至是将归老焉，谓其志之始获遂⑤也，甚喜。而同僚之良⑥惜公之去，乃相与咨嗟⑦不忍，集而饯之南门之外。

　　酒既行，有起而言于公者，曰："君子之道，出与处而已。其出也有所为，其处也有所乐。公始以名进士从政南部，理繁治剧⑧，颀然已有公辅之望⑨。及为方面⑩于云贵之间者十余年，内釐⑪其军民，外抚诸戎蛮夷，政务举而德威著。虽或以是召嫉取谤⑫，而名称亦用是⑬益显建立，暴于天下。斯不谓之有为乎？今兹之归，脱屣声利⑭，垂竿读书，乐泉石之清幽，就烟霞而屏迹⑮，宠辱无所与⑯，而世累无所加。斯不谓之有所乐乎？公于出处之际，其亦无憾焉耳已！"公起拜谢。

　　复有言者曰："虽然，公之出而仕也，太夫人⑰老矣，先大夫⑱忠襄公又遗未尽之志，欲仕则违其母，欲养则违其父，不得已权二者之轻重，出而自奋于功业。人徒见公之忧劳为国而忘其家，不知凡以成忠襄公之志，而未尝一日不在于太夫人之养也。今而归，告成于忠襄之庙，拜太夫人于膝下，且夕承欢⑲，伸色养⑳之孝，公之愿遂矣。而其劳国勤民，拳拳不舍之念，又何能释然而忘之！则公虽欲一日遂归休之乐，盖亦有所未能也。"公复起拜谢。

　　又有言者曰："虽然，君子之道，用之则行，舍之则藏㉑。用之而不行者，往而不返者也，舍之而不藏者，溺而不止者也㉒。公之用也，既有以行之，其舍之也，有弗能藏者乎？吾未见夫有其用而无其体㉓者也。"公又起拜，遂行。

　　阳明山人闻其言而论之曰："始之言，道其事也，而未及于其心。次之言者，得公之心矣，而未尽于道。终之言者，尽于道矣，不可以有加矣。斯公之所允蹈㉔者乎！"诸大夫皆曰："然。子盍㉕书之以赠从者？"

【注释】

①正德，明代皇帝朱厚照（1491—1521）1506—1521年间的年号。朱厚照，明代第十一代皇帝，葬于康陵，庙号武宗。己巳，古代干支纪年中的第六年。②致仕，辞去官职。③卜，选择处所。④桐江书院，南宋方斲所建立的书院，位于今浙江台州。方斲，字宗璞，号子木，又称韦溪先生。子陵钓台，严子陵钓台，位于今浙江桐庐，因东汉严子陵隐居于此得名。严子陵，名严光，东汉光武帝刘秀好友，刘秀征召，严子陵婉拒，隐居于富春江。⑤遂，实现、成功。⑥良，和善。⑦咨嗟，音 zī jiē，叹息。⑧理繁治剧，疑为"理繁剚剧"。剚，音 zì，刺。理繁剚剧，又作"理剧剚繁"，治理繁乱事务。⑨颀，音 qí，长。颀然，身姿秀丽。公辅，三公四辅辅佐天子，代指宰相。望，声望。⑩方面，古代地方的军政要职或长官。⑪釐，理、治。⑫召嫉取谤，招致嫉妒、毁谤。⑬用是，因此。⑭脱屣，比喻轻视，没有顾恋，犹如脱掉鞋子。声利，名利。⑮屏迹，亦作"屏跡"，匿避、隐居。⑯与，给。⑰太夫人，汉代列侯之母称太夫人，后世官吏之母，不论存殁，均称太夫人。⑱先大夫，先父。⑲承欢，迎合人意，博取欢心，多指侍奉父母、君王。⑳伸，竭尽。色养，出自《论语·为政》，和颜悦色奉养父母或承顺父母颜色。㉑君子之道，用之则行，舍之则藏，语出自《论语·述而》："子谓颜渊曰：'用之则行，舍之则藏，唯我与尔有是夫！'"用之，得用。舍之，被舍。㉒不行，不施行，指不施展自己的才能。往而不返者也，去而不知返归复命。溺而不止者也，沉溺于仕途而不停止。㉓体，本体。㉔允蹈，恪守、遵循。㉕盍，音 hé，何不。

送南元善入觐序（乙酉）

【题解】

　　南元善知府绍兴需要进京述职，当地百姓请求王阳明挽留，于是王阳明写作了序文，名为送别南元善，实为百姓阐明学道。文章第一部分简述南元善为政一方，持正弥坚，行正弥决，改变当地政风民风学风。第二部分简述当地百姓对南元善评价的转变过程，表达百姓挽留南元善态度。第三部分王阳明阐明尔士尔民"善养"、"善学"之心，送别南元善。文章的写作目的在于阐释保养"善养"、"善学"之心在于个人主动，而不在于师友强制。阅读此文，第一，我们可知师友帮助的必要，如果没有南元善的笃定，当地政风民风学风转变的时间可能会延后；第二，我们可知养心之本在于个人，个人是道德责任的主体。

　　渭南①南侯②之守越也，越之敝数十年矣。巨奸元慝③，窟据④根盘，良牧⑤相寻，未之能去；政积事瘝，俗因瘝靡⑥。至是乃斩然剪剔⑦而一新之，凶恶贪残，禁⑧不得行；而狡伪淫侈，游惰苟安之徒，亦皆拂戾⑨失常，有所不便。相与斐斐缉缉⑩，构逞腾诽^⑪，城狐社鼠之奸，又从而党比翕张^⑫之，谤遂大行。士夫之为元善危者沮之，曰："谤甚矣，盍已诸？"元善如不闻也，而持之弥坚，行之弥决。且曰："民亦非无是非之心，而蔽昧^⑬若是，固学之不讲而教之不明也。吾宁无责而独以咎归于民？"则日至学官^⑭，进诸生而作之以圣贤之志，启之以身心之学。士亦蔽于习染^⑮，哄然疑怪以骇，曰："是迂阔^⑯之谈，将废吾事！"则又相与斐斐缉缉，訾毁^⑰而诋议之。士夫之为元善危者沮之，曰："民之谤若火之始炎^⑱，士又从而膏^⑲之，孰能以无烬乎？盍遂已诸？"元善如不闻也，而持之弥坚，行之弥决。

则及缉稽山书院，萃其秀颖，而日与之谆谆焉，亹亹^⑳焉，越月逾时，诚感而意孚。三学洎各邑之士亦渐以动，日有所觉而月有所悟矣。于是争相奋曰："吾乃今知圣贤之必可为矣！非侯之至，吾其已夫！侯真吾师也！"于是民之谤者亦渐消沮。其始犹曰："侯之于我，利害半；我之于侯，恩爱半。"至是惠洽泽流而政益便，相与悔曰："吾始不知侯之爱我也，而反以为殃我也；吾始不知侯之拯我也，而反以为劳我也；吾其无人之心乎！侯真吾之严父也，慈母也！"

于是侯且入觐，百姓惶惶请留，不得，相与谋之多士曰："吾去慈母，吾将安哺乎？吾去严父，吾将安恃乎？"士曰："吁嗟！维父与母，则生尔身；维侯我师，实生我心。吾宁可以一日而无吾师之临乎！"则相与假重于阳明子而乞留焉。

阳明子曰："三年之觐见，大典^㉑也。侯焉可留乎？虽然，此在尔士尔民之心。夫承志而无违，子之善养也；离师友而不背，弟子之善学也。不然，虽居膝下而侍几杖，犹为不善养而操戈入室者也。奚必以留侯为哉！"众皆默然，良久，曰："公之言是也。"相顾逡巡^㉒而退。明日，复师生相率而来请曰："无以输吾之情㉓，愿以公言致之于侯。庶侯之遄㉔其来旋，而有以速诸生之化，慰吾民之延颈也。"

【注释】

①渭南，陕西渭南。②南侯，南大吉。南大吉，字元善，号瑞泉，陕西渭南人，王阳明门生，曾知绍兴府。③元憝，音 yuán duì，大恶、元凶。④窟據，占据。⑤牧，州的长官。⑥隳靡，毁伤。⑦剪剔，剪除整理。⑧禁，禁令。⑨拂戾，违逆。⑩斐，发愤。缉，聚集。⑪构谗腾诽，谗言诽谤。⑫党比，结党朋比。翕张，敛缩舒张。⑬蔽昧，蒙蔽愚昧。⑭学宫，学校。⑮习染，沾染恶习。⑯迂阔，不切实际。⑰訾毁，非议、诋毁。⑱炎，盛大。⑲膏，丰润。⑳谆谆，耐心教导。亹亹，勤勉不倦。㉑大典，盛大的典礼。㉒逡巡，徘徊。㉓输吾之情，表达我的真情。㉔遄，音 chuán，迅速。

送别省吾林都宪序（戊子）

【题解】

为人处世需要有自觉的责任意识和担当意识。王阳明在文中赞扬了林省吾不计个人名利，主动担负职责，更化一方、讨伐瑶寨的事迹，同时批评了当世士风衰薄、学术不明，豪杰之士难有担当之心。或许中国自古多灾多难的自然环境和社会环境激发了儒家的忧患和担当意识，传统儒家与佛道两家的重要区别之一在于儒家始终秉持着积极入世的精神和担当意识。当前中国处于由传统社会向现代社会的转型时期，社会利益争夺频繁激烈，社会矛盾集中，社会确需有担当、有能力的知识分子承担社会责任，推动社会改革，促进社会和谐。

嘉靖丁亥①冬，守仁奉命视师思、田②，省吾林君③以广西右辖，实与有司④。既思、田来格⑤，谋所以缉绥⑥之道，咸⑦以为非得宽厚仁恕，德威素为诸夷所信服者，父临而母鞠⑧之，殆未可以强力诡计劫制⑨于一时而能久于无变者也，则莫有踰于省吾者。遂以省吾之名上请，乞加宪职⑩，委之重权，以留抚于兹土，盖一年二年而化洽心革⑪，朝廷永可以无一方顾⑫也乎！则又以为圣天子方侧席励精，求卓越之才，须更化善治⑬，则如省吾之成德夙望，大臣且交章论荐⑭，或者请未及上，而先已有隆委峻擢⑮，恐未肯为区区两府之遗黎⑯，淹岁月而借之以重也⑰。疏去未踰月，而巡抚郧阳之命⑱果下矣。

当是时，八寨之瑶⑲积祸千里且数十年，方议进兵讨罪，省吾将率思田报效之民以先之⑳。报闻㉑，众咸为省吾贺，且谓得免兵革驱驰之劳也。省吾曰："不然。当事而中辍之，仁者忍之乎？遇难而苟避之，义者为之乎？吾既身任其责，幸有改命㉒，而亟去之，以为㉓吾心，吾能如是哉？"遂弗停驱而往。冒暑雨㉔，犯瘴毒，乘危㉕破险，竟㉖成八寨之伐而出。

嗟乎！今世士夫㉗计逐功名甚于市井刀锥㉘之较，稍有患害可相连及㉙，辄设机阱，立党援㉚，以巧脱幸免。一不遂其私，瞋目攘臂以相抵捍钩摘㉛，公然为之，曾不以为耻，而人亦莫有非㉜之者。盖士风之衰薄，至于此而亦极矣！而省吾所存，独与时俗相反若是，古所谓托孤寄命㉝，临大节而不可夺者，省吾有㉞焉。

正德初，某以武选郎抵逆瑾㉟，逮锦衣狱㊱，而省吾亦以大理评触时讳在系㊲，相与讲《易》于桎梏之间者弥月，盖昼夜不怠㊳，忘其身之为拘囚也。至是别已余二十年，而始复会于此。省吾貌益充，气益粹㊴，议论益平实，而其孜孜讲学之心，则固如昔加恳切焉。公事之余，相与订旧闻而考新得㊵。予自近年偶有见于良知之学，遂具以告于省吾。而省吾闻之，沛然若决江河，可谓平生之一快，无负于二十年之别也矣！

今夫天下之不治，由于士风之衰薄；而士风之衰薄，由于学术之不明㊶；学术之不明，由于无豪杰之士者为之倡焉耳。省吾忠信仁厚之质，得之于天者既与人殊，而其好学之心，又能老而不倦若此，其德之日以新而业之日以广也，何疑乎！自此而明学术，变士风，以成天下治，将不自省吾为之倡也乎！于省吾之别，庸书此以致切劘⑫之意。若夫期望于声位之间，而系情⑬于去留之际，是系足为省吾道之哉！

【注释】

①嘉靖，明代第十二位皇帝明世宗朱厚熜（1507—1567）1522—1566年间的年号。朱厚熜，丁亥，干支纪年中的第二十四年。②视师，督率军旅。思、田，思恩、田州。王阳明当时以都察院左都御史官职围剿思、田地方叛乱。③省吾林君，林省吾。都宪，都察院、都御史别称。④有司，专司。⑤格，来。来格，指归附。⑥缉绥，整治绥靖、安抚。⑦咸，都。⑧鞠，养育、抚养。⑨殆，大概。劫制，威力控制。⑩宪职，负责弹劾纠察官吏的都御史、御史官职。⑪化洽，教化普沾。心革，革心，改正思想。化洽心革，指百姓得以教化，民风更正。⑫顾，顾忌、顾虑。⑬侧席，不正坐以待贤。励精，振奋精神、致力于工作。更化，改制改革。善治，善政。⑭成德，盛德。夙望，平素的声望，指素有声望。交章，官员交互向皇帝上书奏事。论荐，选拔推荐。⑮委，委任。峻擢，高升。⑯遗黎，历经战乱后的人民。⑰淹，拖延。⑱郧阳，古地名，今湖北十堰地区，下辖郧县。⑲八寨，地名。瑶，瑶族。⑳报效之民，代指兵卒。先之，出自《论语·子路》，"先之劳之"，引导。㉑报闻，古代皇帝批阅奏章时，书一"闻"字，意谓所奏之事已知，泛指皇帝对于奏章的批示。㉒改命，更改职务的任命。㉓为，疑作"违"，违背。㉔暑雨，夏天的大雨。成语"暑雨祁寒"指生计艰难，环境困苦。㉕乘危，踏上危险之地，指冒险。成语"乘危蹈险"指冒险。㉖竟，终于。㉗士夫，士大夫、读书人。㉘刀锥，刀和锥，指微小之利。㉙连及，牵连涉及。㉚党援，结党为援，指结援相助的党羽。㉛瞋目，瞪眼。攘臂，捋起衣袖、伸出胳膊。抵捍，亦作"抵扞"，抗拒。钩，钩党，相牵连的同党。摘，指摘责备。

㉜非，非难、反对。㉝托孤，托孤，受君主临终前的嘱托，辅佐幼君。百里之命，指政权的命脉。㉞有，富有。㉟某，代称自己。武选郎，王阳明时任兵部主事。抵逆瑾，正德元年冬，刘瑾专权，诬陷南京户科给事中御史戴铣等二十余人，王阳明上书《乞宥言官去权奸以章圣德疏》为戴铣等人直言，遭廷杖并贬谪龙场。㊱锦衣狱，锦衣卫的监狱。锦衣卫，全称"锦衣亲军都指挥使司"，明朝所设的专司皇帝卫戍、监察和情报机构；前身为明太祖所创设的"御用拱卫司"，洪武元年改制"仪鸾司"，二年改制"大内亲军都督"。㊲大理评，大理评事，大理寺官员，汉置廷尉平，与廷尉正、廷尉监同掌刑狱事项，魏晋时改称评，隋改为评事，属大理寺。触时讳，触犯时忌。系，拘囚、关押。㊳怠，懒惰、松懈。㊴充，饱满。粹，精粹、纯粹。㊵订，订正。考，省察。㊶学术，教化、学风。明，洁净。㊷庸，《说文》载："庸，用也。"劘，音 mó，切削，引申磨砺、规劝。切劘，砌磨、切磋。㊸系情，寄情。

平山书院记（癸亥）

【题解】

　　本文是王阳明为杭州平山书院作的记。文章赞扬了温氏父子成己成人、感恩乡人的情怀。文章第一部分介绍平山书院创建的原因以及结果，温甫之父不忘先贤，子孙受其恩泽。第二部分借温甫之口介绍平山书院美景，以映衬温甫对平山书院的思念之情。第三部分点明温甫父子成人成己之德。传统社会是关系社会，个人是家族的一分子，某个人的成功是包括祖先、族人在内的几代人培育的结果，而不是个人单独努力的结果，个人成功的结果理应由全体家族享用，感恩之情多通过利益的回馈实现。现代社会将家族的范围缩小为家庭，个人回馈家族的道义责任大大减小。但抛弃功利性质的感恩，成己成人之德仍然值得我们继承发扬。

　　平山在鄮陵之北三里，今杭郡守①杨君温甫蚤岁②尝读书其下。鄮人之举进士者，自温甫之父金宪③公始，而温甫承之。温甫既贵，建以为书院。曰："使吾乡之秀与吾杨氏之子弟诵读其间，翘翘④焉相继而兴，以无亡吾先君之泽⑤。"于是其乡多文士，而温甫之子晋，复学成有器识⑥，将绍⑦温甫而起。盖书院为有力焉。

温甫始为秋官郎⑧，予时实为僚佐⑨，相怀甚得⑩也。温甫时时为予言："平山之胜，耸秀奇特，比于峨嵋。望之严厉壁削，若无所容，而其上乃宽衍平博。有老氏宫焉，殿阁魁杰伟丽，闻于天下。俯览大江，烟云杳霭⑪。暇辄从朋侪⑫往游，其间鸣湍绝壑，拂云千仞之木，阴翳亏蔽。书院当⑬其麓，其高可以眺，其邃⑭可以隐，其芳⑮可以采，其清可以濯⑯，其幽可以栖。吾因而望之以"含远"之楼，蛰之以"寒香"之坞⑰，揭⑱之以"秋芳"之亭，澄之以"洗月"之池，息之以"栖云"之窝。四时交变，风雪晦暝之朝，花月澄芬之夕，光景超忽⑲，千态万状。而吾诵读于其间，盖冥然与世相忘，若将终身焉，而不知其他也。今吾汩⑳没于簿书案牍，思平山之胜，而庶几梦寐焉，何可得耶！"

既而某以病告归㉑阳明，温甫寻亦出守杭郡。钱塘波涛之汹怪，西湖山水之秀丽，天下之言名胜者无过焉。噫！温甫之居是地，当无憾于平山耳矣。今年与温甫相见于杭，而亹亹㉒于平山者犹昔也。吁，亦异矣！岂其沈溺㉓于兹山，果有不能忘情也哉？温甫好学不倦，其为文章，追古人而并之。方其读书于平山也，优游自得，固将发为事业以显于世。及其施诸政事，沛然有余矣，则又益思致力于问学，而其间又自有不暇者。则其眷恋于兹山也，有以㉔哉！温甫既已成己，则不能忘于成物㉕，而建为书院以倡其乡人。处行义㉖之时，则不能忘其隐居之地，而拳拳于求其志者无穷已也。古人有言："成己，仁也；成物，知也。"㉗温甫其仁且知者欤！又曰"隐居以求其志，行义以达其道。吾闻其语矣，未见其人也。"㉘温甫殆其人也，非欤？

温甫属㉙予记，予未尝一至平山，而平山岩岩之气象，斩然㉚壁立而不可犯者，固可想而知，其不异于温甫之为人也。以温甫之语予者记之。

【注释】

①郡守，郡的长官。宋代改郡为府，知府也称郡守。②蚤，通"早"。蚤岁，早年。③佥宪，音 qiān xiàn，佥都御史的美称。④翘翘，出色出群。⑤泽，恩惠。⑥器识，器量见识。⑦绍，承继。⑧秋官，古官名，掌刑狱。郎，古代奴仆对主人的称呼。⑨僚佐，官署中协助办事的官吏。⑩相怀甚得，相互关怀，甚为得意。⑪杳霭，亦作"杳蔼"，音 yǎo ǎi，云雾缥缈。⑫朋侪，音 péng chái，朋辈。⑬当，面对。⑭邃，深远。⑮芳，香，代指花。⑯濯，音 zhuó，洗。⑰寒香，清冽的香气，指梅花或梅花的香气。坞，音 wù，小型隐蔽物。⑱揭，高举。⑲倏忽，迅速变化。⑳汩，音 gǔ，淹没。㉑告归，古代官吏告老还乡或请假回家。㉒娓娓，音 wěi，诗文或谈论有趣。㉓沈溺，亦作"沉溺"，迷恋。㉔有以，有原因。㉕成己，自己有所成就。成己、成物，自己有所成就，也要使其他有所成就，详见本文第㉗条注释。㉖行义，躬行仁义道德。㉗知，通"智"，智慧。"成己，仁也；成物，知也"，语出自《礼记·中庸》："诚者非自成己而已也，所以成物也。成己，仁也；成物，知也。性之德也，合外内之道也。"郑玄注："以至诚成己则仁道立。以至诚成物则知弥博。此五性之所以为德也，外内所须而合也。外内犹上下。"㉘"隐居以求其志，行义以达其道。吾闻其语矣，未见其人也"，语出自《论语·季世》："孔子曰：'见善如不及，见不善如探汤。吾见其人矣，吾闻其语矣。隐居以求其志，行义以达其道。吾闻其语矣，未见其人也。'"㉙属，通"嘱"，叮嘱。㉚岩岩，高大、高耸。斩然，陡峭的样子。

何陋轩①记（戊辰）

【题解】

华夷之辨是传统文人素来重视的问题，王阳明被贬谪龙场后，不得不与当地夷人相来往，故而对夷人的认识比较清晰，分析华夷之别比较准确。文章第一部分介绍王阳明与夷人交往月余的过程，第二部分则阐释了作者认识到的华夷之别、陋诈之别，中原地区典章礼乐盛，但狡匿谲诈之术兴，南夷之地粗粝顽梗，但淳庞质素。文化一方面将人与其他动物区别开来，赋予人类社会文明价值，另一方面也将人类与自然区别开来。尊重自然原则的同时发展人类文明是人类难以把握的平衡技艺；遵从本性、率性为人与顺从礼乐、守规尊则也是个体难以把握的处世技巧。

昔孔子欲居九夷②，人以为陋。孔子曰："君子居之，何陋之有？"③守仁以罪谪龙场④。龙场，古夷蔡⑤之外，于今为要绥⑥，而习类尚因其故。人皆以予自上国⑦往，将陋⑧其地，弗能居也。而予处之旬月，安而乐之，求其所谓甚陋者而莫得。独其结题鸟言，山栖羝服⑨，无轩裳宫室之观、文仪揖让之缛⑩，然此犹淳庞质素⑪之遗焉。盖古之时，法制未备，则有然矣，不得以为陋也。夫爱憎面背，乱白黝丹，浚奸穷黠，外良而中螫⑫，诸夏盖不免焉。若是而彬郁其容，宋甫鲁掖，折旋矩镬⑬，将无为陋乎？夷之人乃不能此。其好言恶詈⑭，直情率遂，则有矣。世徒以其言辞物采之眇⑮而陋之，吾不谓然也。

始予至，无室以止，居于丛棘之间，则郁⑯也。迁于东峰，就石穴⑰而居之，又阴以湿。龙场之民，老稚日⑱来视，予喜不予陋，益予比⑲。予尝圃⑳于丛棘之右，民谓予之乐之也，相与伐木阁之材，就其地为轩以居予。予因而翳之以桧竹，莳㉑之以卉药；列堂阶，辩室奥㉒；琴编图史，讲诵游适之道略俱。学士㉓之来游者，亦稍稍而集于是。人之及吾轩者，若观于通都㉔焉，而予亦忘予之居夷也。因名之曰"何陋"，以信孔子之言。

嗟夫！诸夏之盛，其典章礼乐，历圣修而传之，夷不能有也，则谓之陋固宜。于后蔑道德而专法令，搜抉钩繫㉕之术穷，而狡匿谲㉖诈，无所不至，浑朴尽矣。夷之民方若未琢之璞，未绳㉗之木，虽粗砺顽梗，而椎㉘斧尚有施也，安可以陋之？斯孔子所谓欲居也欤？虽然，典章文物则亦胡可以无讲！今夷之俗，崇巫而事鬼，渎礼而任情，不中不节㉙，卒未免于陋之名，则亦不讲于是耳。然此无损于其质也。诚有君子而居焉，其化之也盖易。而予非其人也，记之以俟来者。

【注释】

①何陋轩，王阳明贬谪龙场期间所建，今位于贵州省修文县。②九夷，古人对东方少数民族的称呼，古有九夷族；也指东方少数民族的居住地，杨伯峻注为淮夷。③"君子居之，何陋之有"，语出自《论语·子罕》："子欲居九夷。或曰：'陋，如之何？'子曰：'君子居之，何陋之

有?'"④罪谪龙场，指正德元年冬，刘瑾专权，诬陷南京户科给事中御史戴铣等二十余人，王阳明上书《乞宥言官去权奸以章圣德疏》为戴铣等人直言，遭廷杖并贬谪贵州龙场。⑤夷蔡，《尚书·禹贡》载从王都向四周每五百里为一"服"，即甸服、侯服、绥服、要服、荒服。《尚书·禹贡》载："五百里甸服：百里赋纳緫，二百里纳铚，三百里纳秸服，四百里粟，五百里米。五百里侯服：百里采，二百里男邦，三百里诸侯。五百里绥服：三百里揆文教，二百里奋武卫。五百里要服：三百里夷，二百里蔡。五百里荒服：三百里蛮，二百里流。"夷蔡均在要服范围内，其意为距离中原较远。⑥要绥，《尚书》载："五百里绥服。"绥，安也。其意为龙场以前属于要服范围，现在属于绥服范围，其地位较早以前有提高。⑦上国，春秋时期与吴楚两国相对的中原诸侯国称为上国，后指朝廷。⑧陋，形容词意动用法，以……为陋。⑨结，绳子打结。题，书写。鸟言，四夷语言，比喻难懂。结题鸟言，指龙场居民未开化。羝，音 dī，公羊。服，衣服。⑩缛，音 rù，繁多，烦琐。⑪淳庞，淳厚。质素，本色素朴，不加文饰。⑫面背，人前人后。爱憎面背，人前人后爱憎态度不一致。黝，音yǒu，微青黑色。乱白黝丹，指是非不分。浚，音 jùn，深。黠，音 xiá，狡猾，奸诈。浚奸穷黠，指非常狡猾奸诈。螫，音 shì，毒虫或毒蛇刺咬。外良而中螫，指外表忠厚，内心毒辣奸诈。⑬彬郁，音 bīn yù，同"彬彧"，美盛的样子。《礼记·儒行》载："鲁哀公问于孔子曰：'夫子之服，其儒服与?'孔子对曰：'丘少居鲁，衣逢掖之衣；长居宋，冠章甫之冠。丘闻之也，君子之学也博，其服也乡。丘不知儒服。'"甫，章甫之冠。掖，逢掖之衣。宋甫鲁掖，指服饰适当。折旋，音 shé xuán，古人行礼动作。矩，画直角或方形的工具。镬，音 huò，盆，烹人刑具。折旋矩镬，指行为符合礼仪规范。⑭詈，音 lì，责骂。⑮物采，色彩。眇，音 miǎo，细小微小。⑯郁，积郁压抑。⑰石穴，石洞，阳明洞，位于贵州省修文县。⑱日，每天。⑲比，集结、聚合。⑳圃，音 pǔ，名词，种植蔬菜瓜果的园子。㉑翳，音 yì，覆盖、遮蔽。桧，音 guì，植物名，又名刺柏、圆柏。莳，音 shì，移植栽种。㉒室奥，又作"室隩"，音 shì yù，指室内。

㉓学士，古代在国学读书的学生，泛指普通读书人。㉔通都，交通便利的都市。㉕抉，揭发。钩，取，引申捉取。絷，音 zhí，拘禁。搜抉钩絷，指陷害、网织罪名。㉖匿，藏匿。谲，音 jué，欺诈。㉗琢，雕刻。璞，音 pú，未雕琢过的玉石，比喻人天真质朴。绳，木工取直用的墨线。㉘椎，音 chuí，敲打东西的器具。㉙中，当位。节，操守。中、节，中正守节。

君子亭①记（戊辰）

【题解】

　　梅兰竹菊莲是古人常借来表明志向的植物，比如王安石作《梅花》，周敦颐作《爱莲说》。王阳明在何陋轩之前植竹建亭，作记明志。文章第一部分阐释"竹有君子之道"：君子之德、君子之操、君子之时、君子之容。第二部分借师生对话，表明个人志向。养成君子人格是古代儒家孜孜以求的道德理想，而且君子人格的价值并没有随着时间的消逝而减少，反而愈来愈珍贵，由此可知，追求良善道德是古今中外全部人类的追求。中国自古以道德立国，我们建立民主法治等现代政治文化的同时，需要坚守古人的君子道德理想，守护传统道德价值，"人而嫌以君子自名也，将为小人之归矣"。

　　阳明子既为何陋轩②，复因轩之前营③，驾楹④为亭，环植以竹，而名之曰"君子"。曰："竹有君子之道四焉：中虚而静，通而有间，有君子之德；外节而直，贯四时而柯叶⑤无所改，有君子之操；应蛰而出，遇伏⑥而隐，雨雪晦明⑦无所不宜，有君子之时；清风时至，玉声珊然，中《采齐》而协《肆夏》⑧，揖逊⑨俯仰，若洙泗⑩群贤之交集，风止籁静，挺然特立，不挠不屈，若虞廷⑪群后，端冕正笏⑫而列于堂陛之侧，有君子之容。竹有是四者，而以'君子'名，不愧于其名；吾亭有竹焉，而因以竹名名，不愧于吾亭。"

门人曰："夫子盖自道也。吾见夫子之居是亭也，持敬以直内，静虚而若愚，非君子之德乎？遇屯而不慑⑬，处困而能亨⑭，非君子之操乎？昔也行于朝，今也行于夷，顺应物而能当⑮，虽守方而弗拘，非君子之时乎？其交翼翼，其处雍雍⑯，意适而匪懈，气和而能恭，非君子之容乎？夫子盖谦于自名也，而假之竹。虽然，亦有所不容隐⑰也。夫子之名其轩曰'何陋'，则固以自居矣。"

阳明子曰："嘻！小子之言过矣，而又弗及。夫是四者何有于我哉？抑⑱学而未能，则可云尔耳。昔者夫子不云乎？'汝为君子儒，无为小人儒'⑲，吾之名亭也，则以竹也。人而嫌以君子自名也，将为小人之归⑳矣，而可乎？小子识㉑之！"

【注释】

①君子亭，地名，位于今贵州省修文县，仅存建筑构件。②何陋轩，参见《何陋轩记》。③营，疑作"荣"，飞檐。④楹，厅堂前方的柱子。⑤柯，音 kē，草木的枝茎。柯叶，枝叶。⑥蛰，动物冬眠。伏，趴。⑦晦明，黑夜和白昼。⑧《采齐》，亦作《采荠》，古乐章名。《肆夏》，古乐章名。《周礼·春官·乐师》："教乐仪，行以《肆夏》，趋以《采荠》。"⑨揖逊，揖让。⑩洙泗，洙水和泗水，河流名，孔子曾在附近讲学，后洙泗代指孔子及儒家。⑪虞廷，亦作"虞庭"，虞舜的朝廷。因虞舜为古代圣君，故虞廷亦指圣朝。⑫笏，古代大臣上朝时手中所拿的狭长板子，按品第分

别用玉、象牙或竹制成，用以画及记事之用。⑬屯，音 zhūn，困难。慹，恐惧害怕。⑭亨，顺利。《周易·坤》彖辞："含弘光大，品物咸'亨'。"⑮当，音 dàng，恰当。⑯交，朋友。翼翼，恭敬谨慎。雍雍，和洽、和乐。⑰隐，隐藏。⑱抑，文言连词，或许。⑲"汝为君子儒，无为小人儒"，语出自《论语·雍也》："子谓子夏曰：'女为君子儒！无为小人儒！'"⑳嫌，厌恶，不满意。归，取向。㉑识，音 zhì，记住。

远俗亭记（戊辰）

【题解】

雅俗相对，王阳明借为毛应奎退食之所作记的机会阐明了远俗之义。文章首先介绍毛应奎理解的远俗的含义，"俗习与古道为消长"。然后论述以毛应奎所理解的远俗含义，毛应奎不可能远俗儒俗吏。其次论述不远于举业辞章得古人之学、不远于簿书期会得古人之政是远俗的恰当含义。最后批驳"苟同于俗"与"远俗求异"等俗见，我们既不能苟同于俗，视现实完全合理，完全接受当前一切，也不能远俗求异，完全视现实无理，完全反对当前一切。道不远俗，道义寓于日常饮用之中，恰当地为人处世、接人待物，我们不必消灭俗学俗吏，承认俗学俗吏现实存在的同时，需要检视俗学俗吏的道义价值。

宪副毛公应奎，名其退食之所①曰"远俗"。阳明子为之记曰：

俗习与古道②为消长。尘嚣溷③浊之既远，则必高明清旷之是宅矣，此"远俗"之所由名也。

然公以提学为职，又兼理夫狱讼军赋，则彼举业辞章，俗儒④之学也；簿书期会⑤，俗吏之务也；二者皆公不免焉。舍所事而曰"吾以远俗"，俗未远而旷官⑥之责近矣。

君子之行也，不远于微近纤曲⑦，而盛德存焉，广业著焉。是故诵其诗，读其书，求古圣贤之心，以蓄其德而达诸用，则不远于举业辞章，而可以得古人之学，是远俗也已。公以处之，明以决之，宽以居之，恕⑧以行之，则不远于簿书期会，而可以得古人之政，是远俗也已。

苟其心之凡鄙猥琐⑨，而待闲散疏放之是托，以为"远俗"，其如远俗何哉！昔人有言："事之无害于义者，从俗可也。"⑩君子岂轻于绝俗哉？然必曰无害于义，则其从之也，为不苟矣。是故苟同于俗以为通⑪者，固非君子之行；必远于俗以求异者，尤非君子之心。

【注释】

①退食，退朝就食于家，退食之所，此处指办公间隙休息的地方。②古道，传统正道，泛指古代思想、制度、风尚。③溷，音 hùn，肮脏，混浊。④俗儒，浅陋而迂腐的儒士。⑤簿，音 bù，公文、案卷。簿书，官署中的文书簿册。期会，在规定的期限内实施政令。⑥旷官，空居官位，指不称职。⑦微近纤曲，代指琐碎零碎的杂事。⑧恕，《说文》载，"恕，仁也。"⑨凡鄙，平庸鄙陋。猥琐，鄙陋卑劣。⑩"事之无害于义者，从俗可也"，语出自《论语·子罕》："子曰：'麻冕，礼也；今也纯，俭。吾从众。拜下，礼也；今拜乎上，泰也。虽违众，吾从下。'"朱熹注："程子曰：'君子处世，事之无害于义者，从俗可也；害于义，则不可从也。'"⑪通，通晓、明了。

玩易窝①记（戊辰）

【题解】

  本文是王阳明借玩易窝名，阐释思《易》之趣的文章。《易》是传统儒家道家必读的经典之作，王阳明贬谪期间曾精读《易》，文章第一部分描述思索《易》之义理的乐趣，第二部分则阐释观象玩辞、观变玩占的乐趣。《易》文中包含丰富的哲理，孔子曾"读《易》，韦编三绝"，当前国人应当以理性的态度阅读《易》，学习《易》之义理与逻辑。此外，王阳明描述的思索之乐值得玩味领会。孔子言，学而不思则罔、思而不学则殆，思考是不可或缺的步骤。我们在学习过程中，应当自觉运用理性和逻辑，思考我们所学所见所闻。固然思考的过程可能是痛苦的，但是我们在思考过程中的收益是丰富的。

  阳明子之居夷②也，穴③山麓之窝而读《易》其间。始其未得也，仰而思焉，俯而疑焉，函六合④，入无微⑤，茫乎其无所指，孑乎其若株⑥。其或得之也，沛兮其若决⑦，瞭兮其若彻⑧，菹淤⑨出焉，精华入焉，若有相者⑩而莫知其所以然。其得而玩之也，优然其休焉，充然⑪其喜焉，油然其春生焉；精粗一⑫，外内翕⑬，视险若夷，而不知其夷之为阨⑭也。

于是阳明子抚几⑮而叹曰："嗟乎！此古之君子所以甘囚奴，忘拘幽⑯，而不知其老之将至也夫！吾知所以终吾身矣。"名其窝曰"玩易"，而为之说曰：

夫《易》，三才之道备⑰焉。古之君子，居则观其象而玩其辞⑱，动则观其变而玩其占⑲。观象玩辞，三才之体立矣；观变玩占，三才之用⑳行矣。体立，故存而神；用行，故动而化。神，故知周万物而无方㉑；化，故范围㉒天地而无迹。无方，则象辞基焉；无迹，则变占生焉。是故君子洗心而退藏于密㉓，斋戒㉔以神明其德也。盖昔者夫子尝韦编三绝㉕焉。呜呼！假我数十年以学《易》，其亦可以无大过已夫！

【注释】

①玩易窝，现位于贵州修文。②夷，指贵州修文。③穴，动词，穴居。④函，包含。六合，上下和四方，指宇宙天地。⑤无微，极微至微。⑥孑，音jié，孤单。株，草木。⑦沛，盛大。决，水堤决口。⑧瞭，清晰。彻，通达。⑨菹，沼泽地。淤，江河中沉积的泥沙。⑩相者，帮助主人传递话语或者引导客人的人。⑪优然，安然。休，吉庆。充然，浩然。⑫一，相同。⑬翕，音xī，一致。⑭夷，平坦。阨，音ài，困厄。⑮几，小矮的桌子。⑯甘，自愿乐意。囚奴，囚禁奴役。拘幽，拘禁幽禁。⑰三才，天、地、人。备，完备。⑱象，卦象。辞，解释卦爻象的语词。⑲占，占卜判断吉凶。以上两句出自《周易·系辞》："是故君子居则观其象而玩其辞，动则观其变而玩其占。是以自天佑之，吉无不利。"⑳体，本体。用，功用。㉑神，神明。知周，出自《周易·系辞》："知周乎万物而道济天下，故不过。"孔颖达疏："圣人无物不知，是知周于万物。天下皆养，是道济天下也。'故不过'者，所为皆得其宜，不有愆过，使物失

分也。"无方，出自《周易·益》："天施地生，其益无方。"无方，没有方向、处所的限制。㉒化，玄幻。范围，效法。㉓洗心，洗涤心胸，去除恶念。退藏于密，语出自《周易·系辞》："圣人以此洗心，退藏于密，吉凶与民同患。"王弼注："言其道深微，万物日用而不能知其原，故曰'退藏于密'，犹藏诸用也。"㉔斋戒，人在祭祀前沐浴更衣、整洁身心，以示虔诚。㉕昔者夫子尝韦编三绝，语出自《史记·孔子世家》："孔子晚而喜《易》，序《彖》、《系》、《象》、《说卦》、《文言》。读《易》，韦编三绝。曰：'假我数年，若是，我于《易》则彬彬矣。'"韦，熟牛皮。韦编，用熟牛皮绳把竹简编联起来。三，概数，多次。绝，断。韦编三绝，指读书勤奋，将编联竹简的绳子翻断了多次。

东林书院记（癸酉）

【题解】

书院是古代学人教书育人、传承文化的载体，本文是王阳明为无锡东林书院重建写的文章。文章第一部分叙写了杨时、邵宝、华氏、高文豸三代学人兴修东林书院的事迹。第二部分反思东林书院兴废的原因，重点批判学人传承学问不力。第三部分阐明修复东林书院的旨意，前承先贤之学、深求先贤之心。第四部分记叙当地民风，启发学人兴学。东林书院的兴废历史昭示学人应当自觉担当起道义传承的责任。虽然士绅豪族等对学人的资金、土地等物质帮助对学统的传承有所裨益，但是学统的传承说到底是士人群体不可推卸的义务。当代学者比任何时代都有着更为便利的治学条件，传承先贤治学精神，启迪后学继承道统学说更是当代学者肩负的历史使命。

东林书院①者，宋龟山杨先生②讲学之所也。龟山没，其地化为僧区③，而其学亦遂沦入于佛老训诂词章者且④四百年。成化⑤间，今少司徒泉斋邵先生⑥始以举子复聚徒讲诵于其间。先生既仕而址复荒，属于邑⑦之华氏。华氏，先生之门人也，以先生之故，仍让其地为书院，以昭先生之迹，而复龟山之旧。先生既已纪其废兴，则以记属之某⑧。

当是时，辽阳高君文豸方来令⑨兹邑，闻其事，谓表明贤人君子之迹，以风励⑩士习，此吾有司⑪之责，而顾以勤⑫诸生则何事？爰毕其所未备⑬，而亦遣人来请。

呜呼！物之废兴，亦决有成数⑭矣，而亦存乎其人。夫龟山没，使有若先生者相继讲明其间，龟山之学，邑之人将必有传，岂遂沦入于老佛词章而莫之知！求当时从龟山游不无人矣，使有如华氏者相继修葺之，纵其学未即明，其间必有因⑮迹以求道者，则亦何至沦没于四百年之久！又使其时有司有若高君者，以风励士习为己任，书院将无因而圮⑯，又何至化为浮屠⑰之居而荡为草莽之野！是三者，皆宜书之以训后。

若夫⑱龟山之学，得之程氏，以上接孔孟，下启罗、李、晦庵⑲，其统绪⑳相承，断无可疑。而世犹议其晚流于佛，此其趋向，毫厘之不容于无辨，先生必尝讲之精矣。先生乐《易》谦虚，德器溶㉑然，不见其喜怒。人之悦而从之，若百川之趋海。论者以为有龟山之风，非有得于其学，宜弗能之。然而世之宗㉒先生者，或以其文轮㉓之工，或以其学术之邃，或以其政事之良；先生之心，其殆未以是足也。从先生游者，其以予言而深求先生之心，以先生之心而上求龟山之学，庶乎书院之复，不为虚矣！

书院在锡㉔百渎之上，东望梅村二十里而遥，周太伯㉕之所从逃也。方华氏之让地为院，乡之人与其同门之士争相趋事㉖，若耻于后。太伯之遗风，尚有存焉，特㉗世无若先生者以倡之耳！是亦不可以无书。

【注释】

①东林书院，我国古代书院，创建于北宋时期，是当时为北宋理学家杨时讲学的地方，明朝万历三十二年，顾宪成、高攀龙等人修复并书院并聚众讲学，东林书院成为评议朝政的中心。②宋龟山杨先生，杨时。杨时（1044—1130），字中立，号龟山，北宋理学家，二程弟子。程门立雪即杨时与同门游酢侍立于程颐门前。杨时将二程理学思想传播到南方，著有《龟山集》。③僧区，寺院。④佛，佛家。老，老子，代道家。训诂，对古典籍做考证解释、说明。词章，解释诗文的修饰。且，将近。⑤成化，明宪宗（1447—1487 年）1465—1487 年间年号。⑥少司徒，官职名。泉斋邵先生，邵宝。邵宝（1460—1527），字国贤，号泉斋，别号二泉，江苏无锡人，明代学者，李东阳门人，曾修白鹿书院。下文所有"先生"均指代邵宝先生。⑦属，同"嘱"，嘱咐。邑，旧指县，同乡。⑧以记属之某，嘱咐我写记。⑨令，动词，做令。⑩风励，鼓励劝勉。⑪有司，官吏。⑫勤，辛劳、劳苦。⑬爱，语气助词。⑭成数，定数。⑮因，因袭遵循。⑯圮，音 pǐ，倒塌。⑰浮屠，亦作"浮图"，佛教术语，佛陀、佛。⑱若夫，至于。⑲罗，罗从彦。李，李侗。晦庵，朱熹。⑳统绪，传承系统。㉑德器，道德修养与才识度量。溶，广大盛大。㉒宗，尊奉、尊崇。㉓文轮，疑为"文翰"，文章、文辞。㉔锡，无锡。㉕周太伯，又称吴太伯。吴太伯，姬姓，名泰伯，周太王长子。因太王传位于季历，泰伯与仲雍出逃至荆蛮，建国勾吴，被奉为吴文化宗族。《史记·吴太伯世家》载："吴太伯，太伯弟仲雍，皆周太王之子，而王季历之兄也。季历贤，而有圣子昌，太王欲立季历以及昌，于是太伯、仲雍二人乃奔荆蛮，文身断发，示不可用，以避季历。季历果立，是为王季，而昌为文王。太伯之奔荆蛮，自号勾吴。荆蛮义之，从而归之千余家，立为吴太伯。太伯卒，无子，弟仲雍立，是为吴仲雍。仲雍卒，子季简立。季简卒，子叔达立。叔达卒，子周章立。是时周武王克殷，求太伯、仲雍之后，得周章。周章已君吴，因而封之。乃封周章弟虞仲于周之北故夏虚，是为虞仲，列为诸侯。"㉖趋事，做事。㉗特，只、不过。

浚河记（乙酉）

【题解】

水利建设是社会发展的重要保障，南元善知绍兴府期间兴修水利、保障民生，本文是王阳明以南元善兴修水利事业为例，阐释善政为民之义。文章第一部分简述绍兴水利状况、南元善兴修水利的措施以及豪商势家的反应。第二部分简述南元善兴修水利的结果。中间穿插了王阳明的点评，"未闻以佚道使民，而或有怨之者也"。民本政治是传统文化中的组成部分，民本规定了政治权力运行的目的和规则，为政为民是中国官民普遍认可的政治观念。公职人员认可民本文化，在施政过程中或可做到保障民众利益。阅读此文，当代公职人员更应当树立为政为民的观念，传承民本文化，保障民众利益。

越①人以舟楫为舆马②，滨③河而廛④者，皆巨室⑤也。日规⑥月筑，水道淤隘⑦；畜泄既亡，旱潦频仍⑧。商旅日争于途，至有斗而死者矣。南子⑨乃决沮⑩障，复旧防⑪，去豪商之壅⑫，削势家⑬之侵。失利之徒，胥⑭怨交谤，从而谣之曰："南守瞿瞿⑮，实破我庐；瞿瞿^⑮南守，使我奔走。"人曰："吾守其厉^⑯民欤！何其谤者之多也？"

阳明子曰："迟之！吾未闻以佚道^⑰使民，而或有怨之者也。"

既而舟楫通利，行旅欢呼络绎。是秋大旱，江河龟坼^⑱，越之人收获输载^⑲如常。明年大水，民居免于垫溺^⑳。远近称忭^㉑，又从而歌之曰："相^㉒彼舟人矣，昔揭^㉓以曳矣，今歌以楫矣。旱之熇^㉔也，微^㉕南侯兮，吾其燋^㉖矣。霪^㉗其弥月矣，微南侯兮，吾其鱼鳖矣。我输我积矣，我游我息矣，长渠之活矣，维南侯之流泽矣。"

人曰："信哉！阳明子之言：'未闻以佚道使民，而或有怨之者也。'"纪其事于石，以诏^㉘来者。

【注释】

①越，古国名，位于现浙江东部。②舟楫，船桨。舆马，车马。③滨，靠近。④廛，音 chán，古代百姓所占房地。⑤巨室，世家富族。⑥规，规划。⑦淤隘，淤塞、狭隘。⑧潦，音 lào，古同"涝"，淹。频仍，连续。⑨南子，南元善。南大吉，字元善，号瑞泉，陕西渭南人，王阳明门生，曾知绍兴府；参见《送南元善入觐序》。⑩沮，音 jù，潮湿。⑪旧防，旧堤。⑫壅，阻塞。⑬势家，权势贵族。⑭胥，音 xū，全、都。⑮瞿瞿，音 jù，迅速张望貌。⑯厉，虐待。⑰佚道，逸道，使百姓安乐之道。⑱龟坼，音 jūn chè，天旱土地裂开。⑲输载，运输、装载。⑳垫溺，水淹。㉑忭，音 biàn，高兴。㉒相，察看。㉓揭，举起。㉔熇，音 xiāo，火热。㉕微，没有。㉖燋，音 jiāo，通"焦"，灼热、烧焦。㉗霪，音 yín，久雨不止。㉘诏，音 zhào，告诉。

白说字贞夫说（乙亥）

【题解】

说，文体一种，多讲事理。古人二十岁加冠取字，以示成年。本文是王阳明为敬斋公之长子白说取字的说明。文章阐释了"说"与"贞"的关系，"天下之道，说而已；天下之说，贞而已"，"说也者，贞也；贞也者，理也"。古人取字，多和名相关，王阳明以贞字说，对白说成君子之德的寄予厚望。阅读此文，我们除了需要注意"贞"与"说"的统一关系，还需要注意王阳明对"请问其次"的回答，"道一而已，孰精粗焉，而以次为？""道一"是古代哲学哲理化程度的最高体现，道是人类行为的最高规范，因而道在逻辑上是不能够"其次"的。我们认识到"道"，甚至某些领域的"道"后，便没有后退的余地，符合"道义"原则的生活才是值得我们追求的生活。

白生说，常太保①康敏公之孙，都宪②敬斋公之长子也。敬斋宾予而冠③之，阼既醮④而请曰："是儿也，尝辱子之门，又辱临其冠，敢请字而教诸。"

曰："字而教诸，说也，吾何以字而教诸？吾闻之，天下之道，说而已；天下之说，贞而已。乾道变化，于穆⑤流行，无非说也，天何心焉？坤德阖阙，顺成化生⑥，无非说也，坤何心焉？仁理恻怛⑦，感应和平，无非说也，人亦何心焉？故说也者，贞也；贞也者，理也。全乎理而无所容其心焉之谓贞；本于心而无所拂于理焉之谓说。故天得贞而说道以亨；地得贞而说道以成；人得贞而说道以生。贞乎贞乎，三极⑧之体，是谓无已；说乎说乎，三极之用，是谓无动。无动故顺而化，无已故诚而神。诚神，刚之极也；顺化，柔之则也。故曰，刚中而柔外，说以利贞，是以顺乎天而应乎人。说之时义大矣哉！非天下之至贞，其孰能与于斯乎！请字说曰贞夫。"

敬斋曰："广矣，子之言！固非吾儿所及也。请问其次。"

曰："道一而已，孰精粗焉，而以次为？君子之德不出乎性情，而其至塞乎天地。故说也者，情也；贞也者，性也。说以正情之性也，贞以说性之命也。性情之谓和，性命之谓中。致其性情之德，而三极之道备矣，而又何二乎？吾姑语其略而详可推也，本其事而功可施也。目而色也，耳而声也，口而味也，四肢而安逸也，说也，有贞焉，君子不敢以或过也，贞而已矣。仁而父子也，义而君臣也，礼而夫妇也，信而朋友也，说也，有贞焉，君子不敢以不致也，贞而已矣。故贞者，说之干⑨也；说者，贞之枝也。故贞以养心则心说，贞以齐家则家说，贞以治国平天下则国天下说。说必贞，未有贞而不说者也；贞必说，未有说而不贞者也。说而不贞，小人之道，君子不谓之说也。不伪则欲，不佞则邪，奚其贞也哉？夫夫，君子之称也；贞，君子之道也。字说曰贞夫，勉以君子而已矣。"

敬斋起拜曰："子以君子之道训吾儿，敢不拜嘉⑩！"顾谓说曰："再拜稽首，书诸绅，以夙夜祇⑪承夫子之命⑫！"

【注释】

①太保，官职名，监护辅佐太子。②都宪，都察院、都御史别称。③冠，古代男子二十岁加冠，示成人。④阼，大堂东侧台阶。古代房子坐北朝南，宾客相见，客人走西侧的台阶，主人走东侧的台阶。既，终、完。醮，古代用于冠礼和婚礼的斟酒仪式。⑤于，叹词。穆，美。于穆，赞叹美好。⑥化生，化育生长。⑦恻怛，恻隐。⑧三极，天、地、人。⑨干，主体。⑩拜嘉，拜谢赞美。⑪蚤，通"早"。蚤夜，早晚、昼夜。祇，只。⑫承夫子之命，受夫子的命令。

悔斋说（癸酉）

【题解】

王阳明在《寄诸弟》文尾言"毋使过时而徒悔也"，勉励诸弟宜砥砺前进，但是个人理性与经验不足是难免的，个人犯错误是时常的。个人面对错误和不足的态度反映了个人道德修养境界的高低。本文王阳明论述君子与小人面对"过"的态度，阐释"悔"对道德修养的意义。王阳明表面论述的是"悔"，但实质是阐释个人的反思精神与改过能力。"悔"不是消极地懊悔，而是总结经验教训，积极地开辟前进道路；"悔"不是将罪责归结为外因，而是反思个人不足；"悔"不是目的，以"悔"求"无悔"才是目的。我们当时时处处检省个人不足，努力改己过、正己非。

悔者，善之端①也，诚之复也。君子悔以迁②于善，小人悔以不敢肆③其恶。惟圣人而后能无悔，无不善也，无不诚也。然君子之过，悔而弗改焉，又从而文④焉，过将日入于恶，小人之恶，悔而益深巧焉，益愤谲⑤焉，则恶极而不可解⑥矣。故悔者，善恶之分也，诚伪之关⑧也，吉凶之机⑨也。君子不可以频悔，小人则幸其悔而或不甚焉耳。

　　吾友崔伯乐氏以"悔"名其斋，非曰吾将悔而已矣，将以求无悔者也。故吾为之说如是。

【注释】

　　①端，首。②迁，变更。③肆，放肆、任意。④文，修饰、掩盖。⑤谲，音 jué，欺诈。⑥解，消除。⑧关，关口。⑨机，关键。

示徐曰仁（丁卯）

【题解】

读书应试自是不免，何况古代士人读书的目的多是"十年寒窗无人问，一举成名天下知"，科举考试是士人举子梦寐以求的事情。王阳明弟子徐曰仁科场考试，王阳明作文指导，既指明了君子科举的目的，也详细指导了科举前的注意事项。文章第一部分论述了科举应试所应持有的态度，"切勿以得失横在胸中"。第二部分则详细列举考前十日乃至前两日需要注意的事项，比如，作息的把控、饮食的调节、精神的修养、书目的筛选。此外，我们需要注意文中"君子未有不如此而能致力于学问者，兹特以科场一事而言之耳"句，尽量以规律的生活、饱满的精神、健康的心态研究学问。

君子穷达^①，一听于天，但既业举子^②，便须入场^③，亦人事宜尔。

若期在必得^④，以自窘辱^⑤，则大惑矣。入场之日，切勿以得失横^⑥在胸中，令人气馁^⑦志分，非徒无益，而又害之。

场中作文⑧，先须大开心目⑨，见得题意大概了了⑩，即放胆下笔；纵昧⑪出处，词气亦条畅。

今人入场，有志气局促不舒展者，是得失之念为之病也。夫心无二用，一念在得，一念在失，一念在文字，是三用矣，所事宁⑫有成耶？只此便是执事不敬，便是人事⑬有未尽处，虽或幸成，君子有所不贵也。

将进场十日前，便须练习调养。盖寻常不曾起早得惯⑭，忽然当⑮之，其日必精神恍惚，作文岂有佳思⑯？须每日鸡初鸣即起，盥栉⑰整衣端坐，抖擞⑱精神，勿使昏惰。日日习之，临期不自觉辛苦矣。今之调养者，多是厚食浓味，剧酣谑浪⑲，或竟日偃卧⑳。如此，是挠气⑳昏神，长傲而召疾也，岂摄养⑳精神之谓哉！务须绝⑳饮食，薄⑳滋味，则气自清；寡思虑，屏嗜欲，则精自明；定心气，少眠睡，则神自澄。君子未有不如此而能致力于学问者，兹特以科场一事而言之耳。每日或倦甚思休，少偃即起，勿使昏睡。既晚即睡，勿使久坐。

进场前两日，即不得翻阅书史，杂乱心目；每日止⑳可看文字一篇以自娱。若心劳气耗，莫如勿看，务在怡神适趣。忽充然滚滚⑳，若有所得，勿便气轻意满，益加含蓄酝酿，若江河之浸⑳，泓衍⑳泛滥，骤然决之，一泻千里矣。

每日闲坐时，众方嚣然⑳，我独渊默，中心融融，自有真乐，盖出乎尘垢之外而与造物者游。非吾子概尝闻之，宜未足以与此⑳也。

【注释】

①穷达，困顿、显达。②业，从事。举子，指科举。③入场，特指进入科举考场。④必得，一定考取。⑤窘辱，窘迫凌辱。⑥横，充满。⑦气

馁，丧气、失去勇气。⑧作文，撰写文章。⑨心目，内心。⑩了了，明白、清楚。⑪昧，糊涂，不明白。纵昧，纵使不明白。⑫宁，岂。⑬人事，人之所为、个人所能及的事。⑭得惯，习得习惯。⑮当，面对。⑯佳思，好的构思。⑰盥栉，音 guàn zhì，梳洗、整理容貌。⑱抖薮，亦作"抖擞"，振作。⑲剧酣，痛饮。谑浪，戏谑放荡。⑳竟日，终日。偃卧，卧睡。㉑挠气，扰乱神气。㉒摄养，调养。㉓绝，摒弃。㉔薄，减少。㉕止，终止。㉖充然，浩然、盛大。滚滚，水流翻涌。㉗浸，大水。㉘泓，水深且广。衍，漫延。㉙嚣然，喧嚣不宁的样子。㉚造物者，创造万物的神。尝，曾经。与此，预此、知此。

龙场生问答（戊辰）

【题解】

王阳明被贬龙场、顿悟心学后，便急于回归中原。王阳明假借与龙场生问答，解释自己求归之意。文章重点解释了"君子之仕也以行道"、"道不可屈"、"贤者之用于世也，行其义而已"等命题，但是文章中王阳明一方面自谦"吾犹未得为贤"，另一方面又以"今子将刈兰蕙而责之以覆垣之用"作借口，显然表露了自己对龙场之地的不满。文章中反映的"以道事君"的思想是王阳明的理由，但是龙场生主张的君臣之义、圣人不忘天下等同样是道义的要求，其中的矛盾取决在于"道"内涵的不同。此外，本文可与韩愈的《潮州刺史谢上表》作对比阅读，韩愈的理由似不如王阳明的理由境界高。

龙场生问于阳明子曰："夫子之言于朝侣①也，爱不忘乎君也。今者谴于是②，而汲汲于求去，殆有所渝③乎？"

阳明子曰："吾今则有间④矣。今吾又病，是以欲去也。"

龙场生曰："夫子之以病也，则吾既闻命⑤矣。敢问其所以有间，何谓也？昔为其贵而今为其贱，昔处于内而今处于外欤？夫乘田委吏⑥，孔子尝为之矣。"

阳明子曰："非是之谓也。君子之仕也以行道。不以道而仕者，窃也。今吾不得为行道矣。虽古之有禄仕⑦，未尝旷其职也。曰牛羊茁壮，会计当⑧也，今吾不无愧焉。夫禄仕，为贫也，而吾有先世之田，力耕足以供朝夕，子且以吾为道乎？以吾为贫乎？"

龙场生曰："夫子之来也，谴也，非仕也。子于父母，惟命之从，臣之于君，同也。不曰事之如一⑨，而可以拂之，无乃⑩为不恭乎？"

阳明子曰："吾之来也，谴也，非仕。吾之谴也，乃仕也，非役也。役者以力，仕者以道，力可屈也，道不可屈也。吾万里而至，以承谴也，然犹有职守焉。不得其职而去，非以谴也。君犹父母，事之如一，固也。不曰就养有方乎？惟命之从而不以道，是妾妇之顺，非所以为恭也。"

龙场生曰："圣人不敢忘天下，贤者而皆去，君谁与为国矣！"

曰："贤者则忘天下乎？夫出溺于波涛者，没人之能也；陆者冒焉，而胥溺⑪矣。吾惧于胥溺也。"

龙场生曰："吾闻贤者之有益于人也，惟所用⑫，无择于小大焉。若是亦有所不利欤？"

曰："贤者之用于世也，行其义而已。义无不宜，无不利也。不得其宜，虽有广业⑬，君子不谓之利也。且吾闻之，人各有能有不能，惟圣人而后⑭无不能也。吾犹未得为贤也，而子责我以圣人之事，固非其拟⑮矣。"

曰："夫子不屑于用也。夫子而苟屑于用，兰蕙荣于堂阶，而芬馨被于几席⑯。萑苇之刈，可以覆垣⑰；草木之微，则亦有然者，而况贤者乎？"

阳明子曰："兰蕙荣于堂阶也，而后于芬馨被于几席；萑苇也，而后刈可以覆垣。今子将刈兰蕙而责之以覆垣之用，子为爱之耶？抑为害之耶？"

【注释】

①朝侣，朝廷中的朋友。②谴，贬谪。是，这儿，代龙场。③渝，音yú，改变。④间，音jiàn，嫌隙，隔阂，差别。⑤闻命，指知道这件事情了。⑥乘田委吏，《孟子·万章下》载："仕非为贫也，而有时乎为贫；娶妻非为养也，而有时乎为养。为贫者，辞尊居卑，辞富居贫。辞尊居卑，辞富居贫，恶乎宜乎？抱关击柝。孔子尝为委吏矣，曰：'会计当而已矣。'尝为乘田矣，曰：'牛羊茁壮长而已矣。'位卑而言高，罪也；立乎人之本朝而道不行，耻也。"朱熹注："委吏，主委积之吏也。乘田，主苑囿刍牧之吏也。"孔子曾做过大夫季氏委吏和乘田。⑦禄仕，为食俸禄而任官，也指为俸禄居官的人。郑玄笺："禄仕者，苟得禄而已，不求道行。"⑧会计，账目的数字。当，音dàng，合适恰当，引申为正确。⑨事之如一，出自《国语·晋语一》："民生于三，事之如一。"三，指天地人，也指君父师。事之如一，指待之如一。⑩无乃，恐怕。⑪没，死。陆，跟随，随从。胥，相。胥溺，出自《诗经·大雅·桑柔》"其何能淑，载胥及溺"，相继沉没。⑫惟，听从。所，结构助词，无义。用，任用。⑬业，成就，功劳，也指财产。⑭而后，复音虚词，才；下文而后作连词，然后，《管子·形势解》载："圣人择可言而后言，择可行而后行。"⑮拟，比。⑯兰、蕙，香草名，古文两词连用指代贤者。堂阶，厅堂前台阶。芬馨，芳香。几席，几和席，古人坐卧器具。⑰萑苇，音huán wěi，植物名，蒹长成后为萑，葭长成后为苇。刈，音yì，割。垣，矮墙。

谕泰和^①杨茂

【题解】

  心是王阳明学说中的核心概念。江西泰和聋哑人杨茂求学于王阳明，王阳明作文以心学启示杨茂。文章首先论述心的普遍存在，心的存在与人的外在形貌无关。然后论述心是将人与人区别开来的标准。最后，谕示杨茂行是心、去非心。道德是法治运行的润滑剂，良善之心是个人为人处世的基本条件，个体缺乏必要的道德基础，社会难以维持正常的运作。王阳明反复强调心的道德属性，以恭敬、谦和等道德的标准规范个人行为对维持社会稳定具有积极的意义。辨析心的道德属性和适用条件是当前社会继承和发扬心学有益成分的前提条件。

  你口不能言是非，你耳不能听是非，你心还能知是非否？（答曰："知是非。"）如此，你口虽不如人，你耳虽不如人，你心还与人一般。（茂时首肯拱谢。）

  大凡人只是此心。此心若能存天理，是个圣贤的心；口虽不能言，耳虽不能听，也是个不能言不能听的圣贤。心若不存天理，是个禽兽的心；口虽能言，耳虽能听，也只是个能言能听的禽兽。（茂时扣胸指天。）

你如今于父母，但尽你心的孝；于兄长，但尽你心的敬；于乡党邻里、宗族亲戚，但尽你心的谦和恭顺。见人怠慢②，不要嗔怪③；见人财利，不要贪图，但在里面行你那是的心，莫行你那非的心。纵使外面人说你是，也不须听；说你不是，也不须听。（茂时首肯拜谢。）

你口不能言是非，省了多少闲是非；你耳不能听是非，省了多少闲是非。凡说是非，便生是非，生烦恼；听是非，便添是非，添烦恼。你口不能说，你耳不能听，省了多少闲是非，省了多少闲烦恼，你比别人到快活自在了许多。　（茂时扣胸指天躄④地。）

我如今教你但终日行你的心，不消口里说；但终日听你的心，不消耳里听。（茂时顿首再拜而已。）

【注释】

①谕，告、示。泰和，地名，位于今江西吉安。②怠慢，冷淡。③嗔怪，责怪。④躄，音 bì，仆。

为善最乐文（丁亥）

【题解】

　　幸福是人类的共同追求，但是幸福的含义和达致幸福快乐的渠道则人言言殊，王阳明以妻弟诸用明之例阐释了为善最乐之理。文章第一部分论述了小人乐得其欲，反而忧患终身；君子以道为乐，则仰不愧、俯不怍，怡然自得。第二部分以诸用明积德励善、不以得失荣辱改其乐的事例，阐释君子为善最乐。阅读此文，我们应当知道幸福与痛苦有质量之别，哲学家的"痛苦"未必不比山间樵夫的简易快乐更值得追求。此外，幸福的获取依赖于道德的圆满，而不仅仅是物质的富足；社会个体在不断追求物质生活富足、满足物质欲求的同时，应当尽力提升道德修养水平。

　　君子乐得其道，小人乐得其欲①。然小人之得其欲也，吾亦但见其苦而已耳。"五色令人目盲，五声令人耳聋，五味令人口爽，驰骋田猎令人心发狂。"②营营戚戚③，忧患终身，心劳而日拙④，欲纵恶积，以亡其生，乌在其为乐也乎？若夫君子之为善，则仰不愧，俯不怍⑤，明无人非，幽无鬼责，优优荡荡⑥，心逸日休⑦。宗族称其孝，乡党称其弟。言而人莫不信，行而人莫不悦。所谓无入而不自得也，亦何乐如之！

妻弟⑧诸用明积德励善，有可用之才而不求仕。人曰："子独不乐仕乎？"用明曰："为善最乐也。"因以四字扁⑨其退居⑩之轩，率二子阶、阳日与乡之俊彦⑪读书讲学于其中。已而二子学日有成，登贤荐秀⑫。乡人啧啧⑬，皆曰："此亦为善最乐之效矣！"用明笑曰；"为善之乐，大行不加，穷居不损⑭，岂顾于得失荣辱之间而论之？"闻者心服。仆夫治圃⑮，得一镜，以献于用明。刮土而视之，背亦适有"为善最乐"四字。坐客叹异，皆曰："此用明为善之符，诚若亦不偶然者也。"

相与咏⑯其事，而来请于予以书之，用以训其子孙，遂以勖⑰夫乡之后进。

【注释】

①君子乐得其道，小人乐得其欲，语出自《礼记·乐记》："乐者，乐也。君子乐得其道，小人乐得其欲。以道制欲，则乐而不乱；以欲忘道，则惑而不乐。"②"五色令人目盲，五声令人耳聋，五味令人口爽，驰骋田猎令人心发狂"，语出自《道德经》："五色令人目盲，五声令人耳聋，五味令人口爽，驰骋田猎令人心发狂，难得之货令人行妨。"王弼注："爽，差失。"③营营，奔劳专营。戚戚，忧伤。④拙，笨拙。⑤怍，惭愧。⑥优优，雍容自得。荡荡，心胸宽广。⑦心逸日休，心态安逸、休闲。⑧妻弟，内弟。⑨扁，通"匾"，匾额。⑩退居，闲居。⑪俊彦，贤才。⑫登贤，推举道德贤能。荐秀，举荐贤才。⑬啧啧，音 zé，赞叹。⑭大行不加，穷居不损，语出自《孟子·尽心上》："孟子曰：'广土众民，君子欲之，所乐不存焉；中天下而立，定四海之民，君子乐之，所性不存焉。君子所性，虽大行不加焉，虽穷居不损焉，分定故也。'"⑮治圃，修治园圃。⑯咏，吟诵。⑰勖，音 xù，勉励。

徐昌国墓志（辛未）

【题解】

徐祯卿，明代文学家，吴门四才子之一，英年早逝。王阳明叙述了徐祯卿治学的三个阶段，赞扬了徐祯卿"有志于道"的治学精神。文章第一部分感叹徐祯卿早逝，赞颂徐祯卿"天于美质"。第二部分则分阶段简述徐祯卿由辞章之学转向仙释之学，进而受王阳明启发，由仙释之学转向道学的过程。第三部分赞叹徐祯卿临终得道、精神清明。第四部分则是铭文，"不足者命，有余者志"既惋叹了徐祯卿生命短暂，又赞扬了徐祯卿志向高远。阅读此文，我们可以发现徐祯卿治学已经达致"朝闻道，夕死可矣"的理想境界，我们应当学习、践行前辈孜孜不倦求人生真谛、勤奋不息求圣贤之道的进取精神。

正德辛未三月丙寅①，太学博士②徐昌国卒，年三十三。士夫③闻而哭之者皆曰："呜呼，是何促也！"或曰："孔门七十子，颜子最好学，而其年独不永④，亦三十二而亡。"说者谓颜子好学，精力瘁⑤焉。夫颜虽既竭吾才，然终日如愚，不改其乐也⑥。

此与世之谋声利，苦心焦劳，患得患失，逐逐⑦终其身，耗劳其神气⑧，奚啻⑨百倍！而皆老死黄緘⑩，此何以辨哉？

天于美质⑪，何生之甚寡而坏之特速也！夫鼪鼯⑫以夜出，凉风至而玄鸟逝⑬，岂非凡物之盛衰以时乎？夫嘉苗难植而易槁⑭，芝荣⑮不逾旬，蔓草薙⑯而益繁，鸱枭虺蝮⑰遍天下，而麟凤之出，间世⑱一睹焉。商周以降，清淑日浇而浊秽熏积⑲，天地之气则有然⑳矣，于昌国何疑焉！

始昌国与李梦阳、何景明㉑数子友，相与砥砺于辞章㉒，既殚力精思，杰然有立矣。一旦讽道书㉓，若有所得，叹曰："弊精㉔于无益，而忘其躯之毙也，可谓知乎？巧辞以希俗㉕，而捐其亲之遗㉖也，可谓仁乎？"于是习养生。有道士自西南来，昌国与语，悦之，遂究心玄虚㉗，益与世泊㉘，自谓长生可必至。

正德庚午冬，阳明王守仁至京师。守仁故善㉙数子，而亦尝没溺于仙释㉚，昌国喜，驰往省㉛，与论摄形化气㉜之术。当是时，增城湛元明㉝在坐，与昌国言不协㉞，意沮㉟去。异日复来，论如初。守仁笑而不应，因留宿，曰："吾授异人五金八石之秘㊱，服之冲举㊲可得也，子且谓何？"守仁复笑而不应。

乃曰："吾隳黜㊳吾昔而游心高玄㊴，塞兑敛华㊵而灵株是固㊶，斯亦去之兢兢㊷于世远矣。而子犹余拒㊸然，何也？"守仁复笑而不应。于是默然者久之，曰："子以予为非耶？抑又有所秘耶？夫居有㊹者，不足以超无；践器者，非所以融道。吾将去知故而宅于埃壒之表㊺，子其㊻语我乎？"

守仁曰："谓吾为有秘，道固无形也；谓吾谓子非，子未吾是㊼也。虽然，试言之。夫去有以超无，无将奚超矣？外器以融道，道器为偶㊽矣。而固未尝超乎！而固未尝融乎！夫盈虚消息㊾，皆命也；纤巨内外，皆性也；隐微寂感，皆心也。存心尽性㉚，顺夫命而已矣，而奚所趋舍于其间乎？"

昌国首肯，良久曰："冲举有诸？"守仁曰："尽鸢㉛之性者，可以冲于天矣；尽鱼之性者，可以泳于川㉜矣。"曰："然则有之。"曰："尽人之性者，可以知化育㉝矣。"昌国俯而思，蹶然㉞而起曰："命之矣！吾且为萌甲㉟，吾且为流澌㊱，子其煦然属我以阳春㊲哉！"

数日，复来谢曰："道果在是，而奚以外求！吾不遇子，几亡人矣。然吾疾且作㊳，惧不足以致远，则何如？"守仁曰："悸㊴乎？"曰："生，寄也；死，归也。何悸？"津津㊵然既有志于斯，已而不见者逾月，忽有人来讣，昌国逝矣。

王、湛二子驰往哭，尽哀，因商其家事。其长子伯虬言，昌国垂殁㊶，整袵㊷端坐，托徐子容以后事。子容泣，昌国笑曰："常事耳。"谓伯虬曰："墓铭其请诸阳明。"气益微，以指画伯虬掌，作"冥冥漠漠"四字，余遂不可辨，而神气不乱。

呜呼！吾未竟㊸吾说以时㊹昌国之及，而昌国乃止于是，吾则有憾焉！临殁之托，又何负之？

昌国名祯卿，世姑苏㊺人。始举进士，为大理评事㊻。不能㊼其职，于是以亲老㊽求改便地㊾为养。当事者目为好异，抑之；已而降为五经博士㊿。故虽为京官○51数年，卒不获封其亲○52，以为憾。所著有《谈艺录》、古今诗文若干首，然皆非其至者。昌国之学凡三变，而卒乃有志于道。墓在虎丘○53西麓。铭曰：

惜也昌国！吾见其进，未见其至。早攻声词，中乃谢弃；脱淖○54垢浊，修形练气；守静致虚，恍若有际○55。道几朝闻，遽夕先逝。不足者命，有余者志。璞之未琢，岂方顽砺○56？隐埋山泽，有虹其气○57。后千百年，曷考斯志！

【注释】

①丙寅，丙寅日。②太学博士，学官名。太学，古代设于都城的最高学府机构。③士夫，读书人。④永，长。⑤瘁，音 cuì，疾病。⑥颜虽既竭吾才，然终日如愚，不改其乐也，语出自《论语·为政》："子曰：'吾与回言终日，不违，如愚。退而省其私，亦足以发，回也不愚。'"颜回早逝。⑦逐逐，急于得利。⑧神气，精神元气。⑨啻，音 chì，止、仅。⑩鹹，音 xù，脸。黄鹹，黄瘦的脸，代指贫弱、年老者。⑪美质，美好的素质。⑫鼪鼯，音 shēng wú，鼪鼠与鼯鼠。鼪鼠，又称"鼬鼠"、"黄鼬"，俗称黄鼠狼。鼯鼠，又名"夷由"，俗称大飞鼠。⑬玄鸟，燕子。逝，飞逝。⑭嘉苗，禾苗。槁，干枯。⑮芝，香草名。荣，草木茂盛。⑯蔓草，蔓生的杂草。薙，音 tì，同"剃"，除草。⑰鸱枭，音 chī xiāo，同"鸱鸮"，猫头鹰。虺蝮，音 huǐ fù，蝮蛇类毒蛇。⑱间世，隔代。⑲清淑，清和。浇，浮薄、浅薄。浊秽，污浊，喻丑陋、鄙陋的失误。熏积，熏染积累。⑳然，如此、这样。㉑李梦阳（1473—1530），字献吉，号空同，明代文学家，倡导诗词复古。何景明（1483—1521）字仲默，号白坡，又号大复山人，明代文学家、思想家、政治家，与李梦阳同为明代复古派前七子。㉒砥砺，勉励。辞章，诗词文章。㉓讽，朗读、背诵。道书，道家或佛家的书籍。㉔弊，败坏。精，精神、精力。㉕巧辞，善于言辞。希，迎合。希俗，迎合世俗。㉖捐，抛弃、舍弃。亲，双亲。亲之遗，身体发肤。㉗究心，专项研究。玄虚，玄远虚无。㉘泊，恬静、淡泊。㉙善，友好亲善。㉚没溺，沉迷。仙释，仙佛，代指佛教和道教。㉛驰，驰行。省，探望。㉜摄形化气，指代道家修炼求长生的方法。㉝湛元明，湛若水。湛若水（1466—1560），字元明，号甘泉，世称"甘泉先生"，明代哲学家、教育家、书法家，陈献章门人，主张"随处体认天理"，著有《湛甘泉集》。㉞协，和谐、融洽。㉟沮，沮丧败坏。㊱授，通"受"，接受。异人，神人、方士。五金，金、银、铜、铁、锡，泛指金属；八石，朱砂、雄黄、云母、空青、硫黄、戎盐、硝石、雌黄。五金八石，指道教炼丹材料。秘，秘方。㊲冲举，飞升成仙。㊳隳，音 huī，毁坏、崩毁。黜，

消除、排斥。㊣游心，潜心。高玄，高超深奥。㊵塞兑，语出自《老子》："塞其兑，闭其门，终身不勤。"王弼注："兑，事欲之所由生。门，事欲之所由从也。"敛，收敛。华，华彩、精华。㊶灵，灵魂、神灵。株，根。固，稳固。㊷竞竞，相互争胜。㊸余拒，宾语前置，拒余，拒绝我。㊹居有，据有、占有。㊺知故，旧交好友。壒，音 ài，尘埃。埃壒，尘土。表，外。㊻其，连词，还是。㊼子未吾是，你认为我不是对的。㊽偶，双、对。㊾盈虚，盈满和虚空。消息，消长、盛衰、增减。㊿存心，语出自《孟子·离娄下》："君子所以异于人者，以其存心也。君子以仁存心，以礼存心。"存心，居心。尽性，语出自《周易·说卦》："和顺于道德而理于义，穷理尽性以至于命。"韩康伯注："命者，生之极；穷理则尽其极也。"《中庸》载："唯天下至诚，为能尽其性；能尽其性，则能尽人之性；能尽人之性，则能尽物之性；能尽物之性，则可以赞天地之化育；可以赞天地之化育，则可以与天地参矣。"51鸢，鸟名，鹰科。52川，河流。53化育，生长化育。54蹶然，突然站起。55萌甲，植物初生的枝芽。56流澌，亦作"流凘"，江河解冻时流动的冰块。57煦，温暖。属，告诫。阳春，温暖的春天。58作，发作。59悸，害怕。60津津，兴趣浓厚。61垂殁，亦作"垂没"，垂死，接近死亡。62整衽，整理衣襟。63未竟，没有完成。64时，适时。65世，世代。姑苏，苏州别称。66大理评事，大理寺官员，汉置廷尉平，与廷尉正、廷尉监同掌刑狱事项，魏晋时改称评，隋改为评事，属大理寺。67能，善于、胜任。68亲老，双亲渐老。69便地，便利之地。70五经博士，教授五经的学官。71京官，在京师任职的官员。72封其亲，古代朝廷对官员家属赐以爵位和称号。73虎丘，山名，亦名"海涌山"。74淖，烂泥、泥沼。75际，接近。76砺，砺石。77虹气，天地精气。

节庵方公墓表（乙酉）

【题解】

传言万般皆下品，唯有读书高，古人尊重读书人和知识，但是理由却是士人能够通过科举考试、掌握政治权力，进而谋取个人利益，鲜有职业平等的观念。王阳明则以方节庵先后经历士人、商人、幕僚等职业为例，阐释"士以修治，农以具养，工以利器，商以通货"，"四民异业而同道"。学者以读书、理论研究为业，但这不意味着学者比其他职业的从业者在人格方面优越。任何职业的从业者，作为个体的人，其人格必须被认定为与其他人的人格完全平等。作为读书人，我们应当限制我们的虚荣心和傲慢，尊重其他职业的从业者，尽职业本分，为社会建设贡献自己的力量。

苏之昆山①有节庵方翁麟②者，始为士业举子，已而③弃去，从其妻家朱氏居。朱故业商，其友曰："子乃去士而从商乎？"翁笑曰："子乌知士之不为商，而商之不为士乎？"

其妻家劝之从事，遂为郡从事④。其友曰："子又去士而从事乎?"翁笑曰:"子又乌知士之不为从事,而从事之不为士乎?"

居久之,叹曰:"吾愤世之碌碌⑤者,刀锥⑥利禄,而屑为此以矫俗振颓⑦,乃今果不能为益也。"又复弃去。

会岁歉⑧,尽出其所有以赈饥乏。朝廷义其所为,荣之冠服,后复遥授建宁州吏目⑨。翁视之萧然⑩若无与,与其配朱竭力农耕植其家,以士业授二子鹏、凤,皆举进士,历官方面⑪。翁既老。日与其乡土为诗酒会。乡人多能道其平生,皆磊落可异⑫。

顾太史九和⑬云:"吾尝见翁与其二子书,亹亹⑭皆忠孝节义之言,出于流俗⑮,类古之知道⑯者。"

阳明子曰:"古者四民⑰异业而同道,其尽心⑱焉,一也。士以修治⑲,农以具养⑳,工以利器㉑,商以通货㉒,各就其资㉓之所近,力之所及者而业焉,以求尽其心。其归要㉔在于有益于生人㉕之道,则一而已。士农以其尽心于修治具养者,而利器通货,犹其士与农也。工商以其尽心于利器通货者,而修治具养,犹其工与商也。故曰:四民异业而同道。盖昔舜叙九官㉖,首稷而次契。垂工益虞先于夔龙㉗。商、周之代,伊尹耕于莘野㉘,傅说板筑于岩㉙,胶鬲㉚举于鱼盐,吕望钓于磻溪㉛,百里奚㉜处于市,孔子为乘田委吏㉝,其诸仪封晨门荷蒉砎轮㉞之徒,皆古之仁圣英贤,高洁不群㉟之士。书传所称,可考而信也。自王道熄而学术乖,人失其心㊱,交骛于利以相驱轶㊲,于是始有歆㊳士而卑农,荣宦游而耻工贾㊴。夷考㊵其实,射时罔㊶利有甚焉,特异其名耳。极其所趋,驾㊷浮辞诡辩以诬世惑众,比之具养器货之益,罪浮而实反不逮㊸。吾观方翁'士商从事'之喻,隐然有当于古四民之义,若有激而云者。呜呼!斯义之亡也久矣!翁殆㊹有所闻欤?抑其天质之美,而默有契㊺也?吾于是而重㊻有所感焉。吾尝获交于翁二子,皆颖然敦古道㊼,敏㊽志于学。其居官临民,务在济世及物㊿，求尽其心。吾以是得其源流，故为之论著之云耳。"翁既殁，葬于邑西马鞍山㊿之麓。配朱孺人㊿，有贤行，合葬焉。乡人为表㊿其墓，曰："明赠㊿礼部主事节庵方公之墓"。呜呼！若公者其亦可表也矣！

【注释】

①昆山，地名，明代隶属于苏州府，今位于苏州与上海之间。②节庵方翁麟，方麟，号节庵。③士，读书人。业，已经。举子，古代科举参加应试的学子。已而，不久、后来。④从事，官职名，汉以后三公及州郡长官私自招募的僚属。⑤愤世，愤恨世事不公平。碌碌，繁忙劳苦。⑥刀锥，微末的利益。⑦矫俗，矫正世俗。振颓，振奋颓败的社会风俗。⑧会，适逢。岁，年景，农事收成。歉，收成不好。⑨冠服，帽子和衣服。古代服饰因等级爵位不同而有区别。遥授，授予官衔，而无须到任。建宁州，古地名，属常州府，位于今江苏宜兴市。吏目，古代文官官职名，负责文书或佐理刑狱及官署事务。⑩萧然，潇洒、悠然。⑪历官，先后连任官职。方面，古代地方的军政要职或长官。⑫磊落，是非分明、胸怀坦荡。可异，令人诧异。⑬顾太史九和，顾九和太史。太史，官职名，明清两代负责修史。⑭亹亹，音wěi，诗文或谈论有趣。⑮出于，超于。流俗，平庸粗俗。⑯类，类似。知道，通晓天地之道和人世之理。⑰四民，指士、农、工、商。⑱尽心，《孟子·尽心上》载："孟子曰：'尽其心者，知其性也。知其性，则知天矣。存其心，养其性，所以事天也。殀寿不贰，修身以俟之，所以立命也。'"《孟子·梁惠王上》载："梁惠王曰：'寡人之于国也，尽心焉耳矣。'"尽心，费劲心力。⑲修治，修身治国，代指《礼记·大学》中格物、致知、诚意、正心、修身、齐家、治国、平天下八条目。参见《示弟立志说》一文第㉑条注释。⑳具养，具食奉养。㉑利器，精良的工具。㉒通货，交换货物。㉓资，资质和能力。㉔归要，要旨。㉕生人，众人、民众。㉖舜叙九官，古代传说舜的九个辅

佐大臣：禹司空，弃后稷，契司徒，咎繇（亦作"皋陶"）作士，垂共工，益朕虞，伯夷秩宗，夔典乐，龙纳言。㉗垂工，共工。益虞，朕虞，管理山泽。夔，主管典乐。龙，专司出纳王命。㉘伊尹，商汤大臣，名伊，尹是官名、右相，有莘氏陪嫁商汤的奴隶，后辅佐商汤灭夏、整顿吏治，后又放逐并辅佐太甲成为圣王。莘野，有莘国的田野。㉙傅说，相传为商王武丁丞相，原无姓，名说，在傅岩筑城。武丁求贤，梦得圣人，醒来派人寻找，最终在傅岩找到傅说，举以为相，国乃大治，史称"武丁中兴"。岩，傅岩，地名。㉚胶鬲，商纣王大夫，因遭世乱，隐遁为商。㉛吕望，姜姓，吕氏，名尚，一名望，字子牙，被周文王封为"太师"，助武王伐纣，封齐国，齐文化的创始人。磻溪，相传为姜子牙钓鱼的地方。㉜百里奚，百里傒简称，亦称百里子或百里，姓百里，名奚，字子明。史传原文百里奚与秦穆公谈话，缪公大说，授之国政，号曰五羖大夫，辅佐秦穆公称霸。《史记·秦本纪》载："晋献公灭虞、虢，虏虞君与其大夫百里傒，以璧马赂于虞故也。既虏百里傒，以为秦缪公夫人媵于秦。百里傒亡秦走宛，楚鄙人执之。缪公闻百里傒贤，欲重赎之，恐楚人不与，乃使人谓楚曰：'吾媵臣百里傒在焉，请以五羖羊皮赎之。'楚人遂许与之。当是时，百里傒年已七十余。缪公释其囚，与语国事。谢曰：'臣亡国之臣，何足问！'缪公曰：'虞君不用子，故亡，非子罪也。'固问，语三日，缪公大说，授之国政，号曰五羖大夫。"㉝乘田委吏，小吏名。《孟子·万章下》载："孔子尝为委吏矣，曰：'会计当而已矣。'尝为乘田矣，曰：'牛羊茁壮长而已矣。'位卑而言高，罪也；立乎人之本朝而道不行，耻也。"朱熹注："委吏，主委积之吏也。乘田，主苑囿刍牧之吏也。"孔子曾做过大夫季氏委吏和乘田。㉞仪封，仪封人，出自《论语·八佾》："仪封人请见，曰：'君子之至于斯也，吾未尝不得见也。'从者见之。出曰：'二三子，何患于丧乎？天下之无道也久矣，天将以夫子为木铎。'"仪，地名，不可考。封人，官名，负责典守边疆。晨门，掌管城门开闭的人，出自《论语·宪问》："子路宿于石门。晨门曰：'奚自？'子路曰：'自孔氏。'曰：'是知其不可而为之者与？'"蒉，音 kuì，草编的筐子。荷蒉，背着筐子，出自《论语·宪问》："子击磬于卫。有荷蒉而过孔氏之门者，曰：'有心哉！击磬乎！'"斫轮，亦作"斲轮"，斫木制成的车轮，指代经验丰富、水平高超之人，出自《庄子·天道》："臣不能以喻臣之子，臣之子亦不能受之于臣，是行年七十而老斲轮。"仪封、晨门、荷蒉、斫轮均代指有才能的隐士。㉟高洁不群，高尚纯洁、不平凡。㊱乖，乖戾、谬误。心，本心，善良之心。㊲骛，奔驰。轶，音yì，超车。驱轶，追赶。㊳歆，音xīn，喜爱羡慕。㊴宦游，外出求官或做官。工贾，手工业者和商人。㊵夷考，考察，出自《孟子·尽心下》："夷考其行，而不掩焉者也。"㊶射，谋求追逐。时，时机。罔，同"网"，结网。㊷驾，操纵。㊸浮，涌现。不逮，不及不足。㊹殆，大概。㊺默有契，暗相契合（四民之义）。㊻重，多。㊼颖然，卓越。敦，推崇崇尚。古道，古代正道。㊽敏，奋勉、敏求。㊾济世，济助世人。及物，恩及万物。㊿马鞍山，山名，位于今安徽。51孺人，对妇人的尊称。52表，立石碑、匾额以颂扬功德。53赠，古代皇帝为已死官员及其亲属追加封号。

太傅王文恪公传（丁亥）

【题解】

王鏊，明臣、文学家，赠太傅、谥文恪，学者称震泽先生，著《姑苏志》等。本文是王阳明为王鏊作的传。文章第一部分简述王鏊的生平以及科举入仕的过程。第二部分详细记载王鏊与刘瑾的斗争过程，颂扬王鏊不畏奸佞、维护正义的义举。第三部分则论述了王鏊致仕归乡后居闲论学、悠然山水、究心理性的境界。第四部分记载社会贤达对王鏊的评价。王阳明不辞笔墨，详细记载王鏊与刘瑾的斗智斗勇，可见社会黑暗时期，民众对于良善义士的推崇。阅读此文，当代学者应当学习王鏊修养道德、锻炼品格，更为重要的是应当践行王鏊以道处世的精神，守护道德良知。

公讳鏊^①，字济之，王氏。其先自汴扈宋南渡^②。讳百八者，始居吴之洞庭山^③。曾祖伯英。祖惟道。考光化^④，知县朝用。皆赠光禄大夫柱国少傅兼太子太傅户部尚书武英殿大学士^⑤，妣三代^⑥皆一品夫人。

公自幼颖悟不凡,十六随父读书太学,太学诸生争传诵其文,一时先达名流咸屈年行求⑦为友。侍郎叶文庄、提学御史陈士贤,咸有重望于时,见而奇之,曰"天下士"!于是名声动远迩。成化甲午⑧,应天乡试第一,主司⑨异其文,曰:"苏子瞻⑩之流也。"录其论策,不易一字。乙未会试⑪,复第一,入奉廷对⑫,众望翕然⑬。执政⑭忌其文,乃置一甲第三,时论以为屈。

授翰林编修,闭门力学,避远权势,若将浼⑮焉。九载,升侍讲。宪庙《实录》⑯成,升右谕德⑰,寻荐为侍讲学士兼日讲官。每进讲至天理人欲之辩,君子小人之用舍,必反覆规谕,务尽启沃⑱。方春,上游后苑⑲,左右谏不听,公讲文王不敢盘于游田⑳,上为罢游。讲罢,常召所幸㉑广戒之,曰:"今日讲官所指,殆为若等好为之!"

时东宫将出阁㉒,大臣请选正人以端国本,首荐用公以本官兼谕德。寻㉓升少詹事㉔兼侍讲学士。既而吏部阙㉕侍郎,又遂以为吏部。时北虏入寇㉖,公上筹边八事,虽忤权幸㉗,而卒多施行,公辅之望日隆。于是灾异,内阁谢公㉘引咎求退,遂举公以自代。

武宗在亮闇㉙,内侍八人㉚,荒游乱政,台谏交章㉛,中外汹汹㉜。公协韩司徒㉝率文武大臣伏阁以请㉞,上大惊怒,有旨召公等。至左顺门,中官㉟传谕甚厉,众相视莫敢发言。公曰:"八人不去,乱本不除,天下何由而治!"议论侃侃,韩亦危言继之,中官语塞。一时国论倚以为重。然自是八人者竟分布要路,瑾入柄司礼,而韩公遂逐,内阁刘、谢二公亦去矣。诏补内阁缺,瑾意欲引冢宰焦㊱,众议推公。瑾虽中忌而外难公论,遂与焦俱入阁。瑾方威钳士类㊲,按索微瑕,辄枷械㊳之,几死者累累。公亟言于瑾曰:"士大夫可杀不可辱,今既辱之,又杀之,吾尚何颜于此！”由是类从宽释。瑾衔韩不已，必欲置之死，无敢言者；又欲以他事中内阁刘、谢二公；前后力救之，乃皆得免。大司马华容刘公以瑾旧怨，逮至京，将坐以激变土官岑氏罪死。公曰：“岑氏未叛，何名为激变乎？”刘得减死。或恶石淙杨公于瑾，谓其筑边太费，屡以为言。公曰：“杨有高才重望，为国修边，乃可以功为罪乎？”瑾议焚废后吴氏之丧以灭迹，曰：“不可以成服。”公曰：“服可以不成，葬不可以苟。”景泰汪妃薨，疑其礼。公曰：“妃废不以罪，宜复其故号，葬以妃，祭以后。”皆从之。当是时，瑾权倾中外，虽意不在公，然见公开诚与言，初亦间听。及焦专事婾阿，议弥不协。而瑾骄悖日甚，毒流缙绅。公遏之不能得，居常戚然。瑾曰：“王先生居高位，何自苦乃尔耶？”公日求去。瑾意愈咈，众虞祸且不测。公曰：“吾义当去，不去乃祸耳。”瑾使伺公，无所得，且闻交贽亦绝，乃笑曰：“过矣。”于是恳疏三上，许之。赐玺书、乘传，岁夫月米以归。时方危公之求去，咸以为异数云。

公既归吴，屏谢纷嚣，悠然山水之间，究心理性，尚友千古。至其与人，清而不绝于俗，和而不渎于时；无贵贱少长，咸敬慕悦服，有所兴起。平生嗜欲澹然，吴中士夫所好尚珍赏观游之具，一无所入。惟喜文辞翰墨之事，至是亦皆脱落雕绘，出之自然。中年尝作《明理》、《克己》二箴，以进德砥行。及充养既久，晚益纯明，心有著述，必有所发。其论性善云：“欲知性之善乎，盖反而内观乎？寂然不动之中，而有至虚至灵者存焉。湛兮其非有也，窅兮其非无也；不堕于中边，不杂于声臭。当是时也，善且未形，而恶有所谓恶者哉？恶有所谓善恶混者哉？恶有所谓三品者哉？性，其犹鉴乎！鉴者，善应而不留。物来则应，物去则空，鉴何有焉！性，惟虚也，惟灵也，恶安从生？其生于蔽乎！气质者，性之所寓也，亦性之所由蔽也。气质异而性随之。譬之珠焉，坠于澄渊⑥则明，坠于浊水则昏，坠于污秽则秽。澄渊，上智也；浊水，凡庶也；污秽，下愚也。天地间腷塞⑥充满，皆气也；气之灵，皆性也。人得气以生而灵随之，譬之月在天，物各随其分而受之。江湖淮海，此月也；池沼，此月也；沟渠，此月也；坑堑⑥，亦此月也，岂必物物而授之！心者，月之魄也；性者，月之光也；情者，光之发于物者也。"其所论造，后儒多未之及。居闲十余年，海内士夫交章论荐⑥不辍。及今上即位，始遣官优礼，岁时存问⑥。将复起公，而公已没，时嘉靖三年三月十一日，寿七十五矣。赠太傅，谥文恪，祭葬有加礼。

四子：延喆，中书舍人⑥；延素，南京中军都督府都事；延陵，郡学生；延昭，尚幼。皆彬彬世⑥其家。

史臣曰：世所谓完人，若震泽先生⑥王公者，非邪？内裕伦常，无俯仰之憾；外际明良，极禄位声光⑥之显。自为童子至于耆耋，自庙朝下逮闾巷至于偏隅⑦，或师其文学，或慕其节行⑦，或仰其德业；随所见异其称，莫或有瑕疵之者。所谓寿福康宁，攸好德而考终命⑦，公殆无愧尔矣！

无锡邵尚书国贤与公婿徐学士子容，皆文名冠一时，其称公之文规模昌黎⑦，以及秦汉，纯而不流于弱，奇而不涉于怪，雄伟俊洁，体裁截然⑦，振起一代之衰，得法于《孟子》。论辩多古人未发。诗萧散⑦清逸，有王、岑⑦风格。书法清劲自成，得晋、唐笔意⑦。天下皆以为知言。

阳明子曰："王公所深造，世或未之能尽也，然而言之亦难矣。著其'性善之说'，以微见其概，使后世之求公者以是观之。"

【注释】

①讳，已故长者之名。鳌，音 áo。②汴，北宋京城汴京（今河南开封）。扈，音 hù，随从、护卫，多指随侍帝王。宋南渡，指 1127 年金国俘获宋徽宗、宋钦宗，北宋覆亡；宋徽宗第九子赵构在应天府（今河南商丘）继承皇位，史称南宋。③洞庭山，位于江苏苏州，由洞庭东山与洞庭西山组成。④考，原指父亲，后多指已经去世的父亲。光化，县名，位于今湖北老河口市。⑤光禄大夫、柱国、少傅，古官职名，级别较高，正一品或从正一品。太傅，古官职名，从一品；太子太傅，辅导太子的职官。户部尚书，户部最高官职，正二品。武英殿，宫殿名；大学士，又称内阁大学士、殿阁大学士，明太祖设六部后，因国事繁重设置大学士辅佐君主。武英殿大学士，古官职名，正一品。⑥妣，原指母亲，后称已经去世的母亲。妣三代，指母亲、祖母和曾祖母。⑦咸，都。行求，谋求。⑧成化，明宪宗（1447—1487 年）1465—1487 年间年号。甲午，甲午年，古代干支纪年的第三十一年。⑨乡试，古代科举制度中在省城举行的考试，应考者为秀才，考中者称为“举人”。主司，科举的主事官员。⑩苏子瞻，苏轼。苏轼（1037—1101），字子瞻，号东坡居士，北宋文学家、政治家，四川眉州眉山人，苏轼诗词豪放，其诗词代表了宋代文学的最高水平。⑪乙未，乙未年，古代干支纪年的第三十二年。会试，古代科举制度中的中央考试，应考者为各省的举人及国子监监生，考中者称为“贡士”。⑫廷对，即廷试，又称殿试，指科举会试后由皇帝出题的考试。⑬翕然，一致。⑭执政，指主管殿试的人。⑮浼，音 měi，污染。⑯宪庙《实录》，记录宪宗的《实录》。宪宗，明代皇帝朱见深的庙号。⑰谕德，古官职名，掌对太子教谕。⑱反覆，反复。规谕，规劝、晓谕。启沃，指竭诚开导、辅佐君王。⑲上，皇帝。后苑，后花园。⑳文王不敢盘于游田，周文王不敢沉溺游猎，语出自《尚书·无逸》：“文王不敢盘于游田，以庶邦惟正之供。”㉑幸，宠爱。㉒东宫，又称太子宫，指太子。出阁，皇子封国。㉓寻，随即、不久。㉔少詹事，古代官职名，掌皇后、太子家事。㉕阙，作“缺”，空缺。㉖北虏，古代对北方少数民族的蔑称。入寇，入侵。

㉗忤，音wǔ，逆、抵触。权幸，得到帝王宠爱、有权势的奸佞之人。㉘谢公，谢迁。谢迁（1449—1531），字丁乔，号木斋，明代大臣，加太子少傅、兵部尚书、东阁大学士，浙江余姚人。㉙武宗，朱厚照（1491—1521年，1505—1521年在位），年号正德。亮闇，又称亮阴，帝王居丧。㉚内侍，掌管宫廷内部事务的官职，以太监充当。内侍八人，指刘瑾、马永成、高凤、罗祥、魏彬、丘聚、谷大用和张永八人，深得明武宗宠幸。㉛台谏，台官和谏官，台官专司纠察弹劾，谏官专司谏诤。交章，官员上奏言事。㉜汹汹，骚乱不宁。㉝韩司徒，韩文。司徒，明代称户部尚书为司徒。韩文（1441—1526），字贯道，山西洪洞人。㉞伏阁，伏于殿下。请，谒见。㉟中官，宦官。㊱引，荐举。冢宰，明代指吏部尚书。焦，焦芳（1434—1517），字孟阳，河南泌阳人，附和刘瑾等人。㊲忌，憎恨。威钳，威胁、钳制。士类，文人、士大夫的总称。㊳枷，旧时一种套在脖子上的刑具。械，手铐脚镣一类的刑具。枷械，指刑具。㊴衔，怀恨。㊵中，中伤、陷害。㊶大司马，古代官职名，明清指兵部尚书。华容刘公，刘大夏（1436—1516），时雍，号东山，湖广华容（今属湖南）人，官至兵部尚书。土官岑氏，指广西土官岑猛。㊷成服，死者入殓后，其近亲属根据与死者关系的亲疏穿上不同的丧服。㊸薨，音hōng，古代称诸侯或有爵位的高官去世。㊹婀阿，音ān ē，无主见、依违逢迎。㊺议，意见、主张。弥，越。不协，不和。㊻缙绅，士大夫。㊼咈，音fú，违逆。㊽虞，忧虑。㊾伺，窥伺。㊿贽，古代初次拜见尊长时所送的礼物。交贽，来往。51恳疏，言辞恳切的奏疏。52玺书，皇帝诏书。乘传，乘坐驿站的马车。月米，每月给付米粮。53尚友，以古代圣贤为友。千古，久远的年代。54文辞，文章。翰墨，文章书画。55充养，修养。56湛，清澈。57窅，音yǎo，深远。58中边，内外。59声臭，原指声音与气味，引申义名声或形迹。60鉴，镜子。61澄，水静而清。渊，深水。62腷，音bì，郁结烦闷。腷塞，充塞。63坑堑，沟壑、山谷。64交章，官员上奏言事。论荐，选拔、推荐。65岁时，一年。存问，问候。66中书舍人，官职名，掌文书缮写。67彬彬，文雅。世，世袭。68震泽，濒临太湖。震泽先生，王

鳌。⑯声光，声誉和荣誉。⑰闾巷，里巷、民间。偏隅，偏僻的地方。⑰节行，节操品行。⑰攸，长远。考终命，尽享天年。⑬规模，模仿、取法。昌黎，韩愈。韩愈（768—824），字退之，祖籍河北昌黎，唐代文学家、思想家，古文运动的领袖，唐宋八大家之一。⑭体裁，诗文结构。截然，整齐严谨。⑮萧散，潇洒，不拘泥。⑯王、岑，王维、岑参。王维，字摩诘，号摩诘居士，唐代诗人、画家。岑参，唐代诗人。⑰笔意，书画诗文的风格、意趣。

为人之本在修身

【题解】

本文是王阳明警示自己的文章。文章第一部分警示自己谨慎；第二部分警示自己慎言；第三部分警示自己作文不可钓誉蛊愚。文章采用骈文结构，文辞优美，易于朗诵。心学强调诚心正意等道德修养，王阳明的警戒文字体现了其检思精神。阅读此文，我们或可学习、践行王阳明时时检省、处处反思的自觉修道精神，提升个人道德修养水平。

呜呼小子，曾①不知警！尧讵未圣②？犹日兢兢③。既坠于渊，犹恬履薄④；既折尔股，犹迈奔蹶⑤；人之冥顽，则畴与⑥汝。不见壅肿，砭⑦乃斯愈？不见痿痹，剂乃斯起⑧？人之毁诟，皆汝砭剂⑨。汝曾不知，反以为怒。匪怒伊色⑩，亦反其语；汝之冥顽⑪，则畴之比。呜呼小子！告尔不一。既四十有五，而曾是不忆⑫！

呜呼小子，慎尔出话！噪言维多，吉言维寡⑬。多言何益？徒以取祸。德默而成，仁者言讱⑭。孰默而讥？孰认而病？誉人之善，过情犹耻；言人之非，罪曷有已⑮？呜呼多言，亦惟汝心！

汝心而存，将日钦钦⑯。岂遑多言，上帝汝临⑰！

　　呜呼小子，辞章之习，尔工何为⑱！不以钓誉，不以蛊愚⑲。佻彼优伶，尔视孔⑳丑；覆蹈其术㉑，尔颜不厚？日月踰迈，尔胡不恤㉒？弃尔天命，昵尔仇贼㉓；昔皇多士，亦胥兹溺㉔。尔独不鉴，自抵伊亟㉕！

【注释】

　　①曾，副词，竟然。②讵，音 jù，难道、哪里，表反问。未圣，未至圣。③兢兢，小心谨慎。参见《惜阴说》第⑩条注释。④恬，坦然。履，踩踏。履薄，薄冰上行走，形容处境危险。⑤股，大腿。迈，迈步行走。蹶，跌倒。⑥畴，代词，谁。与，表比较。⑦壅肿，因血管堵塞等原因而引起的身体肿胀。砭，古代人用石针扎皮肉治病。⑧痿痹，亦作"痿痹"，肢体麻木、丧失感觉而不能动作。剂，药剂。起，起立。⑨汝砭剂，你的砭石和药剂。⑩匪、伊，彼。色，脸色。⑪冥顽，愚昧顽固。⑫四十有五，四十五岁。忆，记住。⑬懆，忧愁。懆言，内容忧愁的言语。维，语气词，表判断。吉言，吉祥话。寡，少。⑭德默而成，指德行在沉默中培养，《周易·系辞上》载："默而成之，不言而信，存乎德行。"讱，说话缓慢。仁者言讱，仁德的人出言缓慢，语出自《论语·颜渊》："司马牛问仁。子曰：'仁者，其言也讱。'曰：'其言也讱，斯谓之仁已乎？'子曰：'为之难，言之得无讱乎？'"⑮已，止。⑯钦钦，谨慎。⑰临，监视。汝临，临汝，宾语前置。⑱辞章，诗词文章等总称。工，擅长。何为，为何。⑲蛊，蛊惑、诱惑。愚，形容词作名词，愚蠢的人。⑳佻，音 tiāo，轻薄。优伶，指古时以乐舞为业的艺人，后指戏曲演员。孔，副词，很。㉑术，道路。㉒日月踰迈，亦作"日月逾迈"，岁月流逝。恤，忧虑。㉓弃，疑作"乘"，趁。昵，亲近。仇贼，仇敌。㉔皇，美。昔皇多士，往昔众多的贤士，语出自《诗经·文王》："思皇多士。"胥，全、都。兹，这。溺，沉迷。㉕独，副词，岂、难道。鉴，借鉴。伊，这。亟，急，指危急。

祭徐曰仁文（戊寅）

【题解】

　　徐曰仁是王阳明最为器重的弟子之一，可惜徐曰仁英年早逝，未及传播阳明心学。健康的师友之情是人类最为真挚的情感之一，王阳明作此祭文纪念徐曰仁，祭文中的感情之饱满足见二人师友情深。文章第一部分简述瞿昙谶纬之语和徐曰仁生前情况，感慨梦境与现实的转换。第二部分详细记述徐曰仁生前与王阳明的讲学阳明之麓的约定，感叹天丧曰仁。第三部分表明个人继续务求与曰仁之约定的志向。文章中使用了大量带有感情色彩的叹词，我们可以感知王阳明与徐曰仁共同致力于昌明学术的志向，可以体会二人基于道义精神之上的真挚情感，可以体会师友阴阳相隔的悲痛之情。

　　呜呼痛哉，曰仁！吾复何言！尔言在吾耳，尔貌在吾目，尔志在吾心，吾终可奈何哉！记尔①在湘中，还，尝语予以寿不能长久，予诘②其故。云："尝游衡山，梦一老瞿昙③抚曰仁背，谓曰：'子与颜子④同德。'俄而曰：'亦与颜子同寿。'觉而疑之。"

予曰："梦耳。子疑之，过也。"曰仁曰："此亦可奈何？但令得告疾早归林下⑤，冀从事于先生之教，朝有所闻，夕死可矣！"

呜呼！吾以为是固梦耳，孰谓乃今而竟如所梦邪！向之所云，其果梦邪？今之所传，其果真邪？今之所传，亦果梦邪？向之所梦，亦果妄邪？呜呼痛哉！

曰仁尝语予："道之不明，几百年矣。今幸有所见，而又卒无所成，不亦尤可痛乎？愿先生早归阳明之麓，与二三子讲明斯道，以诚身淑后⑥。"予曰："吾志也。"自转官南赣，即欲过家，坚卧⑦不出。曰仁曰："未可。纷纷之议方驰⑧，先生且一行！爰与二三子姑为饘粥⑨计，先生了事而归。"

呜呼！孰谓曰仁而乃先止于是乎！吾今纵归阳明之麓，孰与予共此志矣！二三子又且离群而索居，吾言之，而孰听之？吾倡之，而孰和⑩之？吾知之，而孰问之？吾疑之，而孰思之？呜呼！吾无与乐余生矣。吾已无所进，曰仁之进未量也。天而丧予也，则丧予矣，而又丧吾曰仁何哉？天胡酷且烈⑪也！呜呼痛哉！朋友之中，能复有知予之深、信予之笃如曰仁者乎？夫道之不明也，由于不知不信。使吾道而非邪⑫，则已矣；吾道而是邪，吾能无蕲⑬于人之不予知予信乎？

自得曰仁讣⑭，盖哽咽而不能食者两日。人皆劝予食。呜呼！吾有无穷之志，恐一旦遂死不克就⑮，将以托之曰仁，而曰仁今则已矣。曰仁之志，吾知之，幸未即死，又忍使其无成乎？于是复强食。呜呼痛哉！吾今无复有意于人世矣。姑俟⑯冬夏之交，兵革之役稍定，即拂袖⑰而归阳明。二三子苟有予从者，尚与之切磋砥砺。务求如平日与曰仁之所云。纵举世⑱不以予为然者，亦且乐而忘其死，惟百世以俟圣人而不惑耳。曰仁有知，其尚能启予之昏而警予之惰邪？呜呼痛哉！予复何言！

285

【注释】

①尔，你、你的。②诘，音 jié，追问。③瞿昙，音 qú tán，释迦牟尼的姓，借指和尚。④颜子，颜回。颜回（公元前 521—前 481 年），名回，字子渊，春秋鲁国人。颜回好学早逝。⑤林下，山林田野、退隐之处。⑥诚身，以诚立身行事。淑后，以善良教育后人。⑦坚卧，坚不出仕、隐居。⑧纷纷之议，议论。驰，传播。⑨饘粥，音 zhān zhōu，稀饭。⑩和，应和。⑪酷、烈，残暴。⑫邪，表疑问语气词。⑬蕲，音 qí，通"祈"，祈求。⑭讣，音 fù，报丧。⑮克就，完成、成功。⑯俟，等待。⑰拂袖，归隐、隐退。⑱举世，整个世界。

与滁阳①诸生书并问答语

【题解】

本文是王阳明写给滁阳诸生，劝勉诸生致良知的书信。文章第一部分阐释立志意义以及如何立志，"有志者，虽吾无一字，固朝夕如面也"，"思虑萌动处省察克治"。第二部分借钱德洪之口简述了阳明治学的历程，论述致良知之学在于省察克治。致良知是王阳明心学的目标，省察克治是修养道德的现实途径。阅读此文，我们应当结合王阳明论述《大学》的相关文章，以致知、诚心、正意等修养个人道德，陶冶个人情操。王阳明一生治学经历的转折同样告诉我们，治学不是一朝一夕之事，没有一蹴而就之功，踏踏实实致力于纤毫之学，终能达致圣贤之境。

诸生之在滁者，吾心未尝一日而忘之。然而阔②焉无一字之往，非简③也，不欲以世俗无益之谈徒往复为也。有志者，虽吾无一字，固朝夕如面也。其无志者，盖对面千里，况千里之外盈尺之牍④乎！孟生归，聊寓此于有志者，然不尽列名，且为无志者讳，其因是而尚能兴起⑤也。或患思虑纷杂，不能强禁绝。阳明子曰："纷杂思虑，亦强禁绝不得，只就思虑萌动处省察克治⑥，到天理精明⑦后，有个物各付物的意思，自然静专，无纷杂之念。《大学》所谓'知止而后有定'⑧也。"

德洪曰："滁阳为师讲学首地，四方弟子，从游日众。嘉靖癸丑⑨秋，太仆少卿吕子怀复聚徒于师祠。洪往游焉，见同门高年有能道师遗事者。当时师惩末俗卑污⑩，引接⑪学者多就高明一路，以救时弊。既后渐有流入空虚，为脱落新奇之论。在金陵⑫时，已心切忧焉。故居赣则教学者存天理，去人欲，致省察克治实功。而征宁藩⑬之后，专发致良知宗旨，则益明切简易矣。兹见滁中子弟尚多能道静坐中光景。洪与吕子相论致良知之学无间于动静⑭，则相庆以为新得。是书孟源、伯生得之金陵。时闻滁士有身背斯学者，故书中多愤激之辞。后附问答语，岂亦因静坐顽空而不修省察克治之功者发耶？"

【注释】

①滁阳，古地名，位于今安徽滁州。②阔，远。③简，怠慢。④尺、牍，书信。⑤兴起，奋起。⑥省察，内省。克治，克制私欲。⑦精明，精通。⑧"知止而后有定"，语出自《礼记·大学》："知止而后有定，定而后能静，静而后能安，安而后能虑，虑而后能得。"朱熹注："止者，所当止之地，即至善之所在也。知之，则志有定向。"⑨嘉靖，明代皇帝明世宗朱厚熜1522—1566年间的年号。癸丑，癸丑年，古代干支纪年的第五十年。⑩末俗，末世的习俗，指世俗之人。卑污，卑鄙龌龊。⑪引接，引导。⑫金陵，古邑名，今江苏南京。⑬征，讨伐。宁藩，朱宸濠，明代藩王。⑭无间，不间断。动静，起居作息。

自劾不职以明圣治事疏

【题解】

　　传统政治制度缺乏对君主等最高权力滞涨者的硬性制度约束，因而君王的个人偏好小则影响一方百姓生计，大则影响王朝存续。明清两朝是传统君主政治制度集权至顶峰的时期，群臣百姓面对君主私欲往往劳而无力。本文是王阳明以不职为名自劾，劝谏君主勉励为政的奏疏。文章第一部分摆明为臣的基本职责以及自劾的理由。第二部分简述君主最近作为，归责个人三大罪责：民意怨积不闻、君主精神不养、经筵之课不讲，王阳明实则批评君主不视朝政、不立皇储、不修道德。第三部分劝勉君主改过自新，承鸿休、垂统绪。奏疏用笔委婉，我们可以体会王阳明致力于王朝清明之治的良苦用心。中国古代不乏能臣干吏，不乏良民善民，可惜缺乏权力分立与制衡的道德政治没有为他们提供良善的社会生活。

　　臣闻之，主圣则臣直[①]，上易知而下易治。今圣主在上，泽壅[②]而未宣，怨积而不闻。臣等曾无一言，是甘为容悦，而上无以张主之圣，下无以解于百姓之惑也。

伏惟陛下神明英武，自居春宫③，万姓仰德。及登大宝④，四夷向风。不幸贼臣刘瑾，窃弄威柄⑤，流毒生灵，潜谋僭逆，几危郊社⑥。赖祖宗上天之灵，俾张永等早发其奸，陛下奋雷霆之断，诛灭党与，划涤凶秽；复祖宗之旧章，吊黎元⑦之疾苦；任贤修政，与民更始。天下莫不欢欣鼓舞，谓陛下固爱民之主，而前此皆贼瑾之荼毒；知陛下固有为之君，而前此皆贼瑾之蒙蔽。日早跂足延颈⑧，以望太平。奈何积暴所加，民瘼⑨未复，余烈所煽，妖孽连兴，几及二年，愈肆愈横。兵屯不解⑩，民困日深。贼势相连殆遍，财匮粮竭，且夕汹汹⑪。臣等备位⑫大臣，不能展一筹以纾患害，宽一缚以苏倒悬⑬。抚心反己，自知之罪，莫可究言。至其暴扬于天下，訾謷⑭于道途，而尤难掩饰者，大罪有三，请自陈其略，以伏厥辜⑮。

夫朝以出政，政以成事。陛下每月视朝，朔望之外，不过一二。岂不以臣等分职于下，事苟无废，不朝奚损乎？然群臣百司，愿时一睹圣颜而不获，则忧思彷徨⑯，渐以懈弛⑰。远近之民，遂疑陛下不复念其困苦，而日兴怨怼⑱；四方盗贼，亦谓陛下未尝有意剪除⑲，而益猖獗。夫昧爽⑳临朝，不过顷刻，陛下何惮而不为？所以若此，则实由臣等不能备言天下汹汹之情，以悟陛下，是其大罪一也。

陛下日于后苑训练兵事，鼓噪之声，震骇城域㉑。岂不以寇盗未平，思欲奋威讲武乎？然此本亦将卒之事，兼非宫禁㉒所宜。况今前星未耀，震位犹虚㉓，而乃劳力于掣肘㉔，耗气于驰逐，群臣惶惑，两宫忧危，宗社大本，无急于是。而臣等不能力劝陛下蓄精养神，以衍皇储之庆，思患预防。以为燕翼之谋，是其大罪二也。

　　夫日近儒臣，讲论道德，涵泳义理，以培养本原，开发志意。则耳目日以聪明，血气日以和畅，穷天地之化，尽万物之情，优游泮涣㉖，以与古先神圣为伍，此亦天下之至乐矣。陛下苟知此，则将乐之终身而不能以须臾舍，奚暇游戏之娱乎？今陛下自即位以来，经筵之御㉗，未能四五，而悦心于骑射疲劳之事，皆由臣等不能备陈至乐，以易陛下之所好，是其大罪三也。

　　陛下有尧、舜之资，臣等不能导陛下于三代，而使天下之民疾首蹙额㉘相告，归咎怀愤，若汉、唐之季，臣等死有余罪矣。伏愿陛下继自今昧爽以视朝，励精而图治。端拱玄默㉙以养天和，正《关雎》㉚之风，毓《麟趾》㉚之祥。日御经筵，讲求治道，务理义之悦心，去游宴之败度㉛。正臣等不职之罪，罢归田里，举耆德宿望之贤，与共天职㉜。使天下晓然㉝皆知陛下忧悯元元㉞之本心，由臣等不能极言切谏㉟，以至于斯。自兹以往，务在休养生息，无复有所骚扰。躬修圣政以弭天下之艰屯㊱，广圣嗣以定天下之危疑，勤圣学以立天下之大本。其余习染，以次洗刷㊲。则民生自遂㊳，若阳气至而万物春；寇盗自消，若白日出而魍魉灭。上以承祖宗之鸿休㊴，下以垂子孙之统绪㊵；近以慰臣庶㊶之忧惶，远以答四方之观向㊷。臣等虽死之日，犹生之年。不胜激切颠陨待罪㊸之至，具疏上闻。

【注释】

　　①直，正直。②泽，恩惠。壅，堵塞。③春宫，东宫，太子宫。④大宝，皇帝位。⑤威柄，权力。⑥郊社，朝廷社稷。古代皇帝冬至祭天称郊，夏至祭地称社。⑦吊，抚慰。黎元，亦作"黎玄"，黎民百姓。⑧跂，古通"企"，音 qǐ，踮起。跂足延颈，希望。⑨民痍，百姓所遭创伤。⑩解，解除。⑪汹汹，骚乱不宁。⑫备位，谦辞，居官充位。⑬苏，解

除、缓解。倒悬，困苦、危急。⑭訾，音 zī，诽谤。詈，音 lì，责骂。⑮厥，那。辜，罪。⑯徬徨，徘徊。⑰懈弛，懈怠。⑱怼，音 duì，怨恨。怨怼，怨恨。⑲剪除，伐灭、消灭。⑳昧爽，黎明、拂晓。㉑城域，城市。㉒宫禁，帝王王后居处处所，借指帝王。㉓前星，太子。震位，东方、东宫，指太子。虚，空。㉔掣，拉拽。掣肘，操练。㉕优游，从容。泮涣，自由。㉖经筵，汉唐以来帝王为讲论经史而特设的御前讲席，宋代始称经筵，元、明、清沿袭。御，帝王抵达。㉗疾首，忧苦。蹙额，愁苦、皱眉。㉘端拱，帝王清简为政。玄默，清静无为。㉙《关雎》，《诗经·周南·关雎》，《论语·八佾》载："子曰：'关雎，乐而不淫，哀而不伤。'"㉚毓，养育。《麟趾》，《诗经·周南·麟之趾》，赞美诸侯公子之诗："麟之趾，振振公子。于嗟麟兮！麟之定，振振公姓。于嗟麟兮。麟之角，振振公族。于嗟麟兮！"㉛败度，败坏法纪、损毁法度。㉜天职，指治理政务。㉝晓然，明白。㉞元元，平民百姓。㉟极言切谏，直言规劝。㊱艰屯，艰难。㊲以次，按次序。洗刷，清除。㊳民生，百姓生计、生活。遂，顺。㊴鸿休，大统。㊵统绪，皇室宗族。㊶臣庶，臣民。㊷观向，趋向。㊸激切，激烈直率。颠陨，死亡。待罪，谦辞，获罪。